凤凰文库
PHOENIX LIBRARY

凤凰出版传媒集团
PHOENIX PUBLISHING & MEDIA GROUP

凤凰文库·政治学前沿系列

项目总监　韩　鑫
项目执行　石　路

The Romance of Democracy

凤凰文库
政治学前沿系列

民主的浪漫

当代墨西哥民众的无声抗议

【美】顾德民 著
郑菲 李胜 马惠娟 译 闻雯 校译

江苏人民出版社

PHOENIX LIBRARY

图书在版编目(CIP)数据

民主的浪漫:当代墨西哥民众的无声抗议/(美)顾德民著;郑菲,李胜,马惠娟译.——南京:江苏人民出版社,2018.2
(凤凰文库·政治学前沿系列)
书名原文:The Romance of Democracy Compliant Defiance in Contemporary Mexico
ISBN 978-7-214-21449-2

Ⅰ.①民… Ⅱ.①顾…②郑…③李…④马… Ⅲ.①民族志-墨西哥 Ⅳ.①K731.8

中国版本图书馆CIP数据核字(2017)第256490号

The Romance of Democracy:Compliant Defiance in Contemporary Mexico by Matthew C. Gutmann
Copyright © 2002 by Matthew C. Gutmann
Simplified Chinese translation copyright © 2017 by Jiangsu People's Publishing House
All rights reserved.

江苏省版权局著作权合同登记:图字10-2014-534

书　　　名	民主的浪漫:当代墨西哥民众的无声抗议
著　　　者	[美]顾德民
责任编辑	陆　扬
责任校对	洪　扬
装帧设计	许文菲
出版发行	江苏人民出版社
出版社地址	南京市湖南路1号A楼,邮编:210009
出版社网址	http://www.jspph.com
照　　　排	江苏凤凰制版有限公司
印　　　刷	江苏凤凰通达印刷有限公司
开　　　本	652毫米×960毫米　1/16
印　　　张	20.75　插页4
字　　　数	230千字
版　　　次	2018年2月第1版　2018年2月第1次印刷
标准书号	ISBN 978-7-214-21449-2
定　　　价	50.00元

(江苏人民出版社图书凡印装错误可向承印厂调换)

出版说明

要支撑起一个强大的现代化国家，除了经济、政治、社会、制度等力量之外，还需要先进的、强有力的文化力量。凤凰文库的出版宗旨是：忠实记载当代国内外尤其是中国改革开放以来的学术、思想和理论成果，促进中外文化的交流，为推动我国先进文化建设和中国特色社会主义建设，提供丰富的实践总结、珍贵的价值理念、有益的学术参考和创新的思想理论资源。

凤凰文库将致力于人类文化的高端和前沿，放眼世界，具有全球胸怀和国际视野。经济全球化的背后是不同文化的冲撞与交融，是不同思想的激荡与扬弃，是不同文明的竞争和共存。从历史进化的角度来看，交融、扬弃、共存是大趋势，一个民族、一个国家总是在坚持自我特质的同时，向其他民族、其他国家吸取异质文化的养分，从而与时俱进，发展壮大。文库将积极采撷当今世界优秀文化成果，成为中外文化交流的桥梁。

凤凰文库将致力于中国特色社会主义和现代化的建设，面向全国，具有时代精神和中国气派。中国工业化、城市化、市场化、国际化的背后是国民素质的现代化，是现代文明的培育，是先进文化的发展。在建设中国特色社会主义的伟大进程中,中华民族必将展示新的实践,产生新的经验,形成新的学术、思想和理论成果。文库将展现中国现代化的新实践和新总结,成为中国学术界、思想界和理论界创新平台。

凤凰文库的基本特征是:围绕建设中国特色社会主义,实现社会主义现代化这个中心,立足传播新知识,介绍新思潮,树立新观念,建设新学科,着力出版当代国内外社会科学、人文学科的最新成果,同时也注重推出以新的形式、新的观念呈现我国传统思想文化和历史的优秀作品,从而把引进吸收和自主创新结合起来,并促进传统优秀文化的现代转型。

凤凰文库努力实现知识学术传播和思想理论创新的融合,以若干主题系列的形式呈现,并且是一个开放式的结构。它将围绕马克思主义研究及其中国化、政治学、哲学、宗教、人文与社会、海外中国研究、当代思想前沿、教育理论、艺术理论等领域设计规划主题系列,并不断在内容上加以充实;同时,文库还将围绕社会科学、人文学科、科学文化领域的新问题、新动向,分批设计规划出新的主题系列,增强文库思想的活力和学术的丰富性。

从中国由农业文明向工业文明转型、由传统社会走向现代社会这样一个大视角出发,从中国现代化在世界现代化浪潮中的独特性出发,中国已经并将更加鲜明地表现自己特有的实践、经验和路径,形成独特的学术和创新的思想、理论,这是我们出版凤凰文库的信心之所在。因此,我们相信,在全国学术界、思想界、理论界的支持和参与下,在广大读者的帮助和关心下,凤凰文库一定会成为深为社会各界欢迎的大型丛书,在中国经济建设、政治建设、文化建设、社会建设中,实现凤凰出版人的历史责任和使命。

事关"民主"（代译序）

范 可

何为民主，每个人可能都有不同的理解。除却作为制度的民主在不同的国家有大体一致的价值观和基本准则之外，关于何为民主，民主的精神为何之类，都是人们试图寻求一致性答案的问题。然而，有趣的是，如果做一个调查，答案可能相差颇大。对于自由主义者而言，民主代表着他们的制度性认同；对于商人而言，民主可以被理解为市场原则；对于一般民众，尤其是"普罗大众"而言，民主意味的东西就多了。民主提供了抵抗的话语和行动的空间；民主意味着可以自由地发牢骚；民主代表着可以上街游行。总之，民主就是自由，就是为权益而战。但是，事实又当如何呢？这种罗曼蒂克的民主想象究竟与现实的差距有多大？我相信，眼前这本顾德民（Matthew Gutmann）教授的力作《民主的浪漫——当代墨西哥民众的无声抗议》(*The Romance of Democracy：Compliant Defiance in Contemporary Mexico*)应当能给我们带来某些答案和启迪。正如他在开篇所说的那样，这本书试图揭露的是，民主的多义性（multivalence）是当代世界如此之多的人们使用这一概念，但却导致戏剧性不同结果的原因："人们对于党派的忠诚和热情掩盖了大批语义学上的罪恶"(p.4)。

顾德民教授是美国人类学界著名的墨西哥研究和"社会性别"

(gender)研究专家,任教于布朗大学人类学系。他早年在加利福利亚大学伯克利校区就读中文系,那时正是美国民权运动蓬勃发展时期。而卷入越战不能自拔更使美国政府雪上加霜。顾教授入学的1968年,西方国家左翼学生运动达到鼎盛。受其影响,他也成为了学生运动的积极干将。而在其后不久,国际形势遇上了百年一遇的重大转变。首先是尼克松总统访华的破冰之旅;其次是基辛格与黎德寿在巴黎签订和平协议,使美国从越战的漩涡中全身而退。这段时期,美国社会经历了剧烈的震动,非洲裔美国人的武装抗暴直接挑战了美国社会的主流价值。一系列的社会变动带来了对文化多样性和文化多元主义的推崇。在这样的氛围里,顾教授不能不受到影响。或许与此不无关系,在大学毕业之后,他选择走上职业市场。直到上个世纪90年代初,他才决定回母校攻读博士学位,但选择了人类学。之所以如此,自然是在10多年的工作岁月里,遇到了许多有意义的人和事。而在这段时间里,他经常与墨西哥移民接触,练就了流利的西班牙语,导致大学主修的中文退居"二线",且日渐"淡出",几乎彻底淡忘。前些年,顾教授担任布朗大学主管外事的副校长一职,经常与中国一些大学有所交流。因为这个机缘,他又重新开始学习汉语,而且在中国找到一个与他长期关注的"社会性别"问题有关的课题——中国大城市里的"相亲角"。目前,该课题正在顺利地进行中。相信在不久的将来,我们就能读到这一课题的成果。

就读研究院之后,他选择的研究课题是"社会性别"。但与其他人不同的是,他所研究的是关于男性的社会性别。简单而言,社会性别是社会文化对性别(sex)的界定。每个文化对于两性的社会期待不会完全一致。一些男性主导的社会,往往有着强烈的大男子主义,墨西哥社会就是如此。因此,社会对男人有什么刻板印象,对男人有什么样的期待,以及男人的大男子主义行为与社会期待之间的关系如何,等等,都是他所关心的问题。顾教授是一位十分敬业的学者,每日笔耕不辍,这是他能在6年的时间内拿下人类学博士学位的原因。他有着雄厚的理论功底,加上长时间的田野工作,使他与田野里的"他者"结下了深厚的友谊。在完成博士论文之后,顾教授立即在美国精英大学——布朗大学人类学系获得教职,并且十分顺利地取得终身教职。迄今为止,顾教授已经出版了专著多部,而且这些著作都是民族志,均有强烈的理论与现实关怀,都跨学科地在拉美研究领域产生重要影响。

对于人类学家而言,从事过博士论文研究的"田野"往往会伴随一辈子的学术生涯。在许多研究当中,在田野中的经历时时浮现于脑际,成为我们的参照体系和思考的"资源"之一,更何况我们所收集的材料(data)不会一劳永逸地在完成博士论文之后被遗忘掉。相反,当我们关注起其他问题时,我们会发现,我们的资料对于我们理解新问题也有意义,从而,它们会给我们提供解释新问题的其他途径。另外,我们启动新的课题时也会时常将之设定在旧有的"田野"地域内。到目前为止,顾教授所写的几本书,都与他从事博士论文研究的地点有关。《民主的浪漫》的民族志田野研究就是他为博士论文从事田野工作的同一地点——墨西哥城郊的圣多明各(Santo Domingo)——开展的。顾教授是一位具有强烈专业精神的人类学家,总是希望在田野中用研究对象的语言交流,而墨西哥和美墨关系历来是美国社会政界、学界的重要话题。不仅政客们为如何对待墨西哥移民争吵不休,对于墨西哥有关一切的研究也一直在美国学术界中占有重要地位。而在现实生活中,墨西哥人在美国社会随处可见。他们大都担任一些季节性的农场工作,如收获季节采摘水果。在美国城市里,他们则担任了大量主流社会人口不屑承担的工作。可能因为这些综合性因素和他个人政治活动的经历,使他选择墨西哥作为他学术生涯的起点。

人类学里不乏这样的例子,人类学家往往因"追踪"移民,也随之"移动"到移入地。华琛(James Watson)早年的研究便是如此,为追踪他在香港新界的村民们的移动,他也来到了他们在英国社区。此举,可谓是启动了后来所谓的"多点民族志"。这样的研究状况在全球化时代越来越多。于是,"跨国主义"(transnationalism)在人类学里成为了一个术语,其内涵与其在政治学和经济学领域里有所不同——它不仅指资本、物流,或者其他非人之物,或其他与人"无关"的信息之跨国界,甚至跨洲界的流动,而且更多地指因人口的跨国流动所引发的各种问题与"症候群",而包括全球化在内的各种社会、政治、经济变迁只是这种跨越边界的出发点,或者背景条件。我没有问过顾教授,究竟是否他的研究兴趣经历过这么一个"跨国"的过程,是否因为墨西哥移民引发他对墨西哥蓝领阶层的研究兴趣? 总之,我们既不能将这本《民主的浪漫》说成是跨国主义人类学著作,但也不能将"跨国"的元素从这本书中排除出去。美国的民主氛围比墨西哥更有传统,民主制度也比墨西哥完善。因此,在许多墨西哥公众的眼里,民主意味着如同美国人那样,可以自由地批评、发表,自由地结社集会,可以有自己的选票,选举自己"心仪"的候选人——无论是各级官员,或者议员、总统,凡此种种。因此,在这本书里,我们可以看到,这种观念的流动经常通过墨西哥蓝领的交谈和话语中表现出来。

另外,美墨之间,人、信息、资本的跨界流动每日都大量地进行。到美国的墨西哥移民,无论是否加入美国国籍,都与家园保持着密切的联系。他们不问条件,努力工作,目的就是为了能让家人过得更好。但是,在这样频繁的交往当中,美国无疑会处处成为他们的参照(reference)。这意味着美国的民主对许多墨西哥人而言,几乎成为民主的理想类型。作者将书序中的一节命名为"U. S. Empire: Points of Reference And Deference"大概有这样的意思。如果直译,那就是"美利坚帝国:参照与依从之点"。他不无挖苦地说,我们其实不清楚究竟是美国政治自由的事实,还是美国的超级强权地位,才确保了它在许多墨西哥人心目中的民主制度的标杆地位(p.7)。

作者在他的叙述中谈及,墨西哥人从1989年代末起,开始揶揄官方政治。对于一边倒的选举政治极尽挖苦讽刺之能事,六年一任的总统选举其实如同一个轮流旋转式的独裁专政。在 2000 年的选举中，实际上统治了国家几十年的革命制度党被击败下台。这在国际上被誉为世界上贫穷国家民主化进程中具有历史意义的分水岭事件，是迈向多党民主制的一次和平过渡。作者认为，"如果还不紧紧抓住这次机会去学习首都人民对于民主、反抗和能动性的理解，思考他们为建立民主社区的实践与希望以及墨西哥城的普通居民在他们生活中如何运用政治主权，那将是非常遗憾的"(p.5)。

顾教授对墨西哥的民主进程简单做了回顾。他指出，墨西哥的左翼运动在上个世纪晚期遭遇了波折，许多左派人士不再寄希望于政党，而是对组织社会运动以实现更大的民主化进程寄予厚望。这些期待与大众反抗的浪漫化观点有关联，如同许多人寻求各种社会力量去取代正统的马克思主义的阶级斗争框架的努力。"政治性文化"(Political cultures)和"政治的文化"(cultures of politics)自 20 世纪末起成为了研究拉丁美洲政治的重要概念。这两个概念把政治生活分为公共与私人领域，对于理解许多拉美社会寻求从军事独裁转移到民众参与的政府转变过程中所遭遇的困难，有着十分重要的意义。虽然，这些特殊的情境不一定能直接运用于墨西哥，但作者所探索的许多问题都与当时这些国家新兴的政治文化有关，例如阿根廷、智利、厄瓜多尔等。鉴于墨西哥特殊的经济状况，作者认为，民族、贫困和不平等之间的复杂关系不仅链接了经济增长与发展关系的大范围讨论，也对资源重新分配，亦如世界银行所说的"扶贫"(poverty alleviation)，也至关重要。

到了 21 世纪初，评论家用"再民主化"(redemocratization)来形容区域间寻求政治目标和转变进程。但是，民主这个词的歧义性依然四处泄露。再谈及"再民主化"的同时，也提出了这么些问题：拉美什么时候实现过民主化？哪些拉美地区的人民过上了他们所珍视的民主生活？民主看上去、感受起来是什么样的？诸如此类。无疑，作者对于墨西哥知识界在推动国家民主政治的作用上是感到失望的。他们将社会运动的出现归结为人们针对贫困——这一长期困扰墨西哥问题之表达方式,但是,他们又认为,这些运动还是不足以对根本的、长期的社会变迁产生作用。一些墨西哥知识分子由此认为,社会改弦更张的变革是政党的事情,大众政治应发挥其他作用。作者从这些论说中看出,许多人对民主依然有着早期社会运动的乌托邦想象,即:社会运动能为墨西哥和其他地方的根深蒂固的不平等提供一剂灵丹妙药(p.5—6)。很明显,作为一位深具洞识的人类学家和对社会运动有着丰富经验的行动者,作者已经难以接受,社会运动是杜绝不平等的不二之选的激进观点。

然而,尽管如此,墨西哥的知识界究竟是否身体力行呢?显然事实并不是这样。在过去的几十年里,左翼知识分子和积极分子确是不遗余力地参与到与民族主义有关的讨论中来。他们将自己的目标限制在组织和领导社会运动以达成国家主权独立,但却与人民日常生活中的诉求渐行渐远。许多知识分子深陷于全球化、身份认同、民族历史等问题,试图扩展知识的时间与空间的广度。作者指出,"在此过程中,他们常常像追随时尚一样令人遗憾地抛弃了当代政治和权力的关键问题"(p.7)。顾教授的这一判断对于当今我们国内部分知识分子的做派是否也有警醒作用呢?我认为是有的。

鉴于美国往往成为墨西哥民主的参照系,作者不得不对此进行批判。他认为,墨西哥政治精英在这一问题上的纠缠,忘记了究竟何者才是墨西哥所亟需的:"如果对于贫困人口而言,生存才是唯一突显的问题,那么社会精英又如何有闲心浪费在治国方略的议题之上呢"(p.9)?因此,他认为,真正需要研究和思考的是当代墨西哥民众当中的"顺从的反抗"(compliant defiance):"想要全面地了解其形式与实质,只有通过各种比较各种研究,并利用不同的方法论方可达成,与此同时我们也需要问一些关于政治顺从和反抗的问题。"(同上揭)对此,作者运用了实践理论中的能动性(agency)概念来阐发。然而,却对能动性做了与众不同的新理解。

作者认为,能动性在过去的二十年间十分流行,主要的原因就在于它挑战了社会科学领域中决定论(determinism)的观点。但是,作者援引了人类学家赫兹菲尔德(Michael Herzfeld)的话指出,人们在习惯上往往会选择把积极行动者的努力视为能动性,这就把社会行动者限定在一个概念的宿命论里,这么一来,独立能动性的可能性实际上都被排除掉。而"在无依无靠的人民中浪漫化那些政治成功者的倾向,就像是对反抗理论表达了许多空洞的敬意,不幸地造成了研究领域对于政治上的弱势群体——不成功的、对政治无感、或是无意识的人们——缺乏关注与尊重"(p.10)。换言之,人们所选择的所谓的能动性往往是那些他们所心仪的对象,这些对象可以满足他们所想象中的当地贫穷阶层之期待。

之所以如此,在我看来,还是因为许多作者头脑中存在着某种下意识的结构,即:一个社会的走向如何是由精英决定的。如果被这样一种结构所束缚,那么,正如赫兹菲尔德和顾德民所批评的那样,自然会罔顾独立能动性。顾德民进一步指出,我们不能将政治热情简化为能动性。作者的这一洞见给我们的启示就在于,我们在讨论能动性的同时,不能忘记还有大量的,外在于我们关于能动性的理想型之外的人和事。"顺从的反抗"所传递的就是在被动性里寻求主动因素的积极意义。这无疑受到了司各特(James Scott)"弱者的武器"(weapon of the weak)的影响,但又有所不同。在顺从的过程中,墨西哥城贫民区的人们并不只是简单的被动性主体。

与世界上其他地方一样,墨西哥人民为了实现那些被社会排除在外的人们也有普选权和其他公民权利的政治理想、经历了漫长的奋斗过程。然而,诚如作者所言,实现选举权和公民权是一回事,如何使用这些权利去有效地改变世界是另一回事。关于公民权利和如何运用这一权利的问题,在墨西哥不同的社会阶层中有着不同的认识。而民主的缺陷或者充满缺陷的民主形式,往往又被社会精英指责为"流氓民主"、"半吊子民主"。这些指责性的词语表明,"民主的浪漫确实存在,更确切地说,它存在于政治大众参与的可能性之中","这种浪漫存在于引诱民众去相信乌托邦式的承诺,因为他们唯一的政治未来似乎都是一个模样。"(p.13)墨西哥民众确实有了决定政治参与的渠道,但是,要理解墨西哥一般民众的政治参与,不能仅仅停留在观察和体会政治激情,民主选举毕竟不是他们每日关心的内容,"嵌入"生活中的"政治"才更值得人类学家的关注。各种零散和琐碎的东西都不应忽视。在这些琐碎和零散中穿针引线或许更能理解生活,甚或政治参与的意义。

墨西哥社会的两极分化自然给民主制度的实施带来一些问题。因此,关于社会阶层问题一直是墨西哥人类学家所关怀的,至今缺乏共识的问题。从1980年代以来,所谓"大众阶级"(popular classes)开始流行。该词语避开了马克思主义术语,但却给墨西哥知识分子的理论与方法的创新设置了某种民粹主义的障碍。然而,"大众阶级"实际上反映了某种共识,那就是反对将阶级作为魔杖对人们进行分类,并以此来预判人们的社会行为。作者在本书中的立场显然与他本人年轻时所持有的相反,这大概是生活的阅历和岁月的沧桑所使然。

纵贯全书,作者试图理解这几个问题:第一,如果每个人都是民主主义者,那民主的伟大之处何在?各种民主类型和派别的人们都将民主吹嘘为人类的目标、现代思想的奇迹以及整个世界的拯救者,但是,民主真的如此伟大吗?第二,对受害者的责备究竟错在什么地方?如果将能动性理解为穷人和无权者对权力的挑战,那也需要更多地了解能动性的对立面是什么。如果从弱者或者失败者的角度去理解他们的困境,那么我们就更能理解他们的过失,就更能坦然地去检验能动性的内涵。这样就能使研究者将责任(responsibility)与责备(reproach)分开来。第三,难道反抗是社会主义的后浪漫替代物?反抗理论和讨论贯穿于苏联东欧解体之后的1990年代。柏林墙的倒塌使热衷讨论社会主义目标的行动者和学者仿佛在一夜之间失去踪影。那些今天看来是为负面的事例曾经是如此迷人地吸引了众多狂热的追随者。反抗理论在1990年代出现并且流行起来,可视为一种反思和替代。社会运动未必都必须是革命性的,在1970年代和1980年代遍地开花的墨西哥社会运动至今还值得深入思考和辩论。那些因为生存攸关的基本问题(用水、住房、土地等)所引发的社会运动给受到影响的民众提供了自救的机会——他们以自己的方式组织起来,筹措资金,进行抗争。这样的社会运动大多与地方政治和整体社会问题的微观层面相关联。人们对自身权益的维护行动往往在人们有关民主的罗曼蒂克想象之外。而这,才是人类学家应当去关心的重要方面。

每年9月16日是墨西哥独立日,成千上万的墨西哥人高呼着"墨西哥万岁!孩子们去死吧!"——的口号。这是个顺从的反抗的隐喻。人们在诅咒不顾自己孩子的"父母"(隐喻国家政府),同时生于其中,接受这个国家所发生的事情。虽然这是墨西哥的一幅图景,但这样情形在其他国家不也普遍存在吗?因此,事关民主未必只是党派政治、选票及其相配套的制度,政治如何嵌入于人们的生活日常,不也很值得我们关注吗?

这是一本引人入胜的民族志,小说般的叙事令人随着作者的思路前行。阅读间仿佛看到在漫天尘土的墨西哥城蓝领工人居住区的穷街陋巷中,作者向我们徐徐走来;仿佛看到在酒吧昏暗灯光里,"混在"一群墨西哥蓝领中身材魁梧的作者,胡子拉渣、浑身是劲。尽管互为"他者",但已无内外之分,场景中不时出现的啤酒和龙舌兰酒衬托着这种交融。

谨以此书献给我的祖父赫尔曼·罗森塔尔（Herman Rosenthal），他在我之前很早就发现了中国和乌托邦精神。

历史将不会宽恕我们。

罗格·巴特拉(Roger Bartra)

目　录

致谢　*1*

前言:激怒了十头驴子和一个天才　*1*

第一章　圣多明各无声的抗议　*1*

第二章　奥斯卡·路易斯的孩子　*28*

第三章　1968——特拉特洛尔科的大屠杀　*68*

第四章　塔可钟为谁而鸣　*81*

第五章　跨越边境　*108*

第六章　抵抗的仪式,抑或后社会主义消减的期望　*121*

第七章　恰帕斯与墨西哥血脉　*155*

第八章　生成大众政治文化　*172*

第九章　墨国大(UNAM)罢工　*211*

第十章　政治幻象　*228*

参考书目　*254*

致　谢

《民主的浪漫》的中译本能够成书,我要感谢在墨西哥的加布里埃尔·萨维德拉(Gabriel Saavedra),安吉拉·希门尼斯(Ángela Jiménez),马科斯·鲁瓦卡巴(Marcos Ruvalcaba),菲力·费尔南德兹(Fili Fernándezy)和马塞洛·诺拉斯科(Marcelo Nolasco)。能够被译为中文,我要向南京大学的人类学家范可教授致以最大的谢意——范教授做了联络出版商与译者的全部工作。我们期望打破历史造成的壁垒,将学者们聚合在一起勤力合作,这本书只是我们诸多努力中的一项。

我极为感谢本书的译者们:郑菲、李胜和马惠娟。这本书翻译起来想必是很不容易的,感谢你们付出的心血和努力。希望我们的翻译能够有所价值,不辜负你们辛苦的工作。我也要特别感谢布朗大学的闻雯为这本书翻译的校正和润色所做的帮助。

我将这本书献给一个我仅仅从别人那里听到、从文章里读到过的人物,赫尔曼·罗森塔尔(Herman Rosenthal)(1843—1917),我的曾曾外祖父。他出生于拉脱维亚,在很年轻的时候就逃离了那大屠杀的土地,来到美国,试图在南达科塔州和路易斯安那州建立起俄罗斯犹太人的乌托邦式社区。1892年,他游历到中国、日本和韩国,寻找新的贸易机会。

后来赫尔曼成为纽约公共图书馆新开的斯拉夫语部门的第一位管理员。一位了不起的人物,我多希望我们之间不存在着年代的鸿沟。

最后,对于所有相信民主不仅仅意味着投票选举、不仅仅意味着若干年一次的政治参与的人们,对于那些为抗争不公正和不平等做着各种努力的人们,我希望这本书的记叙和论述能够延伸他们的探讨。如果我们去认真听一听二十年前墨西哥城棚户区里男人和女人们的声音,或许可以学到如何在今后二十年里改变这个世界。

前言：激怒了十头驴子和一个天才

在人类历史上第一次，地球真的是圆的。

马克·欧杰（Marc Augé）

1994年5月，我回到圣多明各（Santo Domingo）平民区。在墨西哥城，我很快发现自己成为刺耳嘈杂的街景之一。吵闹而杂乱的街道对于这个社区的居民而言并不陌生。自从1971年9月伞兵第一次降落在墨西哥首都南面的火山岩地区时，公众辩论就屡见不鲜。不过，这一次还是有一些新的兴奋事儿：当地居民不再讨论平民区的建设和保护问题，而是开始担心墨西哥的政治前景以及选举将怎样改变未来。人们如此激烈地争论这些议题，好像他们的言辞、行动和观点真的能对全国政局产生什么影响似的。

这一次，人们对于官方政治的参与程度和选举政治的热情，即便是这种小心谨慎的热忱，在墨西哥城平民区（colonias populares）①里也并不常见。

我曾经离开墨西哥城数月，现在加布里埃尔（Gabriel）②，马科斯

---

① 平民区（colonia populares）：指贫穷的、工人阶级的住宅区。
② 全书中常昵称为加比。——译者注

(Marcos),费利佩(Felipe)和托尼奥(Toño)一起把我拉进了他们彼此之间持续不断的争吵之中。当我们一起喝着不同种类的卡罗纳啤酒时,托尼奥再一次表达了他对于革命制度党(全称 Partido Revolucionario Institucional,缩写 PRI)政府坚定的支持,"他们是唯一的拥有维持国家运行的基础设施的政党,如果其他政党赢得了选举,事态就会迅速恶化,一切都会陷入混乱(*un desmadre*)的。"他这样责备着其他人。① 马科斯虽然是工友公会的积极成员和左翼反对党民主革命党(PRD)的支持者,但是他也向托尼奥解释道,他同样认为民主革命党总统候选人库奥特莫克·卡德纳斯(Cuauhtémoc Cárdenas)存在着问题。这就是为什么,马科斯澄清道,他是一名 *PRDista sin Cárdenas*——即反对卡德纳斯的民主革命党支持者。

接着,托尼奥和马科斯都开始责备加布里埃尔,他是圣多明各平民区韦韦钦(Huehuetzin)大街上出了名的汽车修理工,因为他臭名昭著的弃权主义——他常常斥责自己的顾客甚至路人,骂他们太容易被选举煽动。1994年1月1日,萨帕塔起义(Zapatista uprising)②暴发,之后的一整年加布里埃尔就开始在他所修理的许多小汽车

图1　1994年1月萨帕塔人在恰帕斯州(墨西哥南部一州)起义之后,加布里埃尔就喜欢在他所修理的小汽车上粘贴萨民解(萨帕塔主义)的贴纸。

---

① 想要更多地了解 desmadre 一词在现在墨西哥政治中的重要性,详见 Bartra 对于"去现代性(dismodernity)"著名的评论。(1987,26),以及 Lomnitz (1996,55)。
② 萨帕塔起义(Zapatista uprising):指1994年1月1日,发生在墨西哥恰帕斯州由萨民解武装发动的起义。萨帕塔一词源于墨西哥民族英雄及革命领袖埃米利亚诺·萨帕塔(Emiliano Zapata)。——译者注

和小巴车上粘贴萨民解（萨帕塔民族解放军）[（EZLN, Zapatista National Liberation Army）]的贴纸，并且在人行道上的车间里劝诱人们相信在选举政党系统以外影响政治变革的好处。

作为这群人中唯一一位生态保护运动支持者（ecologista），费利佩只是不断强调他的政党是唯一一个人们能在韦韦钦大街上遇见其代表的党派。

对于这些性质严重的辩论和相左意见，我却有一种兴奋的预感，这些人所持有的不同观点和立场所导致的政治冲突，将对其他成千上万的墨西哥人的政治命运产生真切实在的影响。

对圣多明各平民区的男男女女而言，1994年是多事之年。和全国的同胞一样，他们见证并就以下大事展开了激烈的辩论：一月萨帕塔起义、三月革命制度党总统候选人路易斯·唐纳德·克罗修（Luis Donaldo Colosio）被暗杀、八月的总统选举以及九月第二次针对何塞·弗朗西斯科·皮皮·鲁伊斯·马西欧（José Francisco "Pepe" Ruiz Massieu）①的暗杀事件。此外，人们在年末又遭遇了一轮大范围的比索货币贬值。所有这些事件都对墨西哥城居民的弃选与联邦特区居民不满的政治未知性提出了挑战。墨西哥城的大众政治（popular politics）文化在之后的一段时间、甚至数月内都不可同日而语。

民主和它的反抗者

在美国，我从未参加过类似于1994年5月我在圣多明各所目睹的那场老朋友之间的街头辩论，这可不是一件小事。20世纪90年代，我对于墨西哥许多地方政治的周期性热情的好奇，是由于几十年来北美的其他地方都缺乏这种兴趣。然而，在当代墨西哥，我却发现大众政治牵涉

---

① 何塞（1946—1994），墨西哥政治人物，1987—1993年曾担任格雷罗（Guerrero）州长，后担任革命制度党（PRI）总书记。是卡洛斯·萨利纳斯的妹夫。——译者注

了一系列包括新的社会运动和选举政治、积极的政治行动和无声抗议在内的骚乱历史。而且,90年代在墨西哥城的一个社区里,我的许多朋友和邻居,乃至每个男女老幼至少都亲身经历、并与"民主政治"、"能动性(agency)"、"反抗"这些概念打过交道,它们深入人心。

我们怎么解释墨西哥城这些工人阶级对于政治的周期性热情?而且为什么这些激情会突然消失?就像它们骤然爆发一样?

2000年,墨西哥就像全球的其他国家一样,很多民众都表示他们相信民主,他们支持民主的努力和政治,如果不这么说不这么做,很简单,那就是非民主。所以如果每个人都对民主充满热情,那么去问人们这个词的涵义似乎就是愉快且恰当的。然而,民主这个词语难以捉摸是有原因的,不仅是因为其多义性所包含的愿望范围实在过大,而且最根本的是,这个概念本身就非常不精确不严密。因为这些原因,接下来我无法提供一个言简意赅的民主定义,相反的,我将尝试去说明民主的多义性(multivalence)如何成为近代世界历史上这么多人使用这个概念却导致了戏剧性不同结果的关键原因。人们对于党派的忠诚和热情掩盖了大批语义学上的罪恶。①

直到最近、精确的说来应该是1988年前后,墨西哥各行各业的人们开始开他们国家官方政治的玩笑:其中包括"六年总统任期(sexenio)"就

---

① 接下来是一系列说明民主最新含意与价值的例子,详见温迪·布朗(Wendy Brown):《民主的美梦——人类可能通过共同统治而实现自我统治》(1995,5);以及"民主的美德——个体的价值与目的的培养和忍耐——也是它的替代品——没有原则和目的的民主社会可以被制造为统一的文化,而无需形式、凝聚力、稳定和直接的社会实体这一整套观念"(1998,426);哈贝马斯:"法律的接收者应当可以像它的作者一样想象自我。"(1998,403);大卫·赫尔德(David Held):"纵观19和20世纪,民主的理论倾向于假设在政治决策制定者和接收者之间存在着'匀称的'和'完全相等的'关系"(1995,16);Guillermo O'Donnell 和 Philippe Schmitter:"民主的导向原则是公民身份。这包含了被其他人平等对待的权力,制定和贯彻集体决策的人有义务让政体中的其他成员都能平等地参与这一过程,并对其负责。"(1986,7)。当然,最后还有托克维尔:"如果我们这个时代的人应该相信什么……那就是逐渐进步的社会平等应该立刻成为他们历史的过去与未来。这一发现将授予我们去改变神圣法令的神圣特征。在那种情况下试图去检查民主,就是违背神的意志。"([1835]1945,7)。

像一个轮流旋转式的独裁专政；如何使用手指"点击(*dedazo*)"①和"除去面纱(*destape*)"去选择每一位总统候选人②；怀孕的投票箱(*urnas embarazadas*)的笑话；保守政治恐龙(*dinosaurios*)③和年轻又英勇的技术专家(young-Turk *tecnócratas*)的玩笑；还有 *llevando a acarreados*——即被雇佣的人群乘坐卡车前往竞选集会现场助威④；以及由政府持有或附属电视台所宣传的可笑的、完全一边倒的选举政治。

2000年的总统选举中，实际统治了墨西哥几十年的革命制度党(PRI)被击败下台，被国际誉为世界各地贫穷国家实现民主化进程中具有历史意义的分水岭事件。"这是迈向多党民主制的一次和平过渡，"分析家们为此喝彩。伴随着此次转变，我们如果还不紧紧抓住这次机会去学习首都人民对于民主、反抗和能动性的理解，思考他们为建立民主社区的实践与希望以及墨西哥城的普通居民在他们的生活中如何运用政治主权，那将是非常遗憾的。

20世纪80年代和90年代，许多墨西哥左派的观察者不再寄希望于政党，而是对组织社会运动以实现更大的民主化进程之目标寄予厚望。这些期待与大众反抗(popular resistance)的浪漫化观点有关联，就像许多人寻求各种社会力量去取代正统马克思主义对于阶级斗争框架的努力一样。政治性文化(political cultures)和政治的文化(cultures of politics)(见Alvarez, Dagnino 和 Escobar 1998)逐渐成为20世纪末研究拉美政治的关键概念。政治生活中的公共与私人分野的涵义和重要性，显而易见地，对于理解许多拉美社会特定地区在寻求从军事独裁到吸引公众参与的政府转变过程中所遇到的困境，至关重要。尽管这些特殊的情境并不能直接应用于墨西哥，但是我在这段时间所要探索的许多问题都与这些国家新兴的

---

① 这里是指"钦点"某人，即在墨西哥在位的总统选定他的继任者。
② 在墨西哥人们如何选举总统候选人，详见 Jorge Castaneda 重要的著作《不朽的权力：墨西哥如何选择总统》(Perpetuating Power: How Mexican Presidents Were Chosen)(2000)。
③ 在墨西哥，政治恐龙特指那些革命制度党(PRI)中的保守派老顽固。
④ 关于 *acarreo*，详见 Lomnitz, Lomnitz 和 Adler (1993, 379-81)。

文化政治有关：阿根廷、智利、厄瓜多尔、巴西和危地马拉。同样地，民主、贫困和不平等之间复杂的关系一方面链接了经济增长和发展之关系的更大范围的讨论，另一方面，对于资源的重新分配——用世界银行的话来说就是"扶贫（poverty alleviation）"——同样至关重要。

纵观21世纪初的拉丁美洲，评论家用再民主化（redemocratization）这个词去形容区域间正在进行中的寻求政治目标和转变进程。但是，再一次地，民主一词的歧义性只需粗略检验就能显而易见，因为在谈及"再民主化"时其实也提出了这些问题：拉丁美洲什么时候实现过民主政治？哪些地区的人民过上了他们所珍视的民主生活？民主到底看上去、感受起来是什么样子的？还是说这种先存式民主（preexisting democracy）充满不确定性以至于整个一长串问题似乎都不公平？就像吉尔斯（Gills）、罗卡摩拉（Rocamora）和威尔逊（Wilson）（1993，3）在《低强度民主》（Low Intensity Democracy）一卷的前言中所写的那样："鉴于一些人将形式民主（formal democracy）作为一个可以自给自足（sufficient in itself?）的概念，如果我们批判性地检验这一新民主的内涵，就会发现它在很多方面都有严重的缺陷。"

考虑到民主和反抗的口号所召唤出的规律性，有人也许会期待对这些概念少一点天真的祈祷，多几分批判的讨论。对其他复杂概念和实际问题——比如墨西哥的"土著问题（the indigenous problem）"——追溯类似的学术争议轨迹并不难。自20世纪的第二个十年起，在同化主义（assimilationism）与追求文化自治权（cultural autonomy）的交替浪潮中，学者、政策制定者和土著团体的领袖都尝试过寻找各种方法，试图让墨西哥的土著民族——在2000年这一人数超过了一千万，占总人口的百分之十——摆脱在这个国家中所受到的长期歧视。对于民主和反抗的概念与实践含义也需要类似的辩论。

墨西哥的许多观察者在过去二十年来主要关心的一个问题是，他们将大众社会运动的出现解释为人们针对"贫困这一中心主题"的表达方式(见Nivón 1998,33)。但是,对他们而言,这些运动还是不足以对根本的、长期的社会变迁产生作用。朱迪斯·阿德勒·赫尔曼(Judith Adler Hellman)异常狡猾地回应了最后一点,她注意到:"值得讨论的是,大众社会运动的作用不是去规划或推动另一种替代性的社会愿景——这应当是政党的职责。"(1994a,138;同样可见 Hellman 1992)。正是在这里,我们可以看到一些深植于早期社会运动乌托邦式想象的内在问题:即这些社会运动能为墨西哥和其他地方根深蒂固的不平等提供一剂灵丹妙药。不论是一成不变的党派政治,还是常见的反抗模式都需要发展出更多替代性的选择,将其延伸到当代墨西哥更大范围的大众政治活动。

足以使人为难的是,经过几十年左翼知识分子和积极分子对墨西哥民族认同问题不遗余力的参与,以及围绕着这些民族主义者所关注的阶级关系的冲突,在过去的二十年间,大多数积极分子将自己的目标限制为组织和领导社会运动以达成国家主权独立,却离人民日常生存的诉求越来越远。与此同时,知识分子逐渐深陷于钻研全球化、身份认同、民族历史等问题,试图扩展空间和时间的知识地平线,在此过程中,他们常常像追随时尚一样令人遗憾地抛弃了当代政治和权力的关键问题。

美利坚帝国:参照与顺从之点

2000年,墨西哥反对党候选人被选为共和国的总统和首都的市长,因此有人假设他们可以担当起一个政治榜样,为墨西哥国内带来民主。然而,与美利坚合众国的对比始终是墨西哥的民主参考点,尤其是各种民主权力的实现、比如出版和集会的自由、两党制和墨西哥一党专政的比较。不过,时至今日我们其实不清楚究竟是美国政治自由的事实,还是美国的超级强权地位才确保了它在许多墨西哥人心目中的民主制度的标杆地位。

一个质疑对比美国和墨西哥恰当性的原因是,对于二者民主的内容的分析一直非常肤浅、且不公平。另一个可以确定的原因是,我们不是讨论两个彼此封闭的民族国家,而是两个国家,两国之间有一条漫长的美墨边境和绝对不平等的关系。此外,就像史蒂夫·斯特恩(Steve Stern,1998a,51)在一篇文章中所提到的拉美政治中外国存在(foreign presence)的悖论一样,"也许我们必须开始重新思考如何概念化外国存在的整体性,而不是笼统地将外国势力放进一个模型里,或是一种总是构建出'我们'与'他们'之间存在文化边界的外国—本土之关系,这样下去,便一直不能建立一种混淆'我们'与'他们'之间的动态关系。"尽管一些评论家对1989年柏林墙的倒塌和苏联解体更感兴趣,但是比较这两个国家的民主必须更加小心。

尽管我在墨西哥的很多朋友和同僚都很讨厌在普遍原则上比较美墨,但是其他人则将美国作为墨西哥未来的典范。因此,更多人希望承认,并置的美墨两国只是由两千英里的边界线而隔开,在某种程度上说,这一分野在21世纪就是我们使用的跨国货币。① 对这本书的读者而言更重要的是——因为美国人实在不习惯学习其他国家人民的生活和经验,尤其是谈及民主时——我现在就要在这里早早地强调,我们必须学习墨西哥的政治事件与理念。并非我们在美国就需要告诉这个世界的其他人该怎么做,要做到这一点也绝不容易。②

---

① 众所周知,14%的墨西哥人都会在美国居住一段时间,这种文化和政治输入的事实还没有被完全领会,它们见于至今仍然二元对立、就像是(美国和墨西哥之间的)格兰德河两岸的众多研究之中。
② 在墨西哥,比较的复杂性常常以某种抱怨的形式出现,比如无论何时,当我提到奥克塔维奥·帕斯(Octavio Paz,特别是帕斯在1961年的作品)时,总会收到一些墨西哥知识分子的抱怨。当我在墨西哥学界讨论奥克塔维奥·帕斯时,我常常被告知:"只有你这个外国佬才重视帕斯。"这一点确实如此,几十年来外国佬学者们极度推崇帕斯。尽管如此,事实上墨西哥人自己所写的所有关于墨西哥认同与 *lo mexicano*,以及墨西哥在今天和历史上的文化生活的重要著作,都义不容辞地与帕斯有关(见 Bartra 1992; Bonfil Batalla 1987; Monsiváis 2000; Lomnitz 1992; Valenzuela Arce 1998)。此外,对于那些关注弱势群体(*los de abajo*,经典的下层阶级弱者)观点的民族志来说,美国和帕斯都依然是研究墨西哥城市和乡村穷人的参考来源——男人和女人、男孩和女孩,都在寻找这个问题的答案:我是墨西哥人,这意味着什么?

尽管我们可以无视这种对比，但是对于圣多明各平民区的大多数人、也包括墨西哥首都的知识分子和政治领袖来说，一个旷日已久的问题是当所有人都意识到严重的政治经济和文化不平等时，任何社会发展民主的能力都将是有限的。① 在20世纪90年代早期，20%的最富有的人口携带着墨西哥50%的财政收入外逃，而人口比例中最贫穷的20%只挣得国民生产总值（GNP）的5%（见 Oppenheimer 1998，89），如果事实是这样，我们用什么标准来判断这种社会也能有公众参与政治决策制定？如果对于贫困人口而言，生存才是唯一突显的问题，那么社会精英又如何有闲心浪费在治国方略的议题之上呢？

也许我们不应该只是把兴趣集中在判定墨西哥人是否实现了所谓的民主价值和体制、他们如何应对竞选经费短缺的问题、或是引进了国际社会使用的选举投票监视器如何有效地发挥作用等问题。这里真正需要的研究和思考是当代墨西哥中顺从的反抗，想要全面地了解其形式与实质，只有通过比较各种研究，并利用不同的方法论方可达成，与此同时我们也需要问一些关于政治顺从和反抗的问题。

能动性和欺骗

人们究竟将他们的政治影响力夸大到什么程度呢？我们能认定谁作为这种影响的最终裁定者——是社会行动者本身还是局外的政治观察者呢？如果不钻研这种特殊的政治无意识，墨西哥城社区的人们常常认为他们是否知情是直接与他们政治运动的活跃程度有关的。而且，圣多明各的同一帮朋友一方面经常聚集在一起讨论并采取行动，另一方面也一起承担罪责。

---

① 再举一个在美国语境里展示现代民主模范的例子：1999年，入狱的犯人中有12.3%是25—29岁之间的非裔美国男性，而同一年龄段的白人男性只占1.5%。（见 Beck 2000）这真的能说明美国拥有平等的民主、民主权利与机会，并且是全球民主的公认典范吗？非常感谢 Jim Frank 供我引用这些数据。

有一个方法去处理墨西哥城那些男女工人阶级通过服从来表达反抗的问题,就是(再)检视一遍能动性(agency)的概念。能动性这个词,在过去二十年间十分流行,因为它极大地挑战了社会科学领域中决定论(determinist)的观点。有了能动性,无依无靠的人们就好像具备了更完整的话语权去决定自己的命运,甚至能够插手改变人类的悲剧。一个典型的例子就是唯意志论者对于纳粹德国时期德国公民屠杀犹太人的热情。①然而,"能动性"通常只是专门指涉贫民和无产阶级在政治上的进步与努力,一旦他们开始挣脱结构和体制性的束缚,这个概念就被弃置了。然而,如何理解失败者、贫民或无家可归的人甚至不敢去努力反抗的情况,则是很多学者不愿意去处理的议题。

迈克尔·赫兹菲尔德(Michael Herzfeld,1997)在发展"文化亲密性(cultural intimacy)"理论时仔细地检视了能动性的问题。他在讨论不同文化之间的多样性和那些在政治艺术中不怎么具备天赋的实践者时,举例道"熟练的行动者(skilled actors)用固定的模式(appearance of rigidity)获取他们所需,而不熟练的(或者简单的来说就是不成功的)行动者则怪罪于这个体系,他们借着责备整个国家及其权力建立了这样的世界观"(Herzfeld 1997,20)。熟练的行动者不只是和他们的不熟练的(或失败的)行动者相对应,还会被利用去裁定人类学的正统,即"社会行动者好像被局限在一个概念的宿命论里,独立能动性的可能都被排除了"(Herzfeld 1997,29)。

在无依无靠的人民中浪漫化那些政治成功行动者的倾向,就像是对反抗理论表达了许多空洞的敬意(见第六章),不幸地造成了研究领域对于政治上的弱势群体——不成功的、对政治无感、或是无意识的人

---

① 在美国知识分子圈的当代辩论中,关于为何有无数德国的普通民众参与了纳粹大屠杀,见 Mahoney 和 Ellsberg(1999),他讨论了不属于声名狼藉的纳粹集团德国士兵的动机和服从。另一个对大屠杀的讨论,可见 Wolf(1999)。想要了解两位政治科学家能动性的细微差别,见 Mahoney 和 Snyder(1999)。

们——缺乏关注和尊重。当然,更不用说那些根本没有"意识(aware)"的贫民总是与错误的觉悟和其他谴责性的概念联系在一起。然而,自相矛盾的是,政治被动性——并不能被简化为能动性——始终是一个未知的领域。安妮卡·普里耶(Annick Prieur)(1998,129)通过她对于墨西哥城里的易装癖者、酷儿、大男子主义者的研究,也提出了类似的观点。虽然她的报道人是象征性(其实也不是那么的象征性)暴力(symbolic violence)的受害者,但是他们也是行动者(actors),并选择了自我生活的某些面向。他们并不简单只是历史的被动主体。

圣多明各平民区的大多数男女都身处主流选举政治的外围,也是组织化社会运动的边缘行动者——无论是地方行政区域还是全市范围的社会运动。对于大众政治的兴趣和行动的研究如果聚焦于当权派和反对派的机构、运动和领袖之间的组织运动和公共表现,当然比较容易实现。然而,如果尝试像关注参与性(participation)一样关注人们的弃权主义(abstentionism)、像聚焦有组织性的抗议和反叛形式一样聚焦于个体的政治暴行和民族主义的表现,那么整幅画面中额外的切面便清晰可见了。这不是因为政治和权力比集体主义更像毛细血管(用福柯的话来说)。而是我们可以从这一人口阶层中学习到很多东西:他们既不是由积极分子组成、也不是通常被认为是典型的贫民中那些迟钝且无感的真正典型人物。

另外一个和民主化(democratization)有关的议题在不同领域都吸引了广泛的注意,那就是如何去概念化公民身份(citizenship),从而既能囊括一般范畴、又能特别指涉那些边缘化和受压迫的群体?比如在美国,学者就提出多元主义(pluralism)的问题:公民身份应当是一种包容(inclusion)而不是排外(exclusion)的理想,而且这也是一个非常现实的目标(比如见 Ong 1996;Rosaldo 1997)。换言之,究竟到何种程度,"完整的公民身份(full citizenship)"的价值与需求能够被理解为承认一个较大规模社会中多元文化群体里的公民参与和其多种多样的形式的要求?

或者说,平等的公民权概念真的只是一种幻想吗?试图去实现它就像在追求乌托邦,是因为这种不现实正是源于大型社会建立在根深蒂固的不平等之基础上,并以此维持其运作的吗?

墨西哥和世界上的其他地方一样,为了实现被社会驱逐的人们也有权利参与选举和公民权,经历了一条漫长的奋斗之路,胜利当然来之不易。事实上,实现选举权和公民权,与人们认识到何时以及怎样使用这些权利去有效地改变世界是不一样的。温迪·布朗(Wendy Brown)已经充满争议地描述过这些"有助于解放的权利力量(the emancipatory force of rights)"(当然包括在自由选举中的参与权):

> 从历史的某一刻开始,当权利被认为是解放运动中无可争议的力量时——美国民主运动,或是殖民统治下的主体:如南非黑人或巴勒斯坦人的权利抗争运动——在另一个时刻,它们就可能会成为一种管理的话语(a regulatory discourse),一种妨碍或指派更加激进的政治需求的方法,或干脆简单地沦为一个彻底无用空洞的政治承诺……重点是每当这些将社会阶层的权力与社会分层的界线集于一身的权利削弱权力和界限时,就会扩展并延伸自己。(Brown 1995,98)

约翰·格莱德希尔(John Gledhill)是这样评论这段话的,他在任何关于权利的讨论中都支持资本主义社会关系的包容性(inclusion),不是因为阶级决定了所有的统治模式,而是"因为它保持了在权利之上的斗争舞台中,作为社会主体的一个构成元素"(1997,72)。在第八章中,我将更加仔细地考察投票权和性别身份的关系。此外,拉美性别研究中聚焦于公共和私人权力空间的问题的最新研究著作,已经充分地完善了我们对于公民权利以及政治变迁在社会和更常见领域中模式与方法的全面理解。

记者和学者们不断地发明词汇去描述民主的缺陷与充满缺陷的民

主形式："流氓民主（rogue democracies），""半吊子民主（shallow democracies），""不完美的民主（imperfect democracies）"就是最近创造的几个新词（见 Crossette 2000；Rosenberg 2000）。雨果·查韦斯（Hugo Chávez）当选委内瑞拉总统与秘鲁 2000 年阿尔韦托·藤森（Alberto Fujimori）的改选事件被广泛认为是拉美民主理想实现过程中"缺点（shortcomings）"的典型；它们较少被媒体和学术会议的讨论用于解读政治，似乎从理智的角度来看，它们和民主并没有什么关系。

民主的浪漫确实存在，更确切的说，它存在于政治大众参与的可能性之中。或者大不敬地说，这种浪漫存在于引诱民众去相信乌托邦式的承诺，因为他们唯一的政治未来似乎都是一个模样。民众是否有权利决定政治参与的渠道在墨西哥已经提上日程，顺从和反抗的平衡始终是争论公民身份之意义与行动的核心问题。不过，圣多明各那些想要在民主墨西哥成为积极公民的民众们每天早上翻身起床时，究竟在做什么呢？他们真实的选择难道只是对自己说："好吧，再过六年我就又能投票选举总统了"？

反抗与人民

"这些天很多人都在谈论民主，把它作为各种社会斗争的目标。"1997 年的某一天，我对我的机修工朋友加布里埃尔发表了这样的意见。

"但是你去问问那些参加了游行和集会的自作聪明之人，'是不是你们这些上街的人发生了骚乱？'每个人都在讨论民主……"加布里埃尔抱怨着。

"萨帕塔主义者们也是这样吗？"我问道。

"萨帕塔人实践了更多的民主，因为这些边缘群体准备得更充分。为什么呢？因为他们能够真正看到民主的作用。但是当人们聚集在一起开始分析民主之事时就变成了，就像我说的，十头驴子和一个天才。"

这当然引我问出了那个问题："那么谁能断定哪个是驴子，哪个是天才呢？"

"那些纸上谈兵从不实践民主的人就是蠢驴，"加布里埃尔回答道，努力板着脸忍住不笑出来。

"那你是天才还是驴子？"我故意刺激他。

"蠢驴。"他大笑地回答。恢复冷静之后，他半开玩笑半认真地补充道："但是我不是一头野驴，因为即使驴子也是分阶层的。有的驴子比我还蠢，有的则比我聪明。我认为这是缺乏教育（educación）①的原因，你要知道在我们国家人们受教育的程度非常低。"

"但是即使在正规教育水平很高的国家，混蛋也遍地都是。"我评价道。

加布里埃尔于是反驳我："所以，我们究竟该怪谁呢？"

"我不知道，"我撒谎了，因为我知道我的想法会让讨论会走向何处，"所以你告诉我"，我要求他告诉我，这样我就不需要把我的观点加之于他。

"人民。"加布里埃尔告诉我，就像我们这些年来在无数场合里讨论墨西哥的政治和改变时的回答一样。"人民"应当为他们的不幸负责，因为如果他们真的能够"接受教育"并能在广泛层面上意识到自己的处境，那么也只有人民自己行动起来，才能扭转他们的命运。

在讨论进展到更深层次之前，"人民（the people）"的议题有时候也会指涉为"大众阶级（the popular classes）"——这一点必须事先说明。这也是今天对于墨西哥的人类学研究中悬而未决的主题之一。早期，我们对于"究竟是什么构成了一个阶级"有很多理所当然的共识，现在这一问题正处于更为严格仔细的研究之中。墨西哥的人类学家里充满了怀疑论者，他们将"阶级（class）"的唯一实用性作为分析的范畴（比如见

---

① 加布里埃尔所提到的教育不仅是指学校里的正规教育，也更宽泛地指社会关系的意识，一种社会觉悟与道德。

Nieto 1998），这种方法可以避开之前我们对于社会群体模糊不清的分类方式(社会群体一直被普遍地分为工人阶级、资产阶级、贫民、无依无靠的人们和弱势群体)，但同时也承认了在墨西哥社会生活的方方面面中，财富的差异是如此显著和意义重大。因此，新兴的词汇比如"大众阶级(*clases populares*)"从1980年代开始流行起来。

墨西哥人类学家中的杰出者，斯托尔·加西亚·康科里尼(Néstor García Canclini)和吉列尔莫·朋费尔·巴塔拉(Guillermo Bonfil Batalla)已经在他们的写作中使用"大众阶级(*popular classes*)"这样的词汇。这使得他们避开了现在已经被很多人认为陈腐的马克思主义术语，然而这也在整体上给他们提出创新的文化理论的观点和方法设置了某种民粹主义的倾向。[①] 加西亚·康科里尼在墨西哥大都会自治大学(Universidad Autónoma Metropolitana-Iztapalapa)的学生和同事们已经做出了一些开创性的都市空间与大众阶级的研究(见Nieto 1998；Nivón 1998；和Safa 1991以及其他)。

比如爱德华多·尼克松(Eduardo Nivón)(1998)在近些年对于媒体影响、教会和大众文化统治阶级的研究中，就充满争议性地"用大众(the popular)代替公众(the public)"。根据卡洛斯·蒙西法(Carlos Monsiváis)在多篇论文中所提出的主题，尼克松发现特别是1968年以后，如何将贫穷和日常生活合并到文化与社会中去，已经成为研究大众文化和墨西哥民族文化的核心问题。针对大众阶级(popular classes)和大众文化(popular culture)概念的批评，已经从整个政治经济学的逻辑变得滑稽可笑(比如我1993年在墨西哥学院发表演讲时就收到了一条评论，Daniel Cazés批

[①] 详见García Canclini的经典著作 *Las culturas populares en el capitalismo*(1982)，以及他的文章"La crisis teórica en la investigación sobre cultura popular"(1988)；还有Bonfil Batalla的文章"Los conceptos de diferencia y subordinación en el estudio de las culturas populares"(1988)，还有他处理墨西哥多元主义的经典著作 *México profundo* (1987)。类似的主题还可以参考Stavenhagen, Bonfil Batalla, Galeano的文章，以及 *La cultura popular* (1982)一书。

评我将圣多明各称为平民区［*colonia popular*］，他指出真正的大众平民区应当是查普尔特配克山（Lomas de Chapultepec）这种富人阶级居住的地方，而且每个人都愿意居住在这样的社区里）。一些学者选择了不去强调人们由于生产方式引起的不平等关系，而是关注由公民身份和消费领域所反映出的不平等问题（见 García Canclini，1995）。①

吉列尔莫·德拉佩那（Guillermo de la Peña）在一篇极具洞见的政治文化论文中，设想我们应该更深刻地历史化处理阶级的概念。我们必须停止将阶级这个名词当作魔杖一样去分类不同群体的人们，并以此预测他们的社会行为。而且，德拉佩那认为如果阶级这个概念还有任何意义的话，它也肯定会被用作去生动地形容真实的人们如何建构对于他们的日常生活的真实的（或是事实上的）复杂的诠释（1990，105）。一方面，学界开始重新评价阶级的构成与后果，另一方面，充斥着焦虑的怀疑与充满讽刺的不确定性逐渐兴起，这二者同时发生绝不是巧合，现代主义的真实性和目的论都因为未经核实的不确定性遭到了嘲笑。对于那些想要摆脱讽刺式遗忘的人们而言，关键问题可能是他们如同超定的（overdetermining）的前人一样，几乎没有任何洞察力和计划去帮助解决那些世俗的问题，比如世界上的贫穷、疾病和压迫。尽管阶级分析还有许多需要改进和修订的地方，然而迈克尔·卡尼（Michael Kearney）是对的，他指出，阶级分析仍然是"这个复杂社会中理解异化身分最有力的理论视角"（1996，7-8）"。

难以应付和不合时宜的挑战

接下来这三个棘手的问题将会在整个研究中不断出现，我以此结束本章。

---

① 墨西哥的学界动态肯定是国际理论动态和辩论中的一部分。关于英语母语世界中社会历史和文化人类学对于阶级分析实用性和无用性的研究，详见 Thompson 1993；Rouse 1995；Kearney 1996；Hale 1998；Ortner 1998；Smith 1999；和 Gledhill 2000。

一、如果每个人都是民主主义者(democrat)，那么民主最伟大之处是什么？

即使今天民主的含义已经越来越清楚、并逐渐获得一致的共识，以下问题依然存在：所有能说的都说了、能做的都做了之后，为什么墨西哥乃至全球任何一个角落，连一位自称是反民主的倡议者都没有？当各种民主类型和派别的人们都将民主吹嘘为人类的目标、现代思想的奇迹以及整个世界不幸的拯救者时，民主真的如此之伟大吗？从无政府主义团体到资本主义的独裁者都将民主贩卖成社会灾难与欲望的解决方法，那么现在正是时候去寻找更崇高的理想了。是的，这能让我们更清楚当我们在谈"民主"时，它究竟是什么意义。

罗格·巴特拉(Roger Bartra)是这样评论墨西哥在追求资本主义和民主的欧洲共产主义运动中所得到的教训的，他将其称之为"极具颠覆性潜力的民主斗争"(1981, 148)。这种颠覆性的实质其实是很有问题的，因为其权力的表现形式是民主最显而易见也是最强势的拥护者，而且人们也将民主等同于单一化的经济政体，即资本主义（参见 Amin 1993）。

我提出以上疑问并不是为了设法找到一个更严格的定义，当然也不是在各种民主化的伪装——自由主义的、共和制的、资产阶级的或是无产阶级的民主创造物——中做出抉择。相反的，我问这个问题，是因为今天去查明在当今世界关于民主的定义是否应该比定期去投票站投票所包含的意义更多，仍然是有价值的。如果每个人都是民主人士，而且所有人都通过民主的直觉和方法寻求合法的政治思想和行动，那么我们的发问就是错误的。

二、责备受害者(blaming the victim)究竟哪里错了？

全世界都选择将民主作为人类的目标，但是这并没有解决局部地区的贫穷问题。如果所有人都把能动性视为极好的事物，并维护它，那么我们就必须探索能动性在不同情境中（诸如无能为力的人比辉煌的成功人士拥有更少的能动性）的内涵。如果我们将能动性视为穷人和无权者对于权力领域的成功入侵，那么我们也需要了解更多能动性的对立面是什么。我们究竟应该怎么称呼它们呢？"体制（The system）"？"反能动性（Anti-agency）"？！"负能动性（Negagency）"？！ 如果能动性至少能够部分地以弱者（*los de abajo*）①——也就是传说中的失败者（见 Azuela，1938）——的角度去理解他们的困境、并试图减少他们的不幸，那么当弱者产生误解与过失时，我们就能够更坦白地去检验能动性的内涵。我们正走在一条责任（responsibility）和责备（reproach）截然分开的道路上，但是深陷于需要分清边缘和避开陷阱的错综复杂事物之中并不是一个充足的借口去回避社会地理学的复杂性。

当代墨西哥很少采用"责备受害者"的表述方式，而且这里对于贫穷的争辩和美国也不在同一框架之中。尽管如此，根本问题还是一样的：为什么贫穷始终在持续？谁能为一开始的贫穷就负责？谁能负责解决这个极不公正的问题？"墨西哥万岁！孩子们去死吧！（*¡Viva México, hijos de la chingada!*）"9 月 16 日墨西哥独立日，成千上万的墨西哥人这样叫喊着。在这样的语境之下，作为一个墨西哥人、作为一个将他或她自己也看成是该死的孩子的人，就意味着被整个社会咒骂、同时又生在于其中、接受这个国家所发生的所有事件②。

如果任何一个国家中的大多数民众都想要某种东西，我们不能不假思索地就认为他们的选择就是民主性合理的。当右翼国家行动党

---

① 字面意思是"底层的人们"，来自马里奥纳·阿祖拉（Mariano Azuela）著名的同名小说。
② 我在这一口号中将 *chingada* 一词翻译为"该死的"，更多是比喻而非字面上的意思；很多人也许都已经知道了，"chingar"和"chingado/a"众所周知在英文中的意思是"弄砸了"和"完蛋了"。"该死的"翻译在这里更合适。我顺便注意到就所有表面的、实际的含义而言，"该由谁负责"的问题实际上一个学术问题。这不是在贬低这个问题，只是更好地语境化。每天疲于为健康、住房、教育、养育和就业等问题奋斗，已经占据了穷人的大部分精力，对他们来说，还要尝试在一个难以理解的层面去分派责任显然就是一个专业问题了。

(PAN)候选人从革命制度党手中夺得其把持了71年之久的总统宝座,赢得2000年墨西哥总统选举、并夺取了革命制度党的席位时,这一变革很快就被认为是证明民主的迹象。① 但是米格尔·森特诺(Miguel Centeno)在三年前就颇有先见之明地指出,"1997年或2000年国家行动党胜利的可能性,恰好为技术官僚们提供他们想要的——即民主只要在宏观经济政策层面保持一致,而无需经历剧烈的社会变革"(1997,262)。② 如今,森特诺的预言成真,对应了2000年之后墨西哥针对民主持续胜利而发表的过度狂热的宣言。

将这些陈旧的考量放在一边吧,边沁主义的支持者大多四处逃窜,而涂尔干派的社会实证主义者则和谐且紧密地团结在一起。我在圣多明各平民区的邻居和熟人们提出了各种各样充满伪饰的问题,其实它非常简单:日常的老百姓是否能够、什么时候以及如何有机会去改变这个实质的世界。

三、反抗的魅力是不是社会主义后浪漫主义(postromantic)的替代品?

1989年之后,围绕大众政治文化的讨论不可避免地受到了称为"柏林墙倒塌综合征(fall-of-the-Wall syndrome)"的影响:那一天之后,社会主义的目标一夜之间从行动主义者和学者的讨论里消失了,甚至一直较少受到前苏联政治束缚的大众话语都了无声息。曾经,正是那些负面事例的精神统治了许多社会主义狂热的前追随者,如今人们重整了对于现存自由民主的批评,并认识到再去期盼一个更好的社会是不现实的。

1990年代,人们主要通过反抗理论的框架来预想后社会主义、后浪

---

① 墨西哥国家行动党(National Action Party,西班牙文Partido Acción Nacional),简称PAN,是墨西哥现执政党。——译者注
② 关于这一点,重新提起Stanley Brandes关于墨西哥乡村的宗教节日和社会控制的研究是有益的:重要的不仅是"解释变化,也需要展示为什么人们常常将其阐释为一致性"(1988,39)。

漫主义时代的变化——缓慢的、隐蔽的、不断增加的斗争，就像藤壶，一点一点地累积，并最终改变了他们赖以生存的世界。然而，在墨西哥、一般而言也包括拉美的真实世界里，二十世纪七八十年代遍地开花的社会运动已经给我们提供了很多公开形式的斗争去学习和辩论。通常由生存攸关的基本问题挑起——从用水、土地到住房——这些运动为深受其影响的人民提供了一个以他们自己的组织形式行动起来、筹措资金、并指挥政治行动和目标的真正机会。

不过，隐蔽与咄咄逼人的大众社会运动并不能简单地摇身一变，就进入政党和正式政治机构的政治范围。因此大众政治恰好逐渐与地方政治和整体社会问题的微观层面相关联。作为社会主义命数衰落的结果——马克思主义者们的对话近来在政治辩论中也逐渐消失——墨西哥民众对其的政治想象在二十世纪九十年代和21世纪早期就受到了限制并日益式微。在知识界，反抗明智地取代了早先人们从根本上追求一个更好的政治世界的要求，取代了一个对于大多数而言这个更好的政治世界就是社会主义的美梦。

圣多明各也是这样。二十世纪九十年代，这里就像其他地方一样，政治生活总是在往意想不到的方向发展。

第一章　圣多明各无声的抗议

> 他们并没有靠人民的法令来实现现成的乌托邦。
>
> 卡尔·马克思（Karl Marx）

《民主的浪漫》这本书是对这个世界上人口最多的城市里大众政治与官方镇压的民族志研究；本书充满细节、自下而上地探索了墨西哥首都一个贫穷的工人阶级社区里居民的生活；并检视了他们如何、何时、为什么尝试改变自己的政治世界，以及他们如何、何时、为什么会参与或回避政治的政治（the politics of politics）。这是一本关于这些男男女女如何思考国家与社区政治、如何对更美好社会怀揣梦想，以及他们如何感受文化公民身份的书。

1968至2000年间，墨西哥内外发生了显著的社会经济和人口统计学上的变化——这些改变反复地揭示了韦韦钦大街上人们的生活、爱、希望与恐惧，以及他们与国家、地区、乃至全球事件之间亲密无间或模糊不清的联系。通过考量在圣多明各社区中发生的那些彼此矛盾的政治热情和实践，本研究正是尝试记录下这段时间所发展出的公民挑战、挫折与和解的对立过程。

本研究的主角是一群二十世纪九十年代生活在平民区的民众，这里在二十世纪七十年代早期由一批拓荒者所建立。一开始，我决定在圣多明各平民区生活并工作,是因为当时我正在研究墨西哥变化中的性别关系。鉴于这片平民区里的许多女性都积极地参与了争取水、电、污水管道系统和学校等公共服务的社会运动,圣多明各似乎是一个绝佳之地,得以评估与男女有关的身份与实践的变化模式和程度(见 Gutmann 1996)。九十年代,这个社区的规模和墨西哥的许多城市一样大。众所周知,人口统计学的估计数字并不可靠,不过到了 2000 年,超过十万人将圣多明各称为家。无论它在建立之初如何充满骚乱,距离 1971 年最早的拓荒者抵达这里至今已有三十年,许多居民都认为如今他们所居住的平民区比起一开始土地争夺和冲突的混乱年份,要平静稳定得多。如果说平民区的人们至今还保持着什么早年的精神,那就是他们普遍深信正式的政府机构和官员不值得信任,他们无法为民众提供生活之所需;而自力更生的人足以战胜他们生活中需要忍耐的事,大家以此为荣。

1992 年 8 月,我带着米歇尔(Michelle)和还是婴儿的女儿一起来到圣多明各平民区。就像田野调查时常会发生的那样,我渐渐成为了社区中非正式成员,或者至少也是韦韦钦大街里一条街区的一分子。很多年以后,如果可以,我每年都会回去一次、两次或三次,呆上几个星期,和老朋友与熟人们叙叙旧。他们已经真真切切地成为了我的家人。对我来说,韦韦钦大街上人们的欲望、经历、挑战和冲突并不比我在美国布朗大学的同事们来得更遥远、更奇特。尽管如此,从九十年代中期开始,圣多明各的街坊们就坚持让我多多注意在墨西哥正式的政统区(la política)里所发生的变化,这让我想起,对于我们这个社区里的穷人们而言,墨西哥统治精英的阴谋诡计一定看上去和他们的日常生活完全无关吧。

圣多明各平民区是一个贫穷却稳定的近郊住宅区(bedroom community[①]),位于墨西哥城的南部。九十年代,早期拓荒者的后代们

[①] bedroom community 指的是有别于市中心办事处集中的近郊住宅区,仅在下班后回来睡觉的城郊居民区。——译者注

开始怀疑他们是否真正拥有过一个"家"。然而到了2000年，这样的机会却比几十年前更加渺茫了。大多数居民较之他们的父辈接受了更多的正规教育，许多人都比自己的父母至少少生了一半的孩子，并在家以外找到了有稳定薪水的工作。九十年代下层住宅高档化的项目动工，在这个社区的市郊兴建了许多昂贵的公寓，靠近主要的交通要道和高级商业区。圣多明各开始谣言四起，兴建这片地区的主要原因是为了吸引富有的居民。因为这片平民区位于火山岩石地基的上方，和周围的派德莱格莱斯区（Pedregales）一样都是不稳定的地震多发区，远远不如墨西哥城的其他地区安全；因为在西班牙人抵达这里之前的五百年前，其他地区的岩石地基大多建立在遍布墨西哥河谷的四条河流残留的污泥河床之上。圣多明各的街坊告诉我，在九十年代中期，日本的投资者尤为狂热地购买这个地区的公寓。不过最终，日本人还是了解了关于地震的只言片语——人们有时这样评论着，并得意地笑。

所以圣多明各是这些人的家：门卫、出租车司机、女仆、家庭主妇、工厂装配工人、制作窗帘的人、小商店业主和雇员、制作和修补家具的人、秘书、职员、散热器和消音器的维修工、日间保姆、街头小贩、长途或短途的货车司机、建筑劳工、记账员、电焊工、学校老师、汽车修理工和少数需要便宜住房的中产阶级教授们。除了高级公寓的居民们，在九十年代，只要一个人买得起一间不是由煤渣墙面和锡棉房顶组成的屋子，他都不会住在圣多明各——因为这是平民区最常见、人们也能付得起的建筑材料。曾经有一位邻居是附近墨西哥国立自治大学（简称"墨国大"）的职员，每周总有两天，我都会在早上看见他穿过尘土飞扬的马路，提着一只桶，里面装着两袋政府补贴的牛奶。尽管他没有自己的孩子，但是他声称自己是邻居孩子的赡养人——实际上那个孩子在喝母乳——这样他就能获得牛奶，以满足自己的营养需要。

圣多明各的人们常常以他们的孩子衡量自己的生活标准。他们根据自己的能力去满足孩子们在不同年龄生长发育的需要，然后再将孩子们的生活与自己的童年相比。街坊邻里们有时会这样评判一个家庭的贫困程度:婴儿是睡在吊床上的吗?还是父母有足够的额外开支去买一个新的婴儿床,或是借其他亲戚用过的小床去安置宝宝呢?平民区里一位最穷的祖母颇有点自卫地对我解释道,幼年睡在吊床上的孩子今后更聪明。

对于圣多明各平民区的父母而言,养育孩子的困难不只是重复从乡下移民到墨西哥城贫穷先辈的筚路蓝缕。九十年代的父母需要处理两个七十年代所没有的矛盾问题:一方面,现在真实的薪水较之大都会中心的水平比40年前更低。另一方面,随着更多正规教育、电视、互联网和其他全球通讯网络的出现,这一代父母普遍意识到自己的生活里缺失了中产和上层阶级所享受的商品消费与机遇。

图2　1993年,圣多明各平民区的韦韦钦大街

对于那些对政治问题,尤其是对整个社会层面的权力关系,以及更私密的家庭和家户问题感兴趣的人而言,圣多明各平民区和墨西哥城作为一个整体,似乎更加毫不相干、匪夷所思了。对于在特定情况下谁可以行使权力这一问题,我在墨西哥首都的所有朋友和街坊们对此都持有

坚定的观点,而这些观念常常立基于他们时而痛苦、时而高兴、时而混乱的经验。毫无疑问的是,有一些人(个人和团体)就是能够比其他人做出更多、更重要的决定。就算筛选了圣多明各平民区居民这群人冲突的观点和经验,也不能简单地呈现出民族志的繁琐。甚至,这些资料所呈现的才是民族志工作的核心与灵魂。它帮助我们更清楚地认识到:如阶级、父权、族群这些传统的社会学分类,或是更无组织的实际问题(包括养育、性别和暴力)究竟是谁,是什么,在哪里,什么时候,以及怎样发生的。

在此项民族志田野研究中,我关注了在九十年代的数年内、一个社区的部分地区中亲密空间与大众政治的幻想。比起正式的体制性政治,我更加关心这些居民的亲身经历,以及人们世俗的大众政治生活的细节。我尝试忠实地记录下它们,而不是一开始就主观性地假定哪些行动会被人们认为与政治相关。比如我所认识并生活在墨西哥城里的一些人甚至觉得去谈论政治本身就是有些荒谬的——因为还有那么多穷人。比起大家在上一次选举中有没有投票、或者究竟谁投给了谁是不是秘密,他们更加关心贫穷的问题,并认为这比以上考量还要重要。构成这本书基础的、与政治有关的问题是我的朋友和邻里街坊如何看待选举——无论其是否被当做民主参与的象征;或者如果有选择,他们是不是宁愿与墨西哥政府和国家没什么关系? 在这里,自我治理(self-government)的考量不仅是哲学问题,也不可避免地具有实际意义。

对于民族志学者而言,在一个像墨西哥这样的大城市里进行某种神圣的、正式政治领域的研究是有点奇怪的。投票和弃权的问题通常会被认为是政治科学家与精通调查研究的学者们的课题范围。我却通过质性的方法去检视它们,也没有依靠问卷梳理出大概的趋势和动态。况且,这种着眼于大范围的社会与风俗的研究课题也不属于政治人类学的范畴,后者更着重于历史性地关注小型社会或部落的权力关系。只到最近才有学者开始以直接的、面对面的方式去研究数千万居民社会中的某个村落、街坊或是当地社区。①

《民主的浪漫》这本书关注的正是在个人与社会历史相结合的特殊时期里,韦韦钦大街芸芸众生的政治生活。在此项研究中,我特别询问了圣多明各平民区的人们如何认为自己能够改变个人及社会的历史——也就是说,到底是什么影响了他们如何去思考那些狭义的、也许乍看起来更是小圈子世界里的孩子、婚姻、家庭或家务等问题,以及那些更广阔的、有时看上永无止境的国际地缘政治学或国家事务。

本书的一个目标是揭示出以下二者的关联:平民区日常生活中的例行互动和对话,与国家、国际政治发展之间的关系。我不会假设自己已经全面掌握了圣多明各的朋友和街坊们对二者认识论上的关联,而是试图在涉及政治问题时,能够完整地、明确地呈现他们的想法与动机。我和行为主义科学家的结论也不一样,我不认为这种动机是不可知的。我赞同部分阐释主义人类学家的观点,这种(不可知的)想法会让人自大地以为人们的言论变得不再重要,或是彻底的可疑。我反而宁愿承认话语的局限性——比如人们的言语在某种程度上确实会掩盖真相——并极度重视人们如何谈论自己和他人,以及他们如何反复地与同一群人谈论同一个主题(令人吃惊的是有时人们会对同一个人说不同的话,这取决于交谈双方的关系),与此同时,我总是坚持比较不同的人所做的不同的评论,并请求他们比较言语和行为的差异。

坦白地说,无论是好是坏,大多数民族志学者所"做"的事都是和人交谈。我们问他们在想什么、其他人在想什么、他们和其他人如何看待

---

① 这些例外包括 Mayer(1966)对印度、Herzfeld(1985)对希腊当地选举的民族志研究,Abélès (1988,1991,1997)对法国、Martinez-Alier, Boito Junior (1977)和 Stolcke (1988)对巴西、Royce(1975);Gómez-Tagle (1986);Krotz (1990); Lomnitz, Lomnitz, Adler (1993)对墨西哥总统选举的最新著作。在人类学中,还有一些相较之下对选举事务毫无兴趣的研究,比如,没有任何一个有关选举、选举制或投票的字眼出现在 Morton Fried 的 *Evolution of Political Society* (1967)或 Joan Vincent 的那本知识渊博的 *Anthropology and Politics* (1990)一书中。

自己的一言一行。我们也会"观察",这些观察也许很重要,但是我想我们大多数人都更依赖语言而不是行为本身。

调查政党、管理机构、利益团体、投票和选举系统是此类研究中重要的方法。但是在本书中,就像圣多明各的人们一样,我有其他的政治考量:我更关注那些不一样的研究途径,并希望以此作为补充。因此,我集中描述并尝试去理解弱者(los de abajo)的政治观念和参与,这些社会弱势群体在社会控制面前所表现出来的顺从与沉默,看上去是因为他们没有能力作出反抗,但是他们同时也极具反抗性地对接受这样的处境表达出了强烈的愤慨。

当代墨西哥的历史

有一种方法得以理解当代墨西哥的概况与大众政治,那就是留心墨西哥近代某些重要的历史节点,以及那些足以生产社会记忆,并制造个体生命和历史转折点的事件。纪念这些难忘的事件和经历,毫无疑问会让某些过程式的变革变得模糊,失去了精确、暂时的参照。比如八十年代墨西哥的新自由主义时代就见证了收入和财富分配的分水岭:九十年代,十三位名列《福布斯》全球富豪排行榜上的墨西哥亿万富翁拥有超过本国国内生产总值10%的财富(Castaneda 1995,216)。尽管如此,特殊事件依然与墨西哥当代史中的特殊年份联系在一起,而且这些事件对于我在圣多明各平民区的朋友们而言,已经成为历史显著转折的缩影。它们值得被一一列举。

1968　10月2日,就在奥林匹克即将举行的前夕,墨西哥城的学生游行已经持续了几个月(就像那时世界各地正在发生的那样),数百名抗议学生和观众在首都北面的特拉特洛尔科(Tlatelolco)公共屋邨被军队枪杀。如今就算这件事已经过去了六十多年,"1968"仍然能在墨西哥几代人之中产生共鸣。此次事件被认为是墨西哥后革命历史时期中的决定性时刻,成千上万的公民从此不再信任政府,不再期待政府未来能有积极改革的前景。在第三章,我会提供存在于圣多明各人们日常记忆中关于"1968"的诠释。

1982 尽管在二战之后,墨西哥的经济一蹶不振,贫困和不平等现象迅速蔓延,直到七十年代后期国家才迎来了显著并持续的工业与经济增长。因此,即使在 1968 年之后,当许多人都已经对祖国的政治和社会光明前景失去信心时,至少在中产和上层阶级中,大多数人还是相信墨西哥的经济能够继续繁荣的——只要他能够成功脱离工人阶层。1982 年,这个美梦也破灭了,何塞·洛佩兹·波蒂略(José López Portillo)总统短期的财政与货币政策从根本上导致了严重的国际贸易差额,这意味着在墨西哥国内,无数商业与投资项目遭遇了破产。对一个稳固的、生来可靠的经济所抱有的幻想在 1982 年消失得无影无踪,就像是 1968 年人们对于政府的政治一体化失去信心一样。

1985 9 月 19 日早上 7 点 19 分,墨西哥城发生里氏 8.1 级地震,持续了 90 秒。至少有超过一万人在倒塌的房屋中遇难。超过 25 万人失去家园,更多的人失业。紧随地震而来的问题是当局政府赈灾无能,于是成千上万的居民靠着他们自己的双手解决困难。在地震发生后的数日、数月里,人们组织了救援队,建立食品站,执行急救,为尽可能多的难民提供住房、避难所和支持。对很多人、包括圣多明各平民区在内的全首都人民而言,1985 年的这场地震成为了一种象征,即政府的无能与群众强大的自我组织能力——至少在这种灾难的情境面前是如此。

1988 这一年,在墨西哥长期腐败选举政治中发生了被大家称为最具欺诈性的一次总统投票。就当人们都认为在野党候选人库奥特莫克·卡德纳斯(Cuauhtémoc Cárdenas)将于六十年来第一次赢得总统职位,并能罢免革命制度党(PRI)时,电脑计票系统却在最后三天发生了一次突如其来、不可思议的"崩溃"。当系统重新启动并运行之后,政府革命制度党候选人卡洛斯·萨利纳斯·德戈塔里(Carlos Salinas de Gortari)宣布以微弱的优势获胜。1988年的选举于是成为政治变革的一个标志,更具体地说,是一次遭到挫败与否认的变革。

1994 这确实是值得一提的一年。1月1日,北美自由贸易协定(the North American Free Trade Agreement)(英文是NAFTA,有趣的是,西班牙文则是TLC——for Tratado de Libre Comercio)生效,在经济上试图通过许多新的方式将美国、加拿大和墨西哥联合起来。而同一天,无独有偶,在墨西哥南部的恰帕斯州(Chiapas),数千名戴着面具的土著男女实施了一系列精心策划的武装斗争,接管了军事战略位置数日,通过包括互联网在内的方式向全世界宣布:在必要的时候,他们将为自由、公平和民主全力而战(见第七章)。随后,3月23日,又一场政治危机再一次震惊了墨西哥当局,革命制度党总统候选人路易斯·唐纳德·克罗修(Luis Donaldo Colosio)被暗杀。此次事件不啻于一个爆炸性的消息:因为长久以来困扰美洲其他地方以及墨西哥南北的问题,正是墨西哥不知为何总是能对政治暴力免疫("马特,你在国外也许已经对这种事习以为常,"我的朋友伊莎贝尔[Isabel]告诉我,"但是我们这里从未发生过。")总统竞选仍在继续,埃内斯托·赛迪略(Ernesto Zedillo)迅速取代克罗修成为革命制度党候选人,并在当年8月赢得了(这场不出所料肮脏的)选举。但是这一年还没有结束。9月28日,革命制度党秘书长何塞·鲁伊斯·马西欧(José Ruiz Massieu)在墨西哥城被枪杀。传言这两次暗杀都涉及了国际之间的阴谋,权力斗争牵涉高达一亿美元,而纠缠其中的正是在位总统的兄弟劳尔·萨利纳斯·德戈塔里(Raul Salinas de Gortari)。确切地说,这些事件对于我在圣多明各的街坊邻居而言是十分不幸的,因为年末又发生了一次大规模的经济危机,严重的比索货币贬值将那些终于逐渐从1980年代经济低谷中爬起来的人们,重新抛回了就业不足和失业的恶性循环之中。

1997 库奥特莫克·卡德纳斯赢得了第一届墨西哥城的市长竞选,这个职位被认为是墨西哥政府机关选举中第二重要的选举。直到这一年之前,墨西哥城都是由在位的革命制度党总统指派的市长所管理的。卡德纳斯当选此职的意义,在圣多明各受到了广泛而激烈的讨论。许多积极的左派草根和社区组织朋友,都相信这场选举为整个国家广泛实行民主政治拉开了序幕,他们始终认为卡德纳斯是被革命制度党的干涉与财政上的玩忽职守拉了后腿。不过广泛而言,圣多明各的朋友对于卡德纳斯任期内的变革潜力却没有那么乐观,这更像是一场得不偿失的胜利(Pyrrhic),而不是真正的在野党的胜利。

2000 2000年的总统选举在7月举行,71年来第一次由在野党候选人赢得了竞选。保守的国家行动党(PAN)的比森特·福克斯(Vicente Fox)对选民传递了一个非常清楚的信息:将革命制度党赶出政坛!任何人都比他们好!在选举结果所引发的各种问题之中,毫无疑问最值得思索的是:先前的反对党现在掌权之后能否继续被称作反对党了。不管充满暗斗的革命制度党内谁该对此次落选负责(即将离职的总统埃内斯托·赛迪略于是成了最多恐龙谩骂的靶子),或是国家行动党的胜选是否象征意义大于实质意义,政治专家还是迅速并一致地认为此次选举在墨西哥具有里程碑式的历史意义。(此外,也有一些意见认为在美国的墨西哥人也应该有权利参加选举。这将促使墨西哥总统候选人在美国也能展开竞争——就像多米尼加共和国那样——不过这反而会再次模糊美墨两国的国族边界，也将导致更多人投票给革命制度党以外的政党——这些被证明都不是必要的。最终，这项由革命制度党提出的议案在 1999 年 Los Pinos 还在总统府掌权时就被撤销了。）

在墨西哥总统竞选和暗杀事件最激烈的时期，恰帕斯州发生了一起以土著为主、针对州政府的反叛事件，其政治影响席卷全国，最终扩散到整个美洲，从此新自由主义经济政策开始主导墨西哥政治生活的方方面面。至少在墨西哥对某些人而言，新自由主义很快奏效：截至 2000 年，2400 亿的商业交易让墨西哥成为美国第二大外交贸易伙伴，仅次于加拿大，领先于日本。① 美国长期以来都是墨西哥经济中主要的外国利益攸关方，但是 1990 年代墨西哥的投资危机也对美国的市场产生了可怕的影响。因此，美国在墨西哥的投机需要对政治——像对经济一样——保持绝对的警觉。对此，1995 年 2 月 17 日《华盛顿邮报》的报道这样写道："上月，美国大通曼哈顿银行新兴市场组别通过备忘录发出警告，针对(恰帕斯州)叛乱的和平解决方案竟然是'你很难想象官方在面对面会谈一年之后还是没能遣散叛乱者'"（见 Robberson, 1995）。这项备忘录被《邮报》继续恶意地引用："在我们看来，许多投资领域的人早已感知到恰帕斯州没能对墨西哥政治稳定造成根本威胁。(墨西哥)政府需要铲除萨帕塔主义，以此展示他们对于国境领土与安全政策的控制能力。"

这份备忘录被媒体泄露之后，大通银行的高管当即决定不予理会，因为它只代表了一个中层分析师的判断而已。如果我在圣多明各平民区的大多数熟人相信银行高层、或是其他银行的高层都毫不犹豫地持有相同的观点，那么他们应该因为这种幼稚的怀疑和天真的阴谋论被起诉吗？

---

① 新自由主义指的是自由市场经济模式于 1980 年代和 1990 年代在拉美范围内日益盛行（见 Gledhill 1995；Haber 1997）。

评论墨西哥财政和政府危机的文章在1990年代的美国是每日新闻的素材。然而真正遭受社会政治和经济灾难影响的墨西哥城平民区人民实际的、日常的感受、担忧和经验,却时常被忽视,除非他们因为间歇爆发的叛乱必须被关注。我的意图并不是保持学者的冷漠,继续无视这些持不同政见者们的情绪和行动——比如那些尽管是无组织的,但反对北美自由贸易的大众游行(见第四章)。相反地,我会细心地考量圣多明各平民区街坊们那些沉默的、甚至有时混乱的观点,以及他们清楚表达出来的情绪,因为那些民主或不怎么民主的决策——比如道路铺设、医疗保健、交通运输的决策——直接影响了他们日常生活。此外,我还将记录他们如何努力在更大的国族与国际范围做出改变,就像他们承认这些实践和行动与他们如何生活、他们是谁,有着密不可分的关联。

将全球化本土化

1997年1月,我和几个最亲密的朋友站在街角的商店外面,马塞洛(Marcelo)喝着一罐维基斯(Vickys)啤酒,马西亚尔(Marcial)是一位来自尤卡坦(Yucatán)的木匠,刚刚和我一起庆祝完新年。马科斯就住在街头小店旁边,顺便加入了我们。他刚刚和家人从尤卡坦度假回来,坐了30个小时的公车才回到墨西哥城。被晒黑的他筋疲力尽,不过还是兴奋不已地告诉我们——特别是马西亚尔——这趟旅行的经历。有两件事在他的脑海里的印象特别深刻,也是此次旅行的重点:他在奇琴伊察(Chichén Itzá)所参观的考古遗址,以及穆赫雷斯岛(Isla Mujeres)的裸体沙滩。

正当马科斯准备开始描述每次奇遇的细节时,一个小男孩向他走来,讨要一些零钱去买糖果。我看着这个孩子,大概3岁左右,于是问他叫什么名字。他盯着我看,回答他叫鲁瓦卡巴(Ruvalcaba)。我知道鲁瓦卡巴是我的朋友马科斯的姓。马科斯怂恿他说出自己的名字。"马可·安东尼奥(Marco Antonio),"男孩回答道。马科斯紧接着问道:"那你的爸爸叫什么名字?"孩子老实地说道,"外公",马科斯于是忍不住大笑起来。

马科斯的女儿因为一次轮奸事件而怀孕,犯罪的青年很快就逃离了现场。女儿和她的儿子继续与(生物学上的)外公外婆住在一起,马科斯和他的妻子迪莉娅(Delia),以及他们的另一个女儿一起抚养这个男孩。这也让马科斯担当的正式身份变得更多元,因为他是这个家庭中唯一的男人。

许多见过四十来岁的马科斯和马可·安东尼奥的人,都认为他们毫无疑问应该是一对亲生父子。因此,马科斯很乐意以平静低调的方式与孩子一起出现,以表示他们将孩子抚养地很好。此外,他还喜欢玩弄多义亲属概念这种人类学的游戏,马科斯摆出了一个明显的挑衅姿态,也许是想让我在偶然间大吃一惊,他能够在外公和父亲的角色之中转换。1994年5月,当我们在街头争辩时,马科斯就用这种方法将自己称为一位身为"外公"的父亲。当时我正在翻一本叫做《没有卡德纳斯的民主革命党》(*PRDista sin Cárdenas*)的书,其中讲述了一位民主革命党的成员希望政党可以摆脱它的领导人库奥特莫克·卡德纳斯。

马科斯用这些标签来应对他的矛盾经历,家庭与公民身份其实类似,这也许与专业的政治分析所使用的方法没什么不同。关于民主形式和实质的讨论,总是充满了这些相似的、令人困惑的、镜屋般的(house-of-mirrors)的描述。民主有时会被当作政治制度的问题,有时则主要被看成人民主权论的问题。在第一个版本中只有被承认的机构而没有人民,第二个版本中只有具备理念的人民而没有参与的机制(见 Collier 1999)。比如当马科斯评价自己是"民主墨西哥的公民"时,他通常是用这样的声明来嘲笑墨西哥的正式政权。"马特①,我们就是墨西哥的混蛋

---

① 本书作者顾德民,英文原名是 Matthew Gutmann,音译即为马修·古德曼。在交谈中,常被昵称为马特、马特奥、马特洛等。——译者注

(*jodidos*)",他常常这样告诉我。

在现实和实际的意义上来说,民主究竟意味着什么,民主参与又是什么意思,我的朋友们时不时对自己或对彼此提出这些问题。他们对比的模式范围从争取投票权的正式民主运动,延伸到到更加不固定、更加见效的参与式民主类型:比如遍布墨西哥的基层社区女权主义者的努力(见 Dietz 1992;Stephen 1997a)。我和我的朋友们会定期谈及我们在某种特定的生活、某种特定的政治系统中出生,并试图改变这个体制的挫败经历。在我们的讨论中,我偶尔会提起葛兰西(Antonio Gramsci,[1929 - 35]1971,333)的表述,他认为矛盾的意识——是由于从先辈那里继承的观念,与那些在当下试图改变世界的努力中所产生的观念发生了冲突。作为回应,加布里埃尔往往引用阿兹特克神祇的例子去赞美社会变革与传统社区的问题。马科斯也许会引用天主教圣徒的故事,马塞洛则会提到一位音乐家,他同样讨论过权利和责任的关系,以及如何建立一个更好的世界,让人们安居乐业。

作为我们的朋友,马塞洛在韦韦钦大街经营一家商店已经很多年了,在选举期间他也为民主革命党的投票站台——以此警惕选举舞弊。马塞洛认为此举是为了保证民主在墨西哥确实是受到尊重的。他说自己并不相信现身投票摊位这件事能产生什么变化,他对于抓住舞弊行为也没什么兴趣,更愿意维持一种程序上保持独立的外表。马塞洛觉得哪怕独立(independence)只是表面化的东西,也非常地重要。因为即使是这样的一种门面也能促使人们去思考,究竟该如何运用自己的政治生活。他常常表明自己支持民主革命党,因为对他而言,其他政党更关心如何去模仿外国的民主模式,而不是建立一个真正独立的墨西哥。马塞洛称他们为叛徒(*malinchistas*)。

再一次回家

十年来我尽可能多地花时间待在圣多明各平民区,学习如何育儿、吃辣椒、踢足球、跳方丹戈舞、偷懒、喝龙舌兰酒,并成为了一个醉汉。作为学者最重要的事则是记录和理解所有的变化,无论是人们的想法还是行为中的微观或宏观的转变。1991年第一次踏入这片社区时,我常常遭遇神秘和好奇的眼神——通常这些好奇不是完全针对我本人的。圣多明各不是游客常去的景点,唯一长住于此的美国佬也只有两、三位传教士,他们在当地人中颇有声望,是具有进取心、审判公正的外国人。不过这些团体都不是我想要加入的。

我很幸运,也十分投机取巧,因为当我第一次来到圣多明各定居时,我还带着妻子米歇尔·麦肯齐(Michelle McKenzie)和我们七周大的女儿莉莉安娜(Liliana)。因此,当我出现在平民区时,我的身份是一个几乎没有什么经验的新手爸爸。这样的情况在之后数年大大改善,因为韦韦钦大街上有许多育儿经验的导师们给我出谋划策,直到我有了两个孩子,并足以胜任爸爸的角色。圣多明各的朋友们与寄居家庭对我的唯一要求是:无论何时我回来,都请尽量带着莉莉安娜一起,因为在文化意义上她与这片社区共同成长,这是我无法企及的。

除了作为莉莉安娜的父亲这个角色是我和韦韦钦大街永恒不变的关系之外,其他方面,比如作为一个美国佬的特殊身份数年来却是不断变化,我时常为此懊恼。1997年1月1日,我无意中在商店里遇到马科斯和马可·安东尼奥。邻居们便邀请我过去坐坐,我告诉他们我用英文所写的关于圣多明各的书已经在去年夏天出版了(Gutmann 1996)。于是,喝着蛋奶酒的女人和豪饮一桶桶啤酒的男人们都拥挤在一起,越过我的肩膀上看书里的照片,等着我在索引中找到他们的名字,并把合适的引用、评论和说明翻译给他们听。一个年轻的女人注意到她自己出现在一张照片的背景里,于是让我翻译图片的标题。另一个女人则质问我为什么没有采用1993年为他岳父所拍的照片。一个男人则抱怨自从我上次为他拍照之后,四年来他已经瘦了很多,并要我承诺"下一本书"必须选用一张他减肥后的最新照片。

当时这个混乱的场景提醒着我,我已经离开了这里足足六个月了,而我的那些街坊邻居们显然几乎没怎么睡觉,又喝了很多酒。但是在新年的早上,我才真正有一种倍受打击的感觉,自己也许再也无法写出一本关于圣多明各和韦韦钦大街的著作了。较之以前,人们对待我的态度明显变得算计起来——我不再只是一位外来的美国佬父亲,而是一种能把他们的名字和容貌发表在国外的途径。那种美国的学生或其他人可能真的可以通过我认识他们,或是知道他们相貌如何(体格健壮或是体态苗条)的想法促使他们与我称兄道弟。

那时我什么也没说,但是当天下午我遇到了一些朋友,我还是说出了我的担忧。加布里埃尔和马塞洛是我最好的朋友之一,他俩认真地倾听了我的想法。我解释了我对于住在此地的忧虑——在下一本书出版之前,也许人们只让我听到他们想让我看、想让我听的东西,并警惕地隐藏住他们的恐惧。不过他们根本没对我的担忧上心,尤其是加布里埃尔。如果说一切和以前有什么不同的话,那就是他觉得我太小题大做地严肃了。加布里埃尔说道,没错,现在街坊们确实对于"被出版"一事的可能性有了更清楚的认识,但是人们始终都在泄露或隐藏着各种信息——向外国人类学家、邻居、妻子、孩子、老板、父母等等,甚至是对他们自己!为了强调这一点,他弯下身子,故意使着眼色地低声说道(不过也足以让马塞洛听见了):"马特,冷静下来,走,我们去喝杯茴香酒吧?"

茴香酒的邀请对马塞洛和我都是一种信号。很多年前,我们这些人把星期六的好时光都花在喝着茴香酒放屁上(是真正的放大屁),因此,之后请我去喝这种甘草风味的白酒就成了个经久不衰的老梗。加布里埃尔是在用另一种方式表达以下的意思:"没错,你是有点与众不同。但是你在圣多明各这里也有段历史了,如果我们这么长时间都能忍受你,那么你也应该学习如何去适应我们了。"于是我们的谈话立刻转移到从1992年我和米歇尔、莉莉安娜第一次抵达并住在平民区迄今为止,这里所发生的变化。这个问题通常又包括两个主题:那些由于各种原因不再与我同在的人,以及那些最近加入我们的人。圣多明各是一个人们总是搬入搬出的环境,因此我们常常讨论的是谁死了,哪对夫妻又离婚了,谁家新添了小宝宝。

加布里埃尔和马塞洛提起恩里克(Enrique),他是一位年长邻居的残疾儿子,最终屈服于那场自从他出世便折磨他已久的疾病,死了。他们很确定他的母亲解脱了,因为她终于无需继续承担照顾恩里克的重担。另一位街坊是个酒鬼,在墨西哥城本地是一个真正的酒鬼——他每次在街上见到我都会大喊:"外外外国国国佬佬佬佬佬!"——也死了。因为他喝了外用酒精中毒而死;就是"96"——我们都这么叫它,因为这东西应该具有96%的酒精浓度。1997年我们中没有人认识胡安(Juan),他是一位在街角家庭式酒吧工作的年轻人,然而三年后,他就在距离我们现在说话的地方几尺之外被谋杀了。2000年1月,两个吸了毒的顾客想要偷一瓶朗姆酒,被胡安拒绝之后,其中一个人掏出了手枪,射中了他的头部,胡安不治身亡。之后一些街坊邻居们传言说那个枪手其实是警察,但是大多数人都觉得不可能。

当我第一次抵达圣多明各时,我们就在谈论街坊邻居、兄弟姐妹以及堂兄弟之中,谁结婚了,谁又离婚了。加布里埃尔自己就和妻子分居,他还在经济上支援自己的家庭,不过他现在很少看孩子们了,因为他们已经不住在一起了。我们的另一个朋友卢西亚诺(Luciano)已经和第二任妻子的家庭同居了好几年,在1995年左右又回去和前妻孩子住在了一起。因此我们都在讨论他获得了重聚的幸福,却没意识到2000年他的前妻住在屋子里,而卢西亚诺其实睡在一个屋外的小房间里。不论他和前妻是否同床共枕,他都可能已经失去了财产和房屋的拥有权。不过婚姻,哪怕是婚内分居——不管是否被政府或教堂承认,或者只是夫妻双方的决定——都不像死亡那样让人难以接受。

1997年唐·蒂莫(Don Timo)还站在大街上等待那些需要修理柳条家

具的顾客，他邀请我们所有人去格兰德河(Rio de Bravo)的小农场——"我们那里简陋又贫穷，但是非常欢迎你们到我家来!"他和蔼地提议道。2000年，当唐·蒂莫的儿子读到我所写的一本西班牙语的著作(Gutmann 2000)中邻居们如何提及他的父母时，他非常生气。我于是向他保证，下一本写圣多明各的书我将重新强调一下他的父亲从未打过他的母亲。

1997年新年的一天，马塞洛在交谈时提醒我社区里又有人过世了，这一次比之前所有的事都对我影响大。1996年11月13日，安吉拉·希门尼斯(Angela Jiménez)在三次连续的心脏病发作之后去世了。在平民区，有数不清的孩子称呼这位我最珍惜的朋友、老师和知己——安吉拉为祖母，其中也包括我的女儿莉莉安娜。"医生也无能为力，"安吉拉的兄弟赫克托(Héctor)之后这样告诉我。当我们失去安吉拉之后，大家庭中的许多成员都觉得伤心空虚。

从解决家庭纠纷、邻里矛盾，到一般性的社会苦难，安吉拉亲身示范了如何掌握自己命运的精神。她的离去让我们觉得连应付生活都变得困难起来——我们不再拥有掌握权力的能力，无论大小。安吉拉从未向生活低头，她表现地非常富足。她常常告诉我们，她的偶像是圣徒弗朗西斯(St. Francis)，因为他践行了苦行主义，并拥有谦逊的品质。圣徒弗朗西斯十分热爱贫穷，安吉拉总是微笑着复述他的故事——他如何宣布放弃从富商父亲那里继承来的财产。她的女儿诺玛(Norma)提醒我，安吉拉是一个真正的信徒。当她母亲最好的朋友格拉菲拉(Glafira)被诊断为癌症时，安吉拉说道:"太棒了!"这似乎也许有些冷酷无情，但是安吉拉说这句话时是却真心实意的，因为她相信格拉菲拉很快就能见到造物主了。对于母亲所怀的神圣热情，诺玛只能在微微的震惊中颤抖。(正如所料，格拉菲拉因为癌症第二年就去世了，她得到了主的宽恕)

安吉拉去世之后，我第一次从家回到圣多明各，又哭又笑地听诺玛回忆她的母亲生前的告诫，"只要你还有妈，那就得去他妈的!"(As long as you've got a mother, fuck your mother!)这是安吉拉典型的精神与语气。在接下来的几页中，我就尝试去捕捉安吉拉的精神。如果我能从她那里学习到更多的事——比如投票、民族主义、责难和清白，以及最重要的关于在权威面前保持反抗和坚定不移的迂回曲折策略——这将是一个更好的研究。

正当我们想着谁去世、谁又离婚的时候，加布里埃尔的助手莫莫（Momo）跑了过来，索要一个他拆卸下来却丢了的制动轮弹簧。我们记得当时莫莫"几乎赤裸着上身"，现在他却有了一个小女儿，整日在他们只有一个房间的屋子里爬来爬去地玩耍，而且这间屋子也是莫莫的父母同意让他们夫妇在自己的土地上兴建的。

就这样，新生、结婚与死亡——人口统计学家将三者称为生命过程中的路标，圣多明各的人们则简单地将其称为"生活"，以此作为个体、家庭和社区周期性变化的恰当象征。但是马塞洛和加布里埃尔觉得九十年代对于他们和墨西哥的其他人而言意义都更丰富，因为它妨碍了日常的线性变化与改变。

他们想要知道我如何思考墨西哥未来民主的可能性？如何比较美墨两国的民主进程？我在拉丁美洲总是觉得很不舒服，因为我时常被要求就这个问题表达一下美国的立场，尤其此时我还被要求评估一下墨西哥的进步程度，这里究竟还有多久才可以变得像美国一样？尽管如此，我还是听加布里埃尔再一次解释了他对于恰帕斯州萨帕塔主义运动的期待和挫折，我也听马塞洛叙述了他所珍视的梦想——中间偏左的民主革命党将会再一次带领墨西哥进行基础性的财富再分配——尽管这在1930年代库奥特莫克的父亲、平民主义者拉萨罗·卡德纳斯（Lázaro Cárdenas）在位时都没有实现过。

无论我的观点如何，1997年1月，在卡德纳斯的儿子当选为联邦地区的市长8个月之前，我的朋友们坚持要探讨一下1968年的特拉特洛尔科事件、1988年和1994年的选举以及这些年间发生的财政危机。而且他们坚持认为我或许应该开始关注墨西哥政治冲突的广泛传播。

"马特,所以你看,"马塞洛说道,"我们已经帮想好下一本书了。现在你所要做的就是把它写出来。"

图3　1993年,这条高高挂起的横幅记录了一个复杂的发展过程:它宣布了一个以米老鼠命名的幼儿园从今往后将会被改名叫做"阿兹特克人和托尔特克人的羽蛇神(Quetzalcóatl)"。

墨西哥的公民无能

研究墨西哥政治的普遍方法就是聚焦在政党、代议制、政党、选举议程、利益团体、政党、行政机构、国家—社会事务以及还是政党这些正式的议题上。在墨西哥,人们对长命的革命制度党(在体制内革命的政党)其霸权如何影响联邦、州、乃至市政府的各个层面一直都很感兴趣,即使是传统的在野党也有"体制内的反对派(the institutionalized opposition)"这种绰号(见 González Casanova 1970,13)①。最近,学者开

---

① 罗格·巴特拉这样写道,"我认为有必要开放政党,左派已经完成了制度化,因此新民主文化的浪潮也许会渗透在这股清新的空气中,从而把那些老旧的规划赶出去"(1993,163)。

始检视城市和乡村的大众社会运动,这些将地方性或国家连接在一起的公民群体并没有怀有幻想,他们清楚只有通过斗争才能让当权者对他们的要求作出让步。因此无论是单一的议题还是更大的诉求,他们都团结在一起为之奋斗。

很多分析认为墨西哥政治的核心和灵魂还是研究选举的党派——它们的缺陷、机遇以及未来。特别是1990年代,大多数评论员都成功预测了多次民主革命党和国家行动党从总统到首都市长的选举结果,并以此为标准,衡量这片土地上正在进行的政治变革的历史意义。很多人都看到了民主革命党和国家行动党如何选举重要议员的候选人,并认为这是当今墨西哥也有民主的乐观证明(比如,墨西哥终于成为了一个多党制国家),而且现在整个国家的人们都在实践它。无论这些选举结果最终是否或如何真正用来加快决策制定、中止持续的斗争,并反思人民主权和民主的内容与策略,它们依然是某些官方政治和学院研究中的禁忌主题。至于是否应该去质疑真正的大众论述和治理术的精确结构和配置,对不起,在许多政治家和分析者的眼里,不应该去详述这些抽象的问题。

圣多明各平民区的人们提出了一个关键的问题:当他们考虑在墨西哥的政治和社会事务中扮演一个积极角色,当他们认同实现民主确实应该整合大众的力量和参与作为必要的中心因素时,许多人提出了一个关键的问题:在日常生活中他们应该去哪里寻找时间和精力,承担这样的责任?我的一些朋友在处于窘境之时,就会发问:如何务实地实现民主?究竟是什么构成了大众人民主权?为什么他们将民主视为比一纸谎言(a paper fiction)、每隔几年去投票摊位还要重要的事?人们提出的难题实际源于人口统计学的问题:长久以来的人口集中,让城镇集会与地方集会这种等价形式变得不太可能。因此,就算应用型民主源于人民场外实践和面对面集会的决策制定,21世纪的实用型民主还是不能按照这样的方式组织。也正是因为这个原因,一篇分析将其形容为"民主化的波浪式特色"。在某种程度上，这也意味着"从(民主)这个概念逃离哲学的研究范畴起，'民主'首先就是行动者的概念，而不是分析家的。"(Markoff 1997,50,51)。

墨西哥开始出现以投票取代集会的方式——用托克维尔式的语言就是社团生活(associational life)——作为民主化参与的首要形式、大众规则的最高表现形式，以及一个最实际的机会让公民去决定他们想要什么样的社会。墨西哥全民投票的行动体现了大卫·科兹(David Kertzer)所描述的经验："在同时性中蕴含着政治共享(1988,23)"。自发参与普遍化的投票仪式因此成为公民身份和政治合法性的必要条件。这也让弃权者变成一个令人惊奇的、从未被研究的问题。

性别研究中有一个类似的奇怪潮流，就是寻找性行为参与中的"主动"与"被动"的截然二分，这一观念源于侵入者和被侵入者的严格区别，居然也出现在墨西哥官方政治的世界里：坚决不参与政治的人在大多数模式中是没有地位的，或处于边缘性。考虑到选举政治一般而言就是政治的全部，多数分析将任何形式的回避政策都弃置在无政治意义与缺乏兴趣的历史框架之中。然而，就像你必须同时研究滴酒不沾的人和醉汉才能去理解酗酒这一行为一样，政治也是如此：我们将会更好地理解为什么有些人有时会以某种形式参与政治行动、而其他人则不会，以及真正的实践其实不属于"主动"和"被动"这两种参与形式的理论——政治就像是性行为——因为二者是难以严格区分的。

巴勃罗·冈萨雷斯·卡萨诺瓦(Pablo González Casanova)在其著名的研究《民主在墨西哥》一书中，认定墨西哥"边缘人群"所持有的"沉思和耐心的态度"在他所属的国家大众政治图景中是一个突出的特征([1965]1970,127)。根据冈萨雷斯所言，"边缘的下层阶级"较之下层阶级的其他成员——那些参与有组织的政治行动(比如投票)的人——是"更加耐心、且从公民的角度上来说也无害的"，尽管他们常常以此交换家长式统治的热情(129)。关于选举、一致性(conformity)和认可的问题长期以来都是20世纪墨西哥政治领域研究主题的主流,这也是可以理解的。因此,当政治发展到这些因素变得不一致时,问题就会越来越突显。比如说这里就有个例子——1990年代中期发生了一次特殊的中产阶级团结运动,并最终产生了社会性的影响:债权人联盟(El Barzón)是一次由债权人发起的运动,成员包括小店主和那些付不起银行贷款的人们。他们决定团结起来,宣布将共同延期偿还他们的集体债务,这在1995年至1998年经济形势最恶劣的数年内、人们常常无力支付和拖欠贷款的背景下,确实是一次非常成功的团结。(见 Williams 1996;Senzek 1997;以及 Rodríguez-Gómez 1998)

就像我在前言中说过的那样,1994年5月,我的朋友们、至少是我的男性朋友们,开始专心致志地研究解决8月即将举行的各种选举的影响。是年5月,这里就展开了一场充满热情的街头辩论,人们讨论着墨西哥政治的未来以及普通公民如何成为决定这个未来的角色。9月我回来的时候,选举已经结束了,但是圣多明各的政治环境却并没有什么不同。那时四处弥漫着公民的疲惫,不仅因为革命制度党总书记鲁伊斯·马西欧(Ruiz Massieu)被暗杀,还因为在圣多明各的居民中充斥着更广泛的政治忧郁。8月21日总统选举后还不到一个月,看这样子就要回到原来的状态了,我目睹着政治幻灭、漠不关心与默许的浪潮依次涌过圣多明各平民区的街坊和熟人心中,至少男人们都是这样(见第八章)。街头不再有围绕一、两位候选人的热情演讲,家庭内部和朋友之间也几乎没有关于官方政治的任何讨论,我再也看不到我在之前5月所见到的任何场景。

随着八月选举的结束,革命制度党的政权再次恼人地获得了当政合法性,人们开始顺从地接受这个必须接受的结果,但绝不是以享受的姿态——毕竟,媒体终日反复报道着市民所说的那些令人作呕的话。如果另一位执政家也被暗杀了,那就表明墨西哥正在变成一条走狗,它将和拉美的其他地方一样,朝着暴力的社会政治所主宰的方向发展。莫名其妙的是，在 1994 年选举之后的所有讨论中，广大选民最初的热情和最终的冷漠都消失不见了。这让乔纳森·福克斯(Jonathan Fox)对于投票和墨西哥公民身份的推理变得更加可信："围绕选举竞争出现的多数分析都集中在高阶政治(high politics)上，集中在是否明确争论规则的协定上，以及创建选举制多大程度上形塑了国家政治。但是选举竞争能否有效将公民权力扩展到整个社会范围的分析，涉及了大多数人实际上如何被代表、如何被治理"(1997，392)。公民身份的问题直白且复杂，同时既是个新问题也是个老问题，就像福克斯所展示的那样，还会将我们的注意力转移到"高阶和低阶政治(high and low politics)"之间的张力上去。

1997 年 1 月的一天，我路过一个朋友的家，发现他的家里挤满了亲戚，人们还在享受着前一晚的派对。在咖啡、蛋奶酒和朗姆酒之余，一些女人颇为怪异地开始讨论家庭暴力。对话是由关注能动性、罪责和默从等话题引起的。屋子里的两、三个女人都是夫妇主人的亲戚，她们开始谈论某一个男人，他也在现场，她们谴责他打老婆是为了试图变得"大男子主义(muy macho)"。听到这里我困惑了，不知是什么引出了嘲笑的理由。也许是整夜狂欢缺乏睡眠？或是我的出现——这里有几个人知道我写了一本关于墨西哥男人的书。之后讨论很快结束了，女人们将话题转移到那个传说中打女人的男人的老婆的身上，然后开始哈哈大笑。我开始怀疑是否整场对话都是一个笑话。或者说这只是一个例子，在人类学的报道中很有名，酒精(或其他方法)能让一个人将"傻瓜"和"开玩笑的人"玩弄于股掌之间，并说出平时没有人敢说的话(比如见 Dennis 1979)。对于谁该对家庭暴力负责则有很多理论，这在社会科领域和圣多明各平民区都是一样的。

圣多明各的朋友对于家庭暴力的辩论围绕着人类意志和人类本性这两个相反的理论，人们认为这是抚养孩子的社会过程与母亲—婴儿连接的"自然"现象之间的冲突(见 Gutmann 1998)。至于打老婆这样的事，男女之间的争论与是非曲直假定了人类有意志和能力对注定的、不可变的男女本质和竞争，做出适应和改变。宗教也不是一个安全的路标，因为各方观点的人们都能够调用宗教圣经来攻击对方以增强自己的立场。同样类比来说，我认为在社会科学中，有一种过分热心地把好意和好的心愿归于寻找那些微小的、逐渐增加的变化的人（比如那些反抗的人）的倾向，然而应用到那些强化社会压迫和社会分层的政治事件、政治观念时，人们却十分踌躇了。

围绕人类意志和改变的讨论，一般来说也被认为与希望和发展有关。期望所有事情保持一致且尽在掌握，这不仅只是最绝望、最贫困的反抗者（比如那些无法继续忍耐的人）、也是那些拥有更多自由、并意识到他们在寻找自我实现的人的愿望。这个问题绝不是为了找到一个对弃权主义（abstentionism）的简单分析，相反的，这应该是这样的一个问题：即不同的群体是否会在不同的时期将自己视为身处一个或更多的政治系统、代议和参与的形式之中。这也和主动/被动的二分法有关，因为一个人的被动性可能是另一个人的主动性——也就是说，在一个特定的观点、一个特定语境下所组成的被动性，可能在其他的语境和观点中呈现出大相径庭的样貌。

圣多明各平民区的许多朋友都表达过对于生活与生存环境的挫败感。通常这些感觉都来源于相当私人的情境——比如被家庭、工作、失业之类的事所困住。不过我认为他们的情绪和人们更为普遍的表达是不一样的——比如觉得无助或自满、要不就是因为"系统（*el sistema*）"、"文化（*a cultura*）"、"社会（*la sociedad*）"，或仅仅是"眼下的情况（*las circunstancias*）"感到被动或乐观。①

一方面，且不管公共事务和积极的公民身份有什么不同；另一方面，

---

① 为什么社会科学对于权力的描写中有那么多痛苦的表达？我认为这和责备与清白的混淆与冲突有关，以及我们如何更好地审视压迫者与被压迫者的关系。尤其在人文科学中，这个问题常常可以还有多少空间可以调遣和改变个人与群体之间的合理期待为核心。一些"艰深的"社会结构理论有时会惊人地与神圣意志的神学教条毫无差别。

它们与养育孩子、家庭暴力以及其他更"私人"的事情共有几项特征。关于责任和清白、原因与结果的重复话语并不是最少的,所以感知到的权力差异总是主观地与改变的合适渠道牵涉在一起。简而言之,变革常常在被压迫的一方强行推动另一方改变时发生。

政治幻想的前奏

此篇研究的目的不是为了找到一个简单的替代性想象,去解释为什么好事的弱者们希望他或她的声音被一种更传统从上至下的政治历史的观点所听到。这本书聚焦于1990年代墨西哥城圣多明各平民区男男女女的选择、发声与噪音之上,对他们而言,想要拥有更广泛的观众就是个幻想。这些圣多明各的居民如何看待自贸协定、如何思考主权、阶级与效忠国家等议题,都不是偶然的。同样的,他们是否投票、投票是否与他们试图以某种方式改变政治世界的梦想有关,也不是奇怪或无关紧要的事情。无论我的朋友们认为谁该对政治冲突和沉默负责,他们都认为自己与世界历史的进程纠缠在一起,这也是推动思考和辩论不断进行的原因——在墨西哥城工人阶级社区里的讨论和学界殿堂里一样多。此项研究有一个特别的目的,就是寻找政治的阶级、性别化的气质、特征与目标,它们见于与某些特定政治行为有关的不同态度和实践、或只是简单地体现于早期的政治情感中。

21世纪初还在谈论上个世纪的全球联系、跨国组织与重大变革实在已经是老生常谈,不论它们是否被标签为资本主义、帝国主义、殖民主义、新殖民主义、后现代主义或简单的现代主义。大卫·赫尔德(David Held)这样描述民主和全球秩序:"当所有人都有一个地方性的生活时,不同的'现象世界'如今逐渐被多元化环境下的发展与进程所渗透。"赫尔德指出一些人从这样的理解中推断出合理性:"一种全球化的归属感和脆弱性超越了人们对于民族国家的忠诚;那就是'我的国家是对还是错。'"不过赫尔德猛烈抨击突然崛起的"一种全球性政治历史"的结论,他坚持认为当代世界应当"持续政治意义框架的多元性"(1995,124—25)。

这样的结论当然也适用于当代墨西哥的例子。即使不按照某种地方性、半球性、拉美、或是全球性的参照标准,圣多明各平民区的伙伴们也展现出对于全球运动的经济和象征资本的敏感与意识,而且他们的立场相当广泛,他们的所做作为最终构成了一个令人眼花缭乱的全景,难以判断他们所做的这一切是什么意义以及究竟什么事与他们密切相关。关于改变的问题,无论大小,对我的许多朋友而言都是非常重要的——当然不是在所有时间对所有人而言,但是肯定在某些时候、用某些方法、在某些地方、对某些人是这样。人们解释自己为什么支持或反对特定形式的变化、为什么支持或反对个人与集体的参与、为什么发起或阻碍变革,无论在城市下水道这种地方性层面、还是保卫墨西哥自然资源这种国家层面——这就是发生在家庭、工厂、学校、操场、街道、市场和地铁里的日常之事。

许多信奉应由人民自我治理(self-government)的人们也拥护民主。这到底意味着什么?自我治理看上去、感觉起来是什么样子?这就是此项研究的主题。①

---

① 此项研究基于1990年至2000年我在墨西哥城进行的人类学田野调查。我于1992年8月至1993年8月住在圣多明各社区,并在随后的几年中多次往返平民区继续居住和工作,每次都停留几天或几周,总共还在那里呆了6到8个月。

第二章　奥斯卡·路易斯的孩子[①]

> 我们一生都无法目睹的乌托邦可以真实地存在于一场演出中或是没有人能平安归来的地狱里。
>
> 彼得·布鲁克(Peter Brook)

责备与结果

奥斯卡·路易斯(Oscar Lewis，1914—1970)是一位北美人类学家，从1940年代到他去世的30年间，他曾经在墨西哥、古巴、波多黎各居住和工作，也曾在印度和美洲原住民中生活过。他是《墨西哥的乡村生活》(*Life in a Mexican Village*)(1951)，《五个家庭》(*Five Families*)(1959)，《桑切斯的孩子》(*The Children of Sánchez*)(1961)以及《生活》(*La Vida*)(1965)这些经典著作的作者。虽然墨西哥的人类学学生还会读路易斯的作品，但是美国的本科生却很少听说过他，

[①] 本章标题为奥斯卡·路易斯的孩子，人类学家奥斯卡·路易斯著有《桑切斯的孩子》等著作，提出了一些颇有争议的诸如"贫困的文化"、"责备受害者"等概念，作者用奥斯卡·路易斯的孩子为标题，既巧妙提到了《桑切斯的孩子》的著作，也把路易斯的遗产比作他的孩子。——译者注

更没有人研究过他的民族志。不过奇怪的是,美国却有不少学生知道"贫困的文化(the culture of poverty)"、"责备受害者(blaming the victim)",这些由奥斯卡·路易斯所贡献的、或褒义或贬义的表达方式。在这一章中,我将讨论路易斯的相关概念,并重新检视路易斯在墨西哥、北美乃至更大范围内对于阶级、性别、改变和国族身份的学术研究。

我不仅重新检视了路易斯所做的民族志,还包括那些仍饱受争议的各种理论——这也是我广泛探索圣多明各居民大众政治的一部分。在他那个年代,路易斯是最早记录墨西哥首都贫民中矛盾的政治热情与实践的人之一;特别的是,他还记录了墨西哥城中一些最出名的平民区——例如市中心北边的特比多(Tepito)区域——民众自我调整、遭遇并适应挫折的前后矛盾过程。通过描绘墨西哥城市弱势群体(los de abajo)的形象,路易斯揭露了在他那个年代即便未必是错误、但仍然被认为是非常令人不快的社会图景,即当时的政治领袖十分厌恶去讨论人口中大多数人所经历的贫困和痛苦。①

《桑切斯的孩子》(Los hijos de Sánchez)(Lewis 1964a)出版之后,墨西哥地理统计局公开辱骂路易斯,指责他的书里充满了诽谤和中伤。当时墨西哥的报界翘楚《至上报》(Excelsior)刊登了一篇新闻,引用了一位当局官员的抱怨:这本书将墨西哥民众形容为"全世界最低级、最悲惨、最卑鄙的人民,并宣称我们将实行那个最伟大的国家的最杰出的法律与北美总统法律制度,以此拯救墨西哥。这份人类学的研究自白了阿尔贝托·桑切斯(Alberto [sic] Sánchez)的四个孩子曼纽尔(Manuel),罗伯特(Roberto),孔苏埃洛(Consuelo)及玛尔塔(Marta)的生活、人格和行为举止:两个不满足的游荡者,以及两个准妓女。"(翻译自 Halvorson 和

---

① 在这方面,《桑切斯的孩子》与皮尔·托马斯(Piri Thomas)在1967年对纽约城内贫穷的波多黎各人所做的经典研究《穷街陋巷之下》(Down These Mean Streets),遭受了相似的回应。

Moser 1965,73)①

地理局指控路易斯既是美国联邦调查局(FBI)也是/或是五角大楼的特工,被派来墨西哥煽动是非。事实上,墨西哥时任总统古斯塔沃·迪亚斯·奥尔达斯(Gustavo Díaz Ordaz)因为这本书以西班牙文出版,而解雇了政府出版公司经济文化基金会(Fondo de Cultura Económica)的主编阿纳尔多·奥尔菲拉(Arnaldo Orfila)。路易斯显然不是美国政府的特工。正如墨西哥著名作家罗萨里奥·卡斯特利亚诺斯(Rosario Castellanos)在1965年《至上报》上所坚持的那样,《桑切斯的孩子》这本著作其实非常重要,因为它"破坏了墨西哥得体的伪装。"(1965,8A)

奥斯卡·路易斯对于墨西哥底层社会的研究因为许多原因而饱受争议:被破坏的伪装暴露并吸引了人们去关注墨西哥的极端贫困问题;他们还对贫困问题严肃地采取了行动,提出了意见;并认为如果贫民想要改善他们的境地,就应该尽力依靠自己的努力。此外,此本著作以小说风格写就——卡洛斯·蒙西法(Carlos Monsiváis)这样形容路易斯《贫困的生活》(*poesía de la vida*)(2000,40)的文风——这也让他的著作影响更广泛,同时也充满了张力。

在美国、特别是左翼学者中,路易斯仍是人类学历史中一个有趣的人物,因为他在当年所关注、并广泛使用的概念——"人类行为"、"行动"或"意志"——在今天其实都被叫做"能动性(agency)"。② 虽然他在民族志中清楚地将人们置于社会语境中去考量——比如政治经济学、亲属制度和人口统计学,但是路易斯所提出的问题常常本质上更加偏心理学。在这个意义上,他对于生命史的关注似乎起源于被社会科学家称为结构和主体之间的关系——也就是,人们如何建立他们自己的社会世界、以

---

① 爸爸的名字叫杰西(Jesús),不是阿尔贝托·桑切斯(Alberto Sánchez)。
② 尽管在拉美,越来越多人使用由英语 agency 翻译为西班牙语的 *agencia* 这一概念,但是罗格·巴特拉(Roger Bartra)指出西班牙语 *mediación* 也许是更合适的翻译。(私人通信)

及他们陷入并非自己建构的网络中的程度。① 看来尤其对路易斯而言，以往关注贫困的研究过度强调了结构和体系的问题，他想要寻找一种能够纠正这种过度性、同时也能加倍重视社会变革中那些较少被定为命运决定论的因素。

路易斯的观点和吉尔·约瑟夫（Gil Joseph）有相似之处，吉尔在最近一期美国与拉美关系的文化历史期刊上撰写了一篇序言："鉴于依附理论、帝国主义和世界体系所推进的二分法，不断中心化、具体化政治经济结构与其进程，从而忽略了文化内嵌式的人类主体，我们应当努力将分析'去中心化'、去物化，并在历史叙事中恢复人的能动性。"（1998，14）

除了参与人类学和社会学长期以来对人类社会的凝聚力与冲突的辩论之外，奥斯卡·路易斯还在美国麦卡锡主义和冷战时期发表了他的主要著作，路易斯显然共享了当时以各种形式出现的马克思主义式的怜悯感情（见 Rigdon 1988）。路易斯在文化和人格学派的框架下提出了许多研究问题，这些创新见解包括看清了一个长期横贯在马克思主义学派之间的争论——工人阶级多大程度上必须依靠自己的努力来改变社会。在这个意义上，任何关于阶级与社会变革的讨论都不可避免地回避了问题的实质：下层究竟是想要更深入地身处、还是摆脱资本主义社会——这是左派在过去一段时间所面对的两难问题。②

在发展他的"生活的诗意（poetry of life）"理论过程中，路易斯也使

---

① 被我们称为第二波能动性理论的浪潮的先驱者当然是马克思·韦伯（Max Weber）。虽然他称赞宗教运动对于改变人们思想的角色是为了促进社会变革，但是韦伯在政治经济学的框架中所强调的人类创造力，常常拿来与简化的文化与经济决定论作对比。第一波与第二波能动性理论有着重要的区别。前者不仅借用了韦伯关于克里斯玛宗教领袖魅力（charismatic religious leadership［1919］1946）的概念，也使用了他通过理性化和合理化所提出的"祛魅的世界"。而最近，在第二波主张能动性的理论浪潮中，我们常常发现恰恰是下层阶级的理性造成了现世的稳定。

② 在路易斯的著作中，我们还发现了一个值得注意、却未被开发的问题，可以为后殖民研究作参考——比如，聚焦文化而忽略经济与政治的关系在什么程度才是有用的。见 Williams 和 Chrisman（1994）；Spivak（1999）。

用了一种较为傲慢的方式去接近田野报道人——这一风格与方法论在他死后多年依然挑起了许多尖锐的批评(比如见 Díaz Barriga 1994)。尽管这些严肃的问题与路易斯民族志的方法论与体裁有关,但是他依然在领先于自己时代的几十年前就找到了方法,将贫民的生活置于西班牙语和英语世界的公众读者面前,而这一议题在之前从未正式引起过读者的注意——例如墨西哥城和波多黎各的工人阶级男女是如何理解政治责任与过失的议题。就像是《新左派评论》(New Left Review)的编辑在1966 年所写的那样,"《桑切斯的孩子》既挑战了社会科学家所持的传统观念,也指出了一条可能重新振兴现实主义小说的途径。"(1966,1)

如果说 1950 年代晚期到 1960 年代中期,墨西哥得体的伪装被奥斯卡·路易斯的著作戳穿了,那么罗萨里奥·卡斯特利亚诺斯(Rosario Castellanos)认定人类学的礼仪也被破坏了,需要的时候这两者就像是格兰德河的两岸唇齿相依。这是真的,因为其不仅体现在墨西哥社会广为人知的事实——比如大男子主义(machismo)——还体现于更广泛的关于阶级的社会议题,在美国这种议题一般被归纳为贫困。在某种程度上因为路易斯对阶级的模糊声明,使得他不仅在 1960 年代发动美国联邦政府对贫穷宣战,也让社会达尔文主义在学界复苏。在一定程度上,这些变革只是简单地源于路易斯自己对阶级所提出的令人困惑的构想;但是它们也呈现出学术左派中针对资本主义社会阶级与其根本的问题、解决方法之间那些纷争不断的分析。

路易斯令人不安地忽视了那些他不愿意发展完整、坦白地说通常只是半成品的想法。虽然他常常被指责为理论轻率,实际上正是路易斯对于发展概念性论证的谨慎和胆怯,也许才最终无意造成了他的著作在学界、尤其是在美国左派学者中长久以来的污名。①

---

① 如何理解路易斯理论著作的起源和其中矛盾的面向,以及他在民族志写作方法与同事通信中那些的迷人细节,详见苏珊·里格登(Susan Rigdon)为路易斯所写的传记 *The Culture Facade: Art, Science, and Politics in the Work of Oscar Lewis* (1988)。

本着路易斯的天真精神,这一章将通过简要诠释文化和贫困的关系(声名狼藉的"贫困的文化"),来概述他关于责备受害者倾向的不客气的结论。墨西哥的大男子主义将用于说明目前仍在争辩的几点问题。①

家庭争论中男人的地位

奥斯卡·路易斯在大量关于墨西哥乡村和城市的民族志中精心地描述了家庭关系,而且如果不是因为频繁被忽视,他对家庭事务、性别的劳动分工、日常生活的长期关注也对后来的墨西哥性别研究产生了非常重要的影响。路易斯并不是将这些关系简单地呈现为某种静止的、根植于"墨西哥人民"中的文化特质与象征,他乐于追踪家庭在数年间、甚至几十年里的变化。比如在他个人最满意的研究《佩德罗·马丁内兹:一个墨西哥农民和他的家庭》(*Pedro Martínez: A Mexican Peasant and His Family*)(1964b)中,路易斯就记录了宗教传统是如何影响佩德罗的家庭和其抚养孩子的态度。路易斯非常重视日常生活中那些最表面、最乏味的互动,他不仅从中看出了社会力量(social forces)的影响,也找到了人们新观念与互动礼仪的来源。就这一点而言,我在自己对墨西哥城的田野调查中就从路易斯那里学到了很多。

举个例子,某天下午,安吉拉向我解释当她的四个孩子还很小的时候,她的丈夫胡安是什么样子的。"当胡安成了爷爷(papá)之后,一切都变得不一样了。② 但是当他做爸爸时,他和孩子一点关系也没有。"这时胡安突然插嘴说,他现在非常喜欢和孩子们一起玩耍,时刻和他的孙辈们打成一片。在我们之后的对话中,安吉拉突如其来、没有任何征兆地

---

① 作为墨西哥社会中广为人知的特质,大男子气概在这个意义上证明了赫兹菲尔德(Herzfeld)所提出的"文化亲密性(cultural intimacy)"的概念(1997,3,16)。
② 安吉拉使用 papá 这个词,指的是胡安过去的行为和身份暗示了他、她和他们的孩子不再像以前那样将他看作一个不负责的爸爸了。

谈起某些丈夫的做法令人发指。她轻蔑地挑出那些不做家务,以及在没有自己允许的情况下不准妻子离开屋子的丈夫,开始指责他们。"他们甚至不让妻子融入人群。"她对我说道,假装不可思议地慢慢摇着头。当她谈论到这些女人如何容忍限制她们自由的男人时,更显得轻蔑。

安吉拉着实给我上了一课,她让我知道,在家庭和社区生活的实践与互动中,能动性是如何被看到和实践的;特别是个人策略的制定既与特定的社会领域有关,也与别人的个人策略有关。

图4　1992年,安吉拉·希门尼斯和胡安·洛佩兹在堤坡左特兰

就在我们围绕着厨房桌子交谈时,安吉拉的一位女性朋友顺道来访。胡安给伊莎贝尔倒了一杯咖啡。安吉拉笑了笑,随口提起胡安这种行为也是最近几年才有的。伊莎贝尔表示同意,于是调戏着胡安:"安吉拉,你在哪里找到这个男人的?"安吉拉这才说出实情,当他们第一次结婚时是和丈母娘住在一起的,胡安的妈妈告诉胡安,没有他的准许,不要让安吉拉出门。而她从来都没有接受这样的限制。安吉拉特别骄傲地告诉伊莎贝尔和我,是她改变了胡安对待自己与其他女人的方式。①

正在这时,安吉拉打了一辈子光棍的哥哥赫克托走进了厨房。他来要鸡脖子,每周取两次拿去喂猫。"现在,赫克托就是另一个故事",安吉拉一边说一边对着哥哥的方向招手。"男人都很喜欢他,因为他真的是

---

① 尽管如此,胡安还是成功地阻止了安吉拉外出工作。

个大男人。"赫克托则拒绝这样的评价,他坚持认为即使一直未婚,但他始终都是自己购物的(这样就不能被看作是一个真正的男人)。① 胡安这时表达了他的观点:"在过去,女人不会让男人做这样的事(购物),害怕他们会被叫做——"

"同性恋(*Maricón*)!"安吉拉打断他。

这也许听上去很奇怪,不过在圣多明各平民区,想要劝服男人在女人在场的情况下交谈是很困难的,这不是因为男人不愿意在女人面前泄露秘密。而是因为男人在他们妻子和其他女人在家的时候就自觉地"沉默"了。比起面对他们的妻子和妻子的朋友,男人们有时宁可走到街上,远离女人,才对我解释他们为什么去或不去购物、做饭或是洗衣服的"真正原因"。②

圣多明各的人们如何使用和理解大男人(macho)这个概念(包括 *maricón* 和其他与男性气质身份相关的表达),显然和频繁被报道、却很少被分析的"大男子主义(machismo)"现象有关。③ 奥斯卡·路易斯的著作时常在圣多明各被提及是因为他详细描绘了墨西哥中产阶级的肖像,而不是他所写的大男子主义。不过,路易斯为人所知还有一个原因,就是他描写了贫穷男女中丈夫和妻子之间的互动,这对于圣多明各的许多人而言是非常真实的。

普遍而言,在当代墨西哥除了大男子主义的多重用法和意涵之外,值得注意的是不仅有一些女人被认为是假小子(*marimachas*)(或是 *marimachos*),而且总的来说一个男人的大男人气质与他们和女人的关

---

① 我们也可以认为,因为他至今未婚,所以他只得常常自己购物。
② 尽管不是所有男人、但是一部分男人就是对此保持"沉默"。这一复杂现象似乎与以下一些因素有关:社会空间(在家里,在街上)的问题,公共与私人的分歧观念;人际关系、特权、嘲笑和污名在家庭中的表现;也许还与女人在家中反对男人这一文化挑战的历史兴起有关。
③ 想要了解更多迅速增多的关于大男子主义的文献,详见 Brusco(1995);Carrier(1995);Fuller(1998);Gutmann(1996);Lancaster(1992);Núnez Noriega(1994);and Ramírez(1999)。

系密切相关。(无独有偶,marimacha 这个词也可以指涉和其他女人做爱的女人)。对于年长的男人和女人而言,"大男人(macho)"这个词至少也表示这个男人有一个优良品质,那就是他能持续地为他的家庭提供经济来源与支持。年轻的男人则非常不情愿接受这样的标签,虽然他们肆无忌惮地将其用在朋友身上。事实上,三、四十岁左右的男人认为"做个大男人(to be macho)"这样的表达是一种侮辱,这也与墨西哥男女关系的近代史密切相关。

更多的关于"墨西哥大男人(Los Machos Mexicanos)"的词源

说到大男人和大男子主义这两个概念,我需要依次澄清以下事实。比如,macho 具有"性别歧视者(sexist)"这样的定义,只有非常短的历史。它第一次在墨西哥出现时已经是 1930 年代的晚期,十年后才在美国流行。在今天的墨西哥,machismo 这个词主要还是被大多数人用于社会科学领域和新闻用语中,比起边境北部,这里很少有人在日常对话中使用它,尽管美国有许多人都假设大男子主义在墨西哥应该有一套统一已久的社会语言学谱系。恰恰相反,比起美国,macho 和 machismo 这两个词语在墨西哥对不同的人而言有着非常之多、极其迥异的涵义。

大男人和大男子主义这两个与拉丁文化有关、尤其是墨西哥文化密切相关的词语,为什么在全世界都使用的今天会是一组复杂的概念呢?至少大男子主义这个词的意义比简单的性别歧视观念要丰富得多:在大多数用法中,这样的表达指涉的是整个社会网络(通常不平等)的男女关系,以及男男关系——远不只是涉及心理观念的关系而已(见 Gutmann 1994,1996)。

应用了社会科学概念分类的全球网络非常有趣,值得一看;而且追溯 macho 和 machismo(它们在当代的意义)的词源学,不仅揭示了许多研究者、编目者、作家与词典编纂学家先入为主的观念和偏见、各种文化模式和信念，也揭示出"边境南部"这种原始文化特征的先验式存在——我们在美国常常这么说。有一些来源这样写道：macho 一词的语义根源可以追溯到（低俗的）拉丁语：masclu，masculu，或是 masculus，这些词语同时也是西班牙词汇 masculino 的起源（Gómez de Silva 1988，427；Moliner 1991，2：299）。这里强调的是动物和植物基因学上的雄性，而不是某种文化价值。另一种理论则将 macho 追溯到葡萄牙语 muacho，起源于 mulus，意思是"骡子（mule）"（Moliner 1991，2：300）。这里强调的是倔强、愚蠢和不育，最后一个意思是横跨不同物种的交配的产物，比如马和驴子交配得到的骡子。

权威的桑塔马力亚（Santamaría）《墨西哥方言词典》（Diccionario de Mejicanismos）(1959)令人不可思议地这样解释 macho 一词的起源：

> 由于语义学的进化受到了土著传统的影响，这个意思并非精确地表示植物与事物的（基因学上的）性别，而是指他们的尺寸、条件、力量或是其他属性的优越性，或是用以区别于其他相关物种的简单标志。(1959，677)

然而，许多其他来源都宣称 masculino 这个词语是由安达卢西亚士兵征服墨西哥时带来新大陆的（比如详见 Mendoza 1962），根据桑塔马力亚词典的解释，该词是由印第安人带给西班牙人的。有趣的是，masculino 这个词在桑塔马力亚第一版的《美洲用语词典》（Americanismos）(1942)里根本找不到，它最早见于 1959 年版本的《墨西哥用语词典》（Mejicanismos），说明直到那时它才是一个新词，或者它被收入字典的时间比较晚。不过，如果 machismo、至少是西班牙语 machismo 这个词，自很久之前或至少在征服之后就在被使用，那么为什么在 1959 年之前的字典里没有收录它呢？

还有一些其他材料值得注意。在哥斯达黎加和中美洲的其他地方，macho 这个词可以表示白皮肤或是浅色皮肤的人，就像是 güero① 在今

---

① 西语金色的意思。——译者注

天墨西哥的用法一样(Moliner 1991,299)。在尼加拉瓜,这个词还有一段特殊的历史:当奥古斯托·塞萨尔·桑地诺(Augusto César Sandino)于1920或1930年代提及 machos 时,他指的是美国入侵者。尼加拉瓜的一份史料追溯出 macho 的词源学根源是动词 machar 和 machacar,意思是"重击、打破、粉碎、捶打、敲击、擦伤、旋拧"。之后这些动词就与美国掠夺入侵墨西哥和尼加拉瓜关联在了一起(见 Hodges 1986,114)。

1990年代早期,墨西哥学院的学者们在编辑一本新的《墨西哥西班牙语通用词典》(*Diccionario del Espanol Usual en México*)(DEM)过程中,收到了以下这份语言学家的建议,①认为他们应当这样定义 *machismo*:

> Machismo:夸张化的男性气质。该词见于《西班牙语词典》。② 英文词典中都有这个词语,它在英语中的重要性显然是因为这个词是由墨西哥传入美国的。它必须被收入《墨西哥西班牙语通用词典》中。我的翻译建议来源于《美国遗产》(*American Heritage*)一书。

也许 *machismo* 这个词起初的确是从西班牙语传入英语的,更确切的说是从墨西哥传入美国的,不过它的传播路径却相当迂回。复杂的词源史让一位学者建议一本重要的西班牙语字典一定要给 *machismo* 找一个好的定义——即它在美国的标准定义。如果这个意见被采纳,那么墨西哥人将会从字面上学习到自己被北美定义的、所谓的国民特质。

我将不再赘述在其他地方引用过的证据(详见 Gutmann 1996,231-32),只要看奥斯卡·路易斯如何被社会科学频繁地引用就够了,有那么多人想要确定在墨西哥、乃至整个拉美普遍使用的大男子主义代表着臭名远扬的性别歧视。想要去了解墨西哥男人、特别是贫穷的墨西哥男人,许多学者都引用了奥斯卡·路易斯的民族志细节——从早期的《墨

---

① 我要感谢 DEM 的 Gilberto Anguiano 和 Luz Fernández Gordillo,允许我查阅文献。
② 作者指的是第十九版《西班牙语词典(*Diccionario de la lengua espanola*)》,由 Real Academia Espanola 出版(Madrid,1970)。

西哥村庄的生活》(1951)、《五个家庭》(1959)到《桑切斯的孩子》(1961)。不少作家特别抓住路易斯作品中那些淫秽且/或好色的段落，将这种煽情普遍化，我相信这和路易斯本人所写或所理解的墨西哥大男子主义之本意相去甚远。比如，墨西哥男人、特别是现代城市的墨西哥男人，常常被那些浅薄引用路易斯的人嘲笑为永远在自吹自擂的家伙或是流氓地痞。这种通过路易斯的权威所支持的描绘使得墨西哥男人成为了一种汤姆森(E. P. Thompson)所写的刻板印象(1993，406)，很容易就能从他们身上找到墨西哥大男子主义的所有证据。

不过"男尊女卑的(大男子主义)"(male superiority [machismo])确实被路易斯收入到那份考虑不周、声名狼藉的"贫困的文化特质列表(culture of poverty trait list)"里(详见 Lewis 1969，150；Rigdon 1988，114)。不过我们仍然有理由去相信，路易斯在使用大男人(macho)这个词语时自己也觉得非常矛盾：不仅因为路易斯常常批判学界对社会和人民以偏概全，也因为他在自己的民族志写作中同样无法完全舒服地使用这个词汇。

当我们比较他是如何使用该词时就非常明显，路易斯在一篇文章与随后有关堤坡左特兰(Tepoztlán)村庄的两本书中，都在同一段落里重复处理了丈夫和妻子关系，只有一处显著的不同：

1. "虽然女人乐于承认男人的优越地位，并倾向于去赞美一个**大男人(macho)、或特别有男人味(very manly)的男性**，她们仍然将一个相对而言比较被动、也没有那么专横跋扈的男人形容为'好'丈夫"(Lewis 1949，603)。

2. "虽然女人乐于承认男人的优越地位，并倾向于去赞美一个**有男人味(manly)的男性**，她们仍然将一个相对而言比较被动、也没有那么专横跋扈的男人形容为'好'丈夫"(Lewis 1951，319 – 20)。

3. "虽然(女人)乐于承认男人的优越地位，并倾向于去赞美一个**大男人并且有男人味(macho and manly)的男性**，但是她们还是将一个不那么专横跋扈、相对而言比较被动的男人形容为'好'丈夫。"(Lewis 1960,57)。

事实证明路易斯的问题不是男子气概本身,而是大男人这个概念的实用性,以及它如何被解释,以及这一概念为何使他建构的所有观点都逊色不已。

路易斯是第一个将拉丁语 *macho* 的概念介绍给美国读者群的人,但是他不需要为此负责。恰恰相反,他倒是要为自己回应了被亚美利哥·帕雷德斯(Américo Paredes)称为"对 *macho* 最神圣的阐释者"——欧内斯特·海明威(Ernest Hemingway)(1967,226)而负责。通过书写世界大战期间的墨西哥、古巴和西班牙,海明威在美国普及了许多观念,他描绘并建构了一个独特的、充满冒险和斯多葛哲学的拉丁美洲。通过对斗牛和其他"典型的"拉美男性运动的描述与崇拜,海明威将早已存在的刻板印象推向了一个新的高度。死亡和男性生殖力,集中体现在公牛角与睾丸之上,二者在国际上逐渐成为包括伊比利亚半岛在内整个拉丁美洲大陆的国家标志。一位学者这样写道,海明威作品中堂吉诃德式的原型人物对充满危险的凡世很有经验:"从不惧怕死亡,他勇敢地蔑视死亡,如果终有一死,那么他一定充满尊严,毫不悔恨地死去"(卡佩利 Capellán 1985,75)。外国人因此"发现"了一个原型,并以此来定义和分类说西班牙语的男人——尤其是墨西哥男人。就像我们所看到那样,其他人——包括不少人类学家——也串通一气地建构了这种大男子主义。

谁对墨西哥的文化肖像——也包括对墨西哥的大男人——有发言权,无疑是一个敏感的问题。作为一个在墨西哥首都平民区里生活和学习的外国民族志学者,我经常遇到另一个与外国佬奥斯卡·路易斯有关的问题:一些朋友和街坊帮助我进行研究,部分是因为他们怀有这样的幻想:我也许会将他们变成书中的人物,这样某一天他们就会像杰西·桑切斯的孩子一样有名。

为了更好地理解圣多明各平民区这些朋友和街坊的想法,我现在将求助于亚美利哥·帕雷德斯,他是一位研究墨西哥男性身份和大男子主义的本土思想家,与此同时,我也要学习他在揭示这些问题时所使用的民族志方法。

亚美利哥·帕雷德斯,大墨西哥与大男子主义

亚美利哥·帕雷德斯(Américo Paredes,1915-1999),大墨西哥(Greater Mexico)的传奇民俗学者,他深深地关注着民族志的说服力与魔术般的技巧,特别是像大男子主义这种复杂的、在政治上变化无常的议题。帕雷德斯的作品聚焦于德克萨斯州的南部边境地区,并常常关注牛仔和牧人(*vaquero*)的意象与历史重要性。比如1978年,与其他高度浪漫化美国牛仔的描述相反,他这样写道:"牛仔就是美国的大男人"。在其突破性的分析中,帕雷德斯在"墨西哥的"男性身份和大男子主义基础上特别强调了跨文化的议题,:

> 我对牛仔的兴趣更多来自于跨文化的考量,我相信,同时我也专注于研究男性行为的理想模式如何沿着边境跨文化发展,这一风俗随后首先影响了美国男性的自我形象,其次才是墨西哥。(1978,22)

从狭义上而言,大男子主义既不是墨西哥的原创、也并非是墨西哥必不可少的国民特质。实际上,帕雷德斯就清楚地指出在美国,大男人这种大男子主义的隐喻比墨西哥出现地更早。大男子主义,似乎并不是墨西哥独有的"国民"性格特征(如果大男子主义不是墨西哥独一无二的,也许有人会问那为什么一开始它会被叫做国民气质)。民族志学者的问题是复杂的,帕雷德斯在另一篇文章(1977)中就提醒我们,当研究者和一个喜欢开玩笑戏弄别人的人一起工作时,这种行为类型经常有机会产生一些被帕雷德斯称为"不可思议的谎言",而没有经验的新手人类学家却常常将全部内容纳为己有。帕雷德斯还用一个学生报告的例子,举例阐述了这种不可思议的谎言。

她是一位迷人的、39岁家庭主妇,描述着"她那善妒且盛气凌人的丈

夫,如何拥有一副冷酷却标准(按照英国民族志学者的经验所制定的标准)的大男人形象。根据她的陈述,她的丈夫特别善妒,不准她一个人外出,因为他就像所有奇卡诺的丈夫①一样,害怕妻子会'找到一个更好的男人'"(1977,103-04)。这个女人告诉帕雷德斯的学生,她还想去上学(她所受的正规教育已经超过了自己的丈夫),但是他不允许,唯恐她伤害了自己的大男人自尊。然而,当研究者见到她的丈夫时,却发现了一些矛盾之处:他表现地一点不像一个"专横跋扈的暴君"。他看上去对所有人都很随和,还积极鼓励妻子更多地去"融入世界",反倒是她在公共场合的表现看上去非常拘束不安。虽然她的丈夫没受过什么正规教育,却说得一口流利的西班牙文和英文,但是她只会说西班牙语。这位丈夫想不起来在德克斯萨斯州南部经历了什么公开的歧视,但是他的妻子却对种族歧视记忆鲜明。帕雷德斯因此总结道:"显然地,这位报道人向田野工作者呈现了某种特殊的个人角色,并夸张了奇卡诺男性行为的刻板印象特征,她认为这能引起田野工作者的兴趣。用刻板印象的概念去描述她的丈夫,让她关注并控制了采访形势,从而达到一种成功的表演"(1977,104)。

在很多地方,帕雷德斯都谴责过那些"任由想象力去详述印第安女人如何遭到强暴"的人们(1967,222),那些通过自己对墨西哥、墨西哥人、墨西哥男人的狭隘偏见发明种族主义人物个性的人们。在民族志学者和心理学家寻找并发现了那些所谓的、根本的文化特质——比如大男子主义——的时候,他们也许就会自然而然地忽略帕雷德斯所说的"来自美国的必然影响"(222)。帕雷德斯在最后的分析中问道,"墨西哥人是如何展示大男子主义的,达到什么程度它才是西班牙的、新大陆的、或是全世界的表现?"(222)。

---

① Chicano 奇卡诺人,指墨西哥裔美国人或在美国的讲西班牙语的拉丁美洲人后裔。——译者注

拉斐尔·拉米雷斯(Rafael Ramírez)于1999年研究对波多黎各的男性气质进行了研究,他追溯了1950年代美国心理学家如何影响外国人对于大男子主义的认识,就这一点而言,我也追踪过美国人类学家在其中扮演的类似角色(Gutmann 1994;1996)。但是一般来说,我们在这里处理的并不是简单的、伪装成复杂社会科学分析的种族主义偏见,如果我们轻视那些帕雷德斯所说的民族志学者"在现实语言情景中努力阐释人们的感受和态度"(1977,76)而产生的认识论的内在困难,那也是错误的。诠释并解释文化与个体的感受、态度与实践是一个冒险的事业,它的要求比熟知一门语言多的多。不如说这需要研究者具备文化的熟练性(cultural fluency),能够语境化这些词语、语型变化和细微差别,将玩笑戏弄从抱怨牢骚中分辨出来。

亚美利哥·帕雷德斯在这方面就像奥斯卡·路易斯一样,他们都在致力于寻找真实的人们的细微差别,而不是从韦伯式的模型中定义出一个粗线条的理想类型。① 也许比路易斯更多的是,帕雷德斯清醒地意识到研究者是谁,会在很大程度上影响到报道人所学到的东西,甚至会影响一开始谁会自愿给研究者提供什么样的信息。比这些人类学家的观念更重要的暗示是:尝试去展示其他人的生活也许是一个冒险的议题,但是拒绝一试也不绝是民族志学者采取的光荣立场。

批判"贫困的文化(culture of poverty)"的文化

奥斯卡·路易斯发表了一篇聚焦贫困的文化的文章(1966),他在其他6篇著作中也主要探讨了这个概念。然而,一旦这个概念和美国联邦消除贫困的规划有关之后,埃莉诺·里柯克(Eleanor Leacock,1971)和

---

① 说到大男子气概在学界和政治精英中所造成的天真影响,帕雷德斯认为历史学家 Walter Precott Webb 对于大男子主义的牛仔有"一种近乎幼稚的崇拜",而西奥多·罗斯福"对牛仔的赞美不仅过多,而且还很孩子气"(1967,227,231)。

查尔斯·瓦伦丁(Charles Valentine,1968)这两位人类学家就用了整本书去解剖、并解构这个概念。

"许多'贫困的文化'理论的主要假设,"里柯克在她所编辑的丛书《贫困的文化:批判理论》(*The Culture of Poverty: A Critique*)序言中这样写道,"就是事实上在贫民中有许多自发的亚文化,其中一项就是自我永存(self-perpetuating)和自我保护(self-defeating)"(1971,11)。她通过许多文章和其他论著批判了美国"沉默的大多数(silent majority)",里柯克允许来自于社会其他阶层——比如老师——"既是受害者也是恶人"(28),既要为他们的生活、也不必为他们的生活负责。而在贫民中,情况却不是这样的。"贫穷,"里柯克写道,"作为我们社会的结构性特征,不可能只是改变了人们的态度就会发生变革"(34)。正如我们所见,路易斯在这一点上也是公开同意她的观点的。①

直至今日,奥斯卡·路易斯还在被社会科学、拉美研究、乃至更广泛的全美范围内"引用"的主要原因,至少与贫困的文化的概念有关。无论如何,自1959年起路易斯就在他的很多著作中使用这个概念了。对其的主要阐释确实能够在这段时期他的许多民族志序言中找到。也许他只是打算让自己的研究多一点理论的味道,这样他的著作便能够承担一些知识分子的责任。但是之后针对路易斯贫困文化的理论批判却让其变得更加不幸,因为从根本上而言路易斯其实没有理论——他最多只有一句口号(catchphrase)。

但是这句口号是什么呢?不久以后,迈克尔·哈林顿(Michael Harrington)出版了他的经典著作,《另一个美国:美利坚合众国的贫穷》(*The Other America: Poverty in the United States*)(1962),这本书普及了路易斯的概念,并使之超越了人类学的边界。哈林顿的书和路易斯的

---

① 在某种意义上,里柯克(Leacock)引发的争论是 W. E. B. Du Bois 在几十年前就强调的著名问题([1903] 1995):将社会的注意力聚焦于问题而不是遭受问题困扰的人民身上,其含意究竟是什么?详见 Gordon (1997,63-64)。

口号,经常被(第36任美国总统)林登·约翰逊(Lyndon Johnson)在发起对抗贫困的战争中频繁引用,要求丹尼尔·帕特里克·莫伊尼汉(Daniel Patrick Moynihan)在1960年代带领发起、并实施了许多社会福利计划。但是对于我们的目的而言,《贫困的文化》如何应用于美国政坛的历史并没有那么相关,不如紧密检视一下那些针对贫困的文化和谴责受害者的浅薄批判,因为在很大程度上是美国政府按照他们自己的目的采用了这一构想。①

尽管大多数美国学生从未听说过奥斯卡·路易斯,但是为什么"贫困的文化"和"责备受害者"这样的表达仍然被频繁地使用、被猛烈地抨击,仍是一个值得探讨的问题。他们认为左翼知识分子的诉求是新自由主义(如果不是自由主义的话)政治和议程的替罪羔羊,并对此特别感兴趣,我们耐心且仔细地重新检视"责备受害者"这个概念,所学到的东西一定和存在已久的政治经济学与心理学之间矛盾范式的辩论有关——最近在文化和后殖民研究中,这项论证的表现更加明显——与路易斯对于文化的强调有关。路易斯教给我们许多东西,我们如何将"下层的观点"囊括到我们对于非难社会和个人责任的研究模式中去,并在家庭和社会的层面上将二者结合为一个整体。此外,一个与贫困的文化相关、且声名狼藉的方面是:贫穷的文化自身已经贫困潦倒、毫无创意了。路易斯的一生都因为这个观念受到了严厉的批判,我发现弗朗茨·法农

---

① 是否该认定路易斯有罪并不是重点。尽管他在1960年代并没有在公开场合撇清过自己与某些美国政府项目的关联,但是在他的著作中,却完全看不出他曾依靠过政府。如果有的话,路易斯(Lewis)、里柯克(Leacock)、瓦伦丁(Valentine)和哈林顿(Harrington)所成立的个人政党联盟也许曾经影响过这场辩论。比如哈林顿之后就成为了美国民主社会主义协会(Democratic Socialists of America)的领袖,这是一个经常批判共产党、美国的组织,并随后出版了里柯克对恩格斯《家庭、私有制和国家的起源》(Origin of the Family, Private Property, and the State)(1972)一书的介绍。因此,潜伏于美国左翼中的大量争论都明确地和穷人、他们在社会变革中的角色,以及结构、意识和政治领袖等问题息息相关。之后这些争论逐渐销声匿迹,也许因为麦卡锡主义的恐慌,也许只是因为简单的学术礼貌,但是其真正原因从未公开过。详见Harvey和Reed(1996),他们的文章阐明了左派政治辩论和1960年代针对路易斯的批判之间的关系。

(Frantz Fanon)的评价不仅仅是藐视:"我相信一个真正的文化不可能在当下的语境中被还原"(1963,187),而 E. P. 汤普森(E. P. Thompson)更是将其称为"动物性的贫困的文化(animalistic culture of the poor)"(1993,405)。

拉丁美国专家、特别是左翼知识分子中的辩论核心是那些存在已久的、与意识、错误的意识、阶级意识、乃至以前最喜欢的洗脑有关的问题。① 这些问题依次、直接地涉及了是否要用"社会主义"代替"民主",以此作为社会斗争的目标(见 Fraser 1997)。不过在最终的分析中,个体(或群体,关于这一点)按理究竟要在多大程度上为他们的想法、行动和生活的命运负责?关于共谋、过失、问责与义务的问题一次又一次地付出水面,让我们许多人在今天都觉得不舒服。在这方面,米凯拉·迪·莱奥纳多(Micaela di Leonardo)惊人且大胆地为奥斯卡·路易斯的贫困研究提供了洞见:"在那些绝望已久、不断在买彩票上浪费金钱的穷人面前,他有着中产阶级式的自我克制(pudeur)。但是要感谢他的是,他希望穷人能够为了他们自己的人性超越去放弃这些行为,避免成为国家精英的眼中钉与威胁"(1998,119)。

奇怪的是、或者并没有那么奇怪的是,我在圣多明各平民区的经验充满了对问责制和义务的讨论与争辩,不论这是否与住房条件、酗酒、大男子主义或家庭暴力有关。家庭成员和街坊邻居们随意地分析、解剖着个体的心理学,就像在正午酷日下寻找一个阴凉的人行道一样平常。这种人格特征和怪癖可以与人们已有的、与"文化"、特别是他们所理解的"墨西哥文化"和"社会进步"有关的普遍观念相比较。(不过,还是常能听到墨西哥城平民区的人们讨论社会进步,现代性则很少,后现代性就

---

① 维维恩·班尼特(Vivienne Bennett)在一段描写墨西哥社会运动中女性角色的文字中,这样写道:"一旦女人明白她们的日常生活是被性别不平等所建构的……并集中于组织化的改变和扩展上,至少女性行动的目标就变成了要求转变性别关系"(1998:117)。对一些学者而言,哪怕只是用这种方式说"一次",都会跃升到赞美意识,这太危险了。

更少了。)

然而,奥斯卡·路易斯的写作对象并不是我在圣多明各平民区的朋友与街坊,他所面对的是截然不同的读者。他的读者群众中有许多学者,毫无疑问,这些人在二十世纪六十年代对于现代性理论的核心更熟悉,他们认为如果完成了经济增长,文化和心理学的观念是最需要被打破的障碍。改变农民和城市贫民的认知定向是一些理论家拥护的目标,也许路易斯至少在表面上也可以提出类似的问题。但是,路易斯却在自己的认知框架中提供了另外两个重要的线索,带领我们在其他方面作出了总结:(1) 与其他认为穷人可以"追赶上"现代化的发展理论不同的是,路易斯对资本主义和它在世界上所建构的结构做出了明确的批判;(2) 路易斯煞费苦心地解构了对于像"穷人"这种社会群体过分简单的概括。

刻板印象(stereotype)是许多人类学家的命根子,奥斯卡·路易斯也不例外。他一贯地表示自己不愿意去维持某种同质性的墨西哥国民文化的观念,而是强调文化之间的多样性、阶级、家庭与性别的问题。尽管如此,无论他做出了多少努力,还是有不少学者指责路易斯创造并宣传了某种国民特质类型和刻板印象——包括大男子主义。

也许,我们应该更多地去理解那些按照这种方式被概括的人们,就像社会理论家罗格·巴特拉(Roger Bartra)所写的那样:"墨西哥是精神分析家冒险的天堂,在这里你可以寻找到俄狄浦斯情结的起源。将夸张的大男子主义,与瓜达卢佩圣母像所表达的那种对于母亲的狂热之爱奇特地结合起来,还有什么比这更吸引人的吗?"(1992,147)

举例来说,那些曾经打老婆、有时也打孩子的男人常常把自己描述为"困住或被抓住"(*atrapados*)。我曾听闻一个被自我观察拷问已久的男人这样说道:"我们在这里(来到这个世上)已经有一段时间了,但是我们在痛苦中浪费了如此多的时间,甚至无法去解决哪怕是最小的问题。"难怪一些有暴力倾向和暴力史的男人分不清在他们脑子里和现实生活中,究竟谁才是家庭暴力的受害者和施害者。

与其试图合理化这些暴力男人可怜的自我辩护的困惑,我们不如承认,在研究这些能动性的问题时,我们常常表现出某种胆怯,拒绝去面对奥斯卡·路易斯尝试去处理、而被其他人称为"责备受害者"的议题(据我所知,路易斯从未使用过这一特定的概念)。换句话说,这一点并不足以去复兴路易斯在左翼知识分子中的立场,因为他们重新检视了路易斯提出的关键问题。至于路易斯的动机和意图,我发现这些问题远没有他那极具挑战性的声明与作品有趣(毫无疑问,也更加无解)。

就像亚美利哥·帕雷德斯一样,路易斯的著作也引出了一个非常重要却没有那么明确的议题:即让·弗朗哥(Jean Franco)提出的关于"'大众能动性(popular agency)'的风险,也就是普通人民的潜力……他们代表自己行动。然而潜伏在这表象下的是大众力量中某种乌托邦式的信仰"(1992,72)。在这种对于能动性的浪漫化推崇中——当普通民众将历史掌握在自己的手中、更正以前的错误、算清过去的老帐时——常常存在着某种复杂的躲避,躲避对于这些行动的明显限制。正如苏珊·里格登(Susan Rigdon)所写的那样,奥斯卡·路易斯

> 争辩道:贫困是由在资本主义体系中获胜(有时左翼和中立都这样认为)的系统条件造成的(这一点被黯淡地否定了)。另一方面,他认为一些家庭中长期无法消除的贫穷不仅是因为政府拒绝消除贫困,也因为贫民同样参与了共谋,比如他们教给自己的孩子如何去适应贫穷(有时右翼这样认为)。路易斯说出这些是为了夸大阶级社会中极度贫困的后果,证明这将永久、且不可逆地伤害人民。(1988,88)

当谈到决定性的(有时也是未决定性的)男女差异,路易斯那充满矛盾的分析在当代的影响就变得更加难以预测,比如女人是否要离家外出工作,或是女性能否在社区、墨西哥首都、乃至更大范围内参与社会运动。很明显,这些议题在这些地区的家庭中造成了男女之间潜在的愤

恨、每日的对抗与恶意。而且有一点可以肯定的是,当女人希望离家工作(或是参加一个政治会议)时,她的伴侣会反对,这比丈夫坚持让女人去工作而她自己不想这么做要普遍的多。尽管如此,我们是否清楚这种性别不平等与权力差异的习惯在家庭和家族这种温室范围里的作用?我们要长久地感谢奥斯卡·路易斯,他在任何方面都超前于他的时代,因为他力图记录、并更好地理解墨西哥城的堤坡左特兰、波多黎各的拉埃斯梅拉达(La Esmeralda)、纽约与古巴的工人阶级家庭所面临的、一般的经济限制,不同家庭中决策制定时男人支配权的表现——以及女人无论是否意识到她在自我处境下所采取的共谋与合作。

漠不关心、宿命论与顺从的问题——在工人阶级和不同的阶级中——应当成为今天我们这些学者应有的贡献。学习新的社会运动(所谓的大众城市运动)是很好的,我们可以去思考这些改变中的行为关系、权力和自主权。但是这样的研究必须与不变性(immobility)和政治被动性(political passivity)更多地成对研究,从而提供对于政治和社会变革的整体性理解。我们尤其无需将漠不关心当做动员与参与的必然反面。正如我们将在第八章所看到的那样,比如不参与投票这种正式的政治活动和政治被动性不必然是同一件事。人们在他们的生活中会为了各种各样的原因对很多事情产生宿命论。

路易斯有时这样评论:如果你的目标是改变穷人们的命运,那么仅仅讨论经济、经济机会,甚至是"一场社会主义的革命"都是不够的(比如详见路易斯 1967,499)。路易斯面对评论为自我辩护,他不断重复自己常常强调最应当为贫困和痛苦负责的应当是经济因素,而不是其他人常常指控的性别。"《生活》(1965)这本书",他写道,"不仅是对穷人、也是对整个社会体系、中产阶级和政府官员的指控"(1967,497)。路易斯明确地表示在现代社会,他相信资本主义自身就是贫困的主要原因。但是他很快地补充道,"但是,这不是唯一的原因"(499)。而且路易斯把他大部分的注意力都集中在其他原因上。

路易斯毕竟写作的是民族志,其中充满了丰富的细节,但是就像大多数民族志学者一样,他几乎没有解释社会关系、经济与政治机构之间的大概轮廓。玛丽特·梅尔胡斯(Marit Melhuus)解释道,"尽管如此,探讨贫困的文化层面以及它们的意义贯穿其(路易斯)论证。比如,人们如何在他们自己所处的地位中去理解这个世界"(1997,41)。许多在贫穷文化的理论标题下组合起来的概念,确实暂时地与1960年代的现代性理论完全一致,它们都致力于改变穷人的观念,并最终消除贫困。不幸的是,这一事实导致一些知识分子宁可用机械的结构模型去反对路易斯,却不合逻辑地没有给穷人任何可能性去改变他们所处的境地。

今天,在这个学界仍然争着去评价拉美与其他地方的能动性和草根大众运动近代史的时代,路易斯则表现地更加聪明,他在五六十年代提出了许多问题,虽然这些问题更多以心理学的形式出现,但是却一次又一次仔细地检视了人们如何依附于他们的世界、如何去改变——或不改变他们的世界。

文化暴力

在我开始于圣多明各平民区进行男性气质(masculinity)田野调查的1992年之前,我决定关注家庭暴力的问题,这将是一个重要的聚焦点。事实上,对于墨西哥男子气概(manhood)的评论,常常让暴力一词几乎与男性同义。一直让我沮丧的是,奥斯卡·路易斯的著作也常常被用于阐释这种想象的文化特质(比如详见 Gilmore 1990,16;Prieur 1998,78)。而且,我之前在墨西哥城工人阶级社区的经验告诉我,男人与暴力之间的关系一直吸引着许多居民的注意,这不仅仅是学界和行动主义者所关心的议题。

然而,我在研究的早期就收到了一位在受虐妇女中心工作的女性的建议。"不要期待女人会对你敞开心扉谈这些事",她警告道,"因为她们非常抗拒去说这些事，哪怕是对亲密的女性朋友。"作为一个男人、特别是一个来自美国的男人，女人是不会和我谈论家暴的。

　　尽管得到这些警告，我还是找到了一些女人，她们非常急切地想要揭露自己被虐待的过去，这超乎我的期待。就算是几乎不认识的女人都比我在平民区一些最要好的男性朋友更能轻易地谈论家暴的经历。由于许多男人在讨论他们对于虐待妻子和其他家暴形式的个人看法时大多三缄其口，因此我在研究早期听天由命，断定我从男人那里获得主观信息的机会将会非常有限。男人有所隐瞒，男人也会在家暴一事上撒谎，而女人则对我所流露出的兴趣——想要了解她们在身体和心理上受到的虐待，以及丈夫、父亲和其他男性亲戚虐打她们或她们的母亲的愤怒故事的兴趣——回应非常之多。值得注意的重点是，我们不能简单将女人的经验加于男人之上，尤其是当男人对打老婆一事三缄其口、而女人却在家暴的性别实践建构、包括与家暴相关的事件中扮演了积极的角色之时。因为这些原因，圣多明各的女人们和我讨论这些问题通常只是希望引起我的兴趣，并通过我将她们的故事公之于众。

　　也许是因为圣多明各平民区的特殊性——那里的女性一直以来都是政治的、社区的领袖和行动主义者；也许是因为墨西哥城的草根女性主义者普遍都非常努力，她们揭露并挑战了许多平民区的家暴问题，让不少女人得以发声。她们希望我记录，并去教授她们的经验，一起联合起来努力帮助那些不愿面对家暴的男人去正视这个问题。有趣的是，我在采访几位圣多明各的居民时都会被问道，我的目的是否与奥斯卡·路易斯多年前的相似。"性别实践的建构！你准备去做奥斯卡·路易斯做过的事？你想说普通人的故事？"一位爷爷在我研究家庭和性别关系早期时曾这样问道。在一位居民家的厨房外，我和一个年轻女人交谈了整整一个下午。我提到了我的妻子，因为她最近收到一封伯克利朋友来信，她解释了自己如何被丈夫殴打，因此如今正准备离婚。这位年轻的墨西哥女人明白地点点头，然后告诉我她的父亲也曾殴打母亲，而且这样的虐待持续了很多年。

"当他喝醉了,他就与半个世界为敌。当他酒醒了,他却很奇怪为什么某某人不和他说话。因为他根本不记得。这就是问题。他非常好斗,他常常打架,无论他遇到什么人,哪怕是孩子。我不知道他有什么问题,在家,在街上,在哪里他都是这样。"

我问他的父亲是否和警方有过矛盾。

"不,没有,但是他和邻居们有。我们不信任周围的警察,所以出了麻烦的时候,没有人打电话给他们。我和母亲尝试着让他冷静下来,但常适得其反。"

理解家暴和女性之间关系的重要性并不主要是为了将女人描绘为虐待的受害者。更重要的是,这些女性的声音可以让我们更好地看到女人在不平等的控制和权力中,如何煽动并改变性别关系。

安吉拉有一次向我讲述她的朋友苏珊娜(Susana)的丈夫在一天下午喝醉了酒回家后,狠狠地打了她。苏珊娜用一块满是血的毛巾遮住她的脸,来到安吉拉的家里。苏珊娜的丈夫打断了她的鼻梁,她的眼睛周围满是淤青(我见过苏珊娜脸上的伤痕,现在终于理解它们从何而来)。安吉拉严肃地告诉我,她们一起交谈着、哭泣着,安吉拉问苏珊娜她打算怎么办。苏珊娜说她打算回家打扫屋子,免得孩子放学回家之后看到遍布在地板和家具上的血迹。

我打断安吉拉的故事,告诉她我认为这有些疯狂,因为苏珊娜显然需要及时的治疗,而且她的孩子们无论如何也会看到她那严重青肿的脸。安吉拉却告诉我恰好相反,苏珊娜的提议很有道理。她们先一起去打扫苏珊娜的家,之后再一起去诊所。当天晚些时候,苏珊娜去警局对她的丈夫提出了指控。安吉拉告诉我,苏珊娜的丈夫被抓入监禁,不过当他给警察缴了一大笔贿赂之后就被释放了。

毫无疑问,在男人对于家暴的言行中女人是不变的参照系,也是当为数不多的男人提及他们对老婆孩子猛烈爆发嫉妒之火的暴力史时的证据。不过墨西哥城的男性与人类学家谈论的家暴自1950年代、也就是当奥斯卡·路易斯在特比多(Tepito)社区做田野调查的时代起已经发生了很大的改变。到1990年代，当我开始在圣多明各居住和工作时，男人们已经不愿意承认自己打老婆，也极少吹嘘这种事。

我曾参加了一场由墨西哥市政府赞助并组织的会议，与会者都是那些虐待老婆孩子的男人们，特别是那些常常描述他们自己无法作到正义却将暴力施加于他人的男人。其中一些男人明确地表达了一种情感，他们觉得自己就是"工具"，唯一的功能就是为他们的家庭提供稳定的收入。这些男人抱怨他们被妻子和母亲"蔑视"并"羞辱"，就像一个男人所描述的那样，"当我生气的时候，我觉得特别脆弱，好像赤身裸体一样。"

这些男人中另一个相关的议题是他们生来浸染的"大男人文化"，他们认为这就是他们如此暴力的主要原因。他们宣称，"大男人的观念和价值"以及"大男人的环境"应当为此承担主要责任。但是，一位中年男人也承认，"女人能容忍男人逃多远，男人就会逃多远"。恰恰是因为有这么多的男人抱怨"女人想要更多的自由"，所以女人对于更多独立的需求才会导致越来越多的女性受到虐待。从社会运动到付薪工作，女性参与一切事务对墨西哥变化中的男性身份和行为都产生了深远的影响。

我相信，如果我只将自己的观察局限于男人如何谈论家庭暴力和他们自己的能动性，比如在打老婆这件事上，那么我对于"做一个男人"的研究将会有显而易见地严重不足。

我的朋友贝纳迪诺(Bernardino)在1980年代早期就是圣多明各地区的社区组织者，他和我谈起自己遭受虐待的姑妈，并尝试将她所遭受的苦难置于历史观点中供我参考：

"有些经验会让你觉得很难理解。我有一个姑妈四个月前离婚了。但是她遭受了长达十六到二十年的痛苦折磨。他打她,他限制她的人身自由,这太糟糕了。年复一年,也许不止二十年,因为她的孩子现在比我还大。她遭受了太多不幸。这是一个吊诡的例子,因为她的孩子们问她,'嗨,你还要等多久才会离开他?现在就走吧!和他继续在一起还有什么意义?我们现在已经长大了!'他们不知道情况为什么会忽然变得如此难以忍受。然而一切一直以来都是难以忍受的。"

还有一位名叫德洛莉丝(Dolores)的女性,告诉我即使自己遭受了超过十五年的虐待,她还是无法离开她的丈夫。"现在,"她说道,"他不敢打我了,因为我的孩子们会阻止他这么做。"让她感到骄傲的是"我那结了婚的儿子一点也不像他的爸爸,也不像我。"

这些根深蒂固的现实让贝纳迪诺相信,男女之间的改变需要经过很长的时间才会发生。但是他不是一个犬儒学派的拥护者,同时他也认为"在大众团体和有组织的团体中,作为社会的一部分,改变都会发生。"女人在今天的地位与二十年前不可同日而语,他解释道,"人们不再看不起那些(在外)工作的女人,她们身兼领导职位。叫一个女人'老板(jefa)'越来越平常,越来越普遍。这不仅仅因为大众团体,这就是变化,这就是在墨西哥社会中正在发生的转变。"

当另一位朋友塞萨尔(César)与我谈及他家里的家庭暴力时,我正是这样去理解我们之间两段对话中的差异的(详见 Gutmann 1996, 206)。第一次我们交谈时,我们几乎不认识彼此。我问他是否认识一些打老婆的男人,塞萨尔坦白地告诉我他不认识。他接着补充了自己的情况,女儿还很小的时候,他的妻子有时会打孩子,但是他自己却是一位"和平主义者(pacifista)"。但是关于家庭暴力这样的话题,有时沉默也可以像评论一样揭露某些真相。卢斯·玛丽亚(Luz María)是塞萨尔的妻子,她在家里对暴力的问题可不遮掩。她再三提及在婚姻中不断发生的肢体冲突,直到我遇见她的六年前,她终于对自己的丈夫说,"打我吧,这样我就可以打你。"我问她,为什么最后她终于爆发了?"我就是这么做了",玛丽亚告诉我,甚至也这样告诉她的母亲——和她一样有着非常相似的"易激惹性格"——但是她的母亲却永远无法和她一样对自己的丈夫,卢斯·玛丽亚的父亲,这样下达最后通牒。

我第一次和塞萨尔谈及家庭暴力的几个月之后,我们进行了一次闲聊,话题从黑帮火拼谈到其他形式的暴力。在那次对话中,塞萨尔坦白了他在过去的很多场合里确实打过自己的老婆,直到她向他发布最后通牒——住手,否则她就会带着女儿一起离开他——塞萨尔才停止了大发雷霆。

"对我而言,最困难的是,我得接受原来真正需要改变的人是我,"塞萨尔最后总结道。他接着说,"当我的妻子对这一切都忍无可忍时,这一刻就来了。'要么你停手,要么我就离开这个家',她这样告诉我。对我来说这是一个巨大的打击。这让我明白了。之后,我开始更好地照顾我的家庭。"奥斯卡·路易斯在1950年代记录了佩德罗·马丁内兹(Pedro Martínez)在宗教信仰的改变下,如何对他的家庭产生了影响。我在这里也有相似的目的:我希望呈现出类似塞萨尔这样的家庭如何被改变的细节,它也许会被称为政治转变,而这正是当代墨西哥正在进行中的社会变革中的一部分,而不仅仅是产物。

能动性的文化

"能动性(agency)"的概念强调了无依无靠的人们——至少某些人在某段时间、在某些地方——所具有的能力,得以掌控他们生活中重要的事情。比如说,能动性可以用来描述贫穷的女性努力组织起来,要求并获得更好的工作条件、更公平的物资分配以及更合理的居住条件。因此能动性是这样一个概念,用于描述不屈服的弱势群体、当他们自己掌握政治事务时该秉持着什么样的观念:即穷人生来就是无力的,他们只能组织在一起去改变自己的生活。在这种情况下,能动性常常有意或无意地与其相反的概念,比如"结构"、"社会"和"体系"这些局限了受压迫的人们改变他们命运的可能性的概念相比较。能动性的概念在真实的情境下,会对现代主义者和马克思主义者机械理解社会如何变革、只能通过伟大的领袖、伟大的观念去改变生产关系、发动阶级斗争这样的理论,造成反驳。能动性的理论部分地再现、解释了贫困的价值究竟是什么。

关于人民身为、或正在成为变革主体的浪漫主义,常常潜伏在作为个人主体还是集体人民的语言之中。而且关于人民作为主体——作为故意的、矛盾的、不稳定的变革主体——的分析,有些事情需要厘清。当能动性用于分析个体的集合去控制个体命运、并受限于大规模的经济和政治力量时,一些非常原子论的东西理论依然可以发展,代替基于社会力量的变革理论。

我们正立足于一块危险之地。不过对我而言,如果对无依无靠的人们所作出的积极改变的关注在近年来能够变得越来越正当,无论他们的努力遭遇了怎样的结构性阻碍;如果我们想要标签化这些能动性的动机,那么我们就必须更加仔细地去检视整体的图景。简而言之,对于穷人、下层阶级、被压迫的人、没有权力的人而言,能够自己改变历史获得成功,无论多渺小的结果都是巨大的成就。当我们真正讨论这些无依无靠的人们在某种程度上掌握自己的命运、而无论这种方式多么简单和有限时,我们如何能够让他们在某些方面对这些失败和挫折免责?米凯拉·迪·莱奥纳多(Micaela di Leonardo)就在各种不同的语境下,正中要害地写道:"反抗和胜利并不是同构的"(1998,21)。

再一次重申,这是一个危险的领域:尤其是墨西哥、拉美和美国的新自由主义语境明确地责备了穷人应当为他们的贫穷负责,并严重削减了能够为最边缘化和最无力的人们所提供的多种形式帮助的社会保障网与政府援助。考虑到新自由主义在今天的流行,也许在这样的语境下提出责备和责任的问题,显得十分愚蠢、冷酷无情。人们的信仰和行动之间的关联,存在于大规模社会力量与人们彼此分享的当下生活经验和理解之中。我们能够在圣多明各平民区的讨论与辩论中看到这种关联,家庭场景和街头朋友之间的日常都可以呈现出这一点。

在某种程度上,这就是奥斯卡·路易斯在 1960 年代所做的事,这也是他和其他知识分子之间产生分歧的地方。与美国学界不同的是,墨西哥的学者们认为路易斯更有同情心。因为他有意无意地揭露了墨西哥极度贫困的存在,在他之前几乎没有人这样做过,而且从未产生过如此大的、针对某一特定概念(比如贫困的文化)的骚乱。

这就是我们为什么需要更加仔细地考察:参与民主究竟意味着什么。我在圣多明各平民区的朋友和街坊邻居们去梦想——尽管是间歇的——将自己生于斯长于斯的世界改变地更好到底有多大的现实性?也许人们只是在自欺欺人罢了。当穷人站起来反抗不公正的政府当局并取得胜利时,我们这些写书、写文章谋生的人就会支持他们。而当他们奋起反抗却失败、或是根本没有反抗时,我们却困惑不解。当我们因为社会弊病去大声谴责上层阶级时总是比较舒服——因为他们总是看上去一切尽在掌握。而对于那些看上去无法掌握他们的经济和政治境地的人们而言,我们总是小心翼翼、充满理解地寻找哪儿出了错;因此,我们更喜欢用社会经济的语境去解释(搪塞?)穷人的信仰和行动。

只有当我被强行加入圣多明各的辩论"谁该为这些人的境地负责?"时——也就是说,只有当我的朋友和街坊清楚地向我提出这些问题,我也开始严肃地回答它们时——我才会开始仔细思考能动性(agency)和过失(culpability)的问题。涉及苦难中受害者的经典案例反复出现于墨西哥男性身份和实践的研究中,它与作为母亲的女性如何养育小大男人有关。由于生物起源的原因,责任总是归咎于作为母亲的女人,而很少归咎于作为父亲的男人身上(见 Gutmann 1998)。有一些母亲谈及孩子"自然的"倾向时,也认为男孩就是男孩,绝对肯定地宣称如果一个男孩成长为大男人,那么肯定是她的妈妈按照这种方式养育的。不过圣多明各的许多母亲都向我保证过,"我从来没把我的儿子培养成一个墨西哥大男人!"她们有时是半开玩笑的,有时则不是。尽管如此,追溯墨西哥大男子主义的起源,仍然是平民区不少女人的定期消遣的谈资。

最近几十年,女性主义对于家庭概念的推广,①促使墨西哥和美国的社会科学家越来越重视家庭是一个重要的空间,性别身份和不平等的关系在这里对抗、挑战着,偶尔还会改变男女的日常生活。问责(accountability)的议题是这些冲突的绝对核心。在墨西哥,最近一些研究尤其从处于这些境地的女人的角度,清楚地阐明了这些不和谐的过程。② 而我们才刚刚开始理解这些调查研究对于男人与父亲的意义。尽管如此,近来涌现出一批出色的、围绕墨西哥男性和父亲角色的著作已经成为了焦点(详见 Figueroa 1998;Lerner 1998;and Taggart 1992),此外还有一些研究墨西哥的经典著作,包括奥斯卡·路易斯的作品,其中也有丰富的材料值得挖掘(比如 Arizpe 1973,1989;and Lewis 1961,1964a),墨西哥男人为什么会成为他们现在这种类型依然有待研究。

然而,新的研究仍然要努力克服路易斯在二十世纪四十年代和五十年代于墨西哥乡村和城市各种不同的文化场景中所提出的问题。特别重要的是,人类学的文化与人格学派在当时对美国的影响非常大,很大程度上作为其产物,路易斯也将家庭视为争论与适应的具象化场所(embodied sites)。路易斯肯定会强烈反对的是,女性主义学界的一项贡献批判了那些陈腐的观点——将家庭和家务作为体现父权制最后的堡垒、制度化父亲身份的制高点。比如特里希塔·巴维里(Teresita de Barbieri,1992)和史蒂夫·斯特恩(Steve Stern,1995,1998b)所做的理论工作,就质疑了从基于父权制的文化模式中寻找起因、分派责任的效用,两人都发现其效用已经过度泛化,需要无条件地还原历史语境。

与此同时,虽然新的研究记录下了被斯特恩称为发生于墨西哥的

---

① 比如详见 Barrett 和 McIntosh (1982);Thorne 和 Yalom (1992);Hansen 和 Garey (1998)。
② García 和 Oliveira (1994);González 和 Tuñón (1997);González de la Rocha (1994);Massolo (1992);及 Oliveira (1989)都曾围绕这一主题写过文章,其中最重要的对于墨西哥城市住房这一敏感问题的人类学英文研究,特别详见 Vélez-Ibánez (1983);Selby, Murphy,和 Lorenzen (1990);及 Chant (1991)。

"从等级制互补的政权领域到性别之间充满歧视与污名的竞争领域的转变"(1998b,61),但是我们没有必要立刻冲向另一个极端,即高估家庭和家务关系中的"女性"特质。当然,如今家庭内部的事务不再被降低为女性的"私人"世界,就像政治和街头生活也不仅仅是男性独有的"公共"领域(见 Alatorre and Luna 2000)。

就像奥斯卡·路易斯所暗示的那样,父亲的角色需要不断地被重新定义、重新检视,无论在墨西哥还是其他地方都应如此。20世纪的最后几年,社会经济和人口发生了巨大的改变,女性开始积极参与大众社会运动,期间女性主义观点得到了广泛传播,父亲们和父亲角色的意义与实践也经历了快速的修正和变化。特别是,越来越多的女人离家外出工作,最近二三十年间生育率下降了一半,而且女孩的受教育水平几乎与男孩持平,这些都直接或间接地挑战了男人,他们应当对孩子和家务承担更多的责任。

不过在奥斯卡·路易斯研究的年代里最大的差异还是阶级。所以在九十年代的社会富裕阶层中,男人和女人同时养育孩子不太实际,大多数人会雇佣一位管家来完成这些工作。在圣多明各这种较为贫穷的工人社区,父职是很不一样的:相较之下,一些男人几乎不会抚养孩子——特别是很小的孩子,但是对于平民区里的大多数男人(女人)而言,积极主动地当一个爸爸是身为一个男人以及男人该做的事里最核心的部分。①

用父亲的缺席去讨论父亲的身份也许听上去是一种奇怪的方式,但是在人类学的研究方式中,我们可以在这一相关主题的边缘里找到线索,即家庭作为从整体上改变性别关系的集中场所。在今天的墨西哥,

---

① 在美国,很少有人可以这样随意而频繁地在贫穷和富裕的两个家中往返,但在墨西哥城,一个人类学家却可以这样做。也许是因为我外国佬身份的特权和墨西哥的阶级分野,如果那儿(墨西哥城)充满了阶级冲突,我的出现就会常常显得很显眼了。关于圣多明各家庭内部对于母职与母亲—孩子亲密关系的自然化争论,我曾有描述与分析,详见 Gutmann(1998)。

一些被称为"买单爸爸"而声名狼藉的父亲是不是这样的男人:他们建立和维持父权的方式主要通过定期向家庭汇款,而自己长时间、或至少已经多年不在家中居住。确实,墨西哥的父亲身份往往是在男人参与生殖的那一刻就决定了(一个转瞬即逝的瞬间就建立了亲子关系),或是通过之后男人在家庭中的缺席被定义的。我之所以要研究父职在墨西哥当下的实践,其中一个目的就是在此区分关于父亲身份的刻板文化印象——比如父权制,或是将家庭定位为次等的、私人的、女性的空间——与活生生的现实之间的差异。但是就墨西哥的父权研究而言,不断重复的陈词滥调比起男人究竟如何与孩子相处的现实,似乎还是占了上风。

遗弃的文化约束

能动性常常会默默地给予那些想要参与决策制定的女人一个性别化的角色,比如涉及她们丈夫(包括那些遗弃了直系亲属的丈夫)的行动时。如果男人的存在对于一个家庭的存亡是必要的,那么女人只能不惜一切代价将她们的丈夫绑在核心家庭中,她们除了勉强过活还能怎么做呢?当然在这种情况下,女性也没有什么机会去改变他们当下生活中性别关系的其他方面,社会参与自然更少。但是在九十年代中期的圣多明各,各个年龄层的男人都受到了女人广泛参与社区政治事务的影响。有一些很微妙的场合可以让男人和女人流露他们的真情实感,那就是当他们讨论童年遗弃这一话题时。在关于被遗弃的讨论中,如今长大的孩子在多年后回忆起他们父亲当年的行为,这些记忆很好地阐释了奥斯卡·路易斯所提出的责备和能动性之间的关系:他们怪罪父亲不发一言地离开,对于许多人而言,挑战更多地在于解释到什么程度事情会有不同的结果。

当你和阿尔弗雷多·佩雷斯(Alfredo Pérez)熟识之后,他也许会告诉你他那充满痛苦的童年和一位四处留情的父亲。但是如果其他人——特别是他的妻子——嘲笑他的父亲时,他就会非常生气。在阿尔弗雷多看来,妻子的父亲对他的孩子也毫不负责,他们那一代人中许多贫穷的男人都是这样。所以没有人有权利说阿尔弗雷多父亲的坏话,除了阿尔弗雷多自己。直到 1993 年春天,阿尔弗雷多谈起自己十六岁的经历时,当年的苦难依然历历在目。

"我的妈妈来自于墨西哥的一个村庄。她来到墨西哥城是因为家人虐待她,她有一个孩子,所以他们希望夺走这个孩子。她在公共浴池外有一个摊位,她在那里卖长筒袜、短袜、尿布之类的东西。这就是她遇见我爸爸的地方。他们在一起过了六年的同居生活。我出生了,然后是我的弟弟。但是我的爸爸是一个沉迷于女色的人……他开始和其他女人形影不离。有一天,这个女人来见我妈妈,她对这个女人说,如果她想要带走我父亲,'那好吧,你把他带走,'这样我的妈妈就可以继续她的生活了。

"那是二战期间的 1942 年,我的爸爸在火车上工作。这就是为什么他能在我们住的屋子里偷藏汽油——那可不是像现在这样的屋子,就是一个发皱的硬纸板搭成屋顶的房子。

"我的小弟弟在玩妈妈的梳子,塑料着火了(灯的火苗引燃了它),所有的东西都烧毁了。我妈妈成功救出了弟弟和一件外套,却烧伤了自己的腿。我也被烧伤了。我哭得很厉害,既因为烧伤的疼痛,也因为我觉得特别孤单。因为这个家庭只有我们——我妈妈,我弟弟和我。"

阿尔弗雷多的父亲愿意对原先的家庭成员承担一些经济上的责任,但是仅此而已。他付钱请了一位医生给儿子和前妻做手术,他们才得以和最初的计划一样,不必截肢——五十年后,阿尔弗雷多向我展示了小腿上的伤疤。阿尔弗雷多清楚地记得当初他如何拖着自己的腿走路直至完全康复的,因为他的父亲不愿意给他买拐杖。

大火之后直到很多年后他去世,阿尔弗雷多的父亲才从他儿子的生活中慢慢退出。虽然之后他的母亲再婚,但是那时阿尔弗雷多已经搬出了家。因此在阿尔弗雷多成长的过程中,没有其他成年男性扮演过重要的角色。当他自己成为一个父亲之后,阿尔弗雷多试图不去重复他父亲对他造成的伤害和错误,而且他告诉我,整体而言他觉得自己做的非常成功。他看到了他的父亲和那个年代其他男人的类似行为,但是他的愤怒只针对自己的父亲,而不是他父亲所处的那个时代。如果阿尔弗雷多只是和他父亲对待妻儿的所作所为不同,那么这不仅是他从自己的经验中学到的教训,以及妈妈教导的简单结果。因为阿尔弗雷多也相信,男人不应该抛弃他的家庭。他能得出这样的结论,部分是因为在他所生活的时代与墨西哥城平民区里,男人抛弃女人和孩子的事件被广泛地讨论、辩论着。

圣多明各平民区我所认识的许多人中,虽然像阿尔弗雷多这样的男人比起他们的父亲(在奥斯卡·路易斯于墨西哥城做田野调查的那个年代里,他们年纪轻轻就做了父亲)已经改变了很多,但是嫁给阿尔弗雷多这一代人的女人,整体上改变得更多。即使"母亲"仍然是一个女人生命中最重要的身份,但是"身为母亲"的含义和二三十年前早已不可同日而语。

当然,如果我们想要论述这些关注点就必须考虑到每天都在冲击圣多明各人们意识的历史和经济因素。为了解决他们对于过去的痛苦回忆,很多女人简单地将所有原因都归结为经济上的必需,好像除此之外没什么可说的了。他们认为,贫穷让一些妻子不得不在很长时间里依附于他们的丈夫,除此之外她们别无选择。因此,丈夫和妻子的分离也常常要求孩子——无论是男孩还是女孩——在非常小的时候就要开始为整个家庭工作挣钱。尽管如此,就像奥斯卡·路易斯所揭示的五十年代桑切斯的孩子的故事一样,仅仅用经济强制力并不能解释父亲对他们孩子的所作所为。

1999年,凯瑟琳·贝丽斯(Katherine Bliss)发表了一篇关于墨西哥城父亲身份的历史的文章,其中记录了1910年至1940年期间,由于社工、立法者和法律的改革者抱怨墨西哥社会的父亲们通过抛弃家庭、身体虐待和道德堕落,正在毁灭他们的家庭、公民社会以及作为整体的国家,父亲的身份是如何被政治化的。除了生动地描绘20世纪早期首都工人阶级所遭受的、来自官方的污蔑,贝丽斯还细心地将这些描述与这段时期特定的历史事件——特别是墨西哥革命——联系起来。在充满了骚乱和革命的二十世纪第二个十年,以及随之而来涉及进步与社会变革等广泛社会问题的全国协商中,作为失败的赡养人、伴侣与保护者,墨西哥的父亲们日益在法律程序和其他公共领域上挑战着社会进步与社会改革。

当我认识了墨西哥城里像阿尔弗雷多·佩雷斯这样的父亲们多年以后,我才清楚地了解,官方、大众和学界对于男人和父权的概念常常私下地——尽管时常难以觉察——被支配一切的社会习惯、性别关系、或其他形式的差异与不平等形式遮蔽了。从墨西哥的父亲(就这点而言,或者是母亲)在做什么这种老生常谈和假设的表象挖掘下去,这一始终存在的任务因为不管是在学术著作或家庭街头的随意谈话里,关于父权(paternity)、父亲身份(fatherhood)与父职(fathering)的特点的看法都相当一致——这一寻常之事的复杂性愈显困难。

家庭不仅仅是性别冲突的唯一场所。通过这些冲突、争吵和对抗,家庭也能为那些对已有身份和父母角色分工的挑战提供稳定的基础。更具体地说,在圣多明各平民区的许多街坊邻居和熟人的生活里,变化发生在与父职(养育孩子,为他们提供道德指导,帮助他们完成家庭作业)有关的活动里,无论男女都为这样的改变做出了两个贡献。首先是当值爸爸(*necesidad*)——比如,当母亲开始外出工作挣钱时,男人就要学会"帮助"完成家庭琐事,包括养育孩子。第二个方面是女人变得更加直接地参与这些改变,她们用甜言蜜语哄骗、劝诱并威胁男人加入一到两件他们缺乏准备、并且常常是不愿意去做的家务事。

换言之,女性在家庭中可以主要参与——用当下的概念来说,她们具备能动性——重新定义并重新决定墨西哥首都近几十年来父亲角色的意义。奥斯卡·路易斯也在许多民族志中,都巧妙地重新叙述了被男人抛弃的孩子和妻子。在他看来,被抛弃一方的并不常常是悲剧性的结果。然而墨西哥地理统计局的案例显示,与路易斯同时代的一些人类学家更希望在他们对于穷人的描述中看到这样的悲剧。因为路易斯认为这些贫穷的墨西哥男女应该部分地为自己的生活负责,而他则因为责备贫民为自己的悲惨负责受到指控。但是,我发现路易斯的基本准则与最近关于能动性的讨论并没有什么不同:在这两个例子中,学者们允许这些无依无靠的人们对自己的命运拥有一些控制——我们能说就是一些财产吗?对于路易斯和那些能动性理论的拥护者而言,问责(accountability)必须被置于一个大型经济和政治力量的框架中被研究,才能真正超越桑切斯的孩子和他的后裔所设置的隐喻。

政治心理学的改变

因此,一方面,我们对路易斯的个人动机和挫折进行了心理学上分析。一些人甚至会承认,这种不断进行中的、关于个体和群体(或"亚群体")的意识以及个人行为的讨论是有优点的,因为它在工人阶级的场景中区分了每一个个体。我想到一些类似于混合理论(mélange of theories)的概念,涉及反抗的日常形式。这些理论照例展示了对贫民、贫民的意识以及他们的解决方法的浪漫化崇拜。这也证实了通过这些理论我们无法掌握为什么男人女人会献身于追求"不现实"的社会变革。与当下正统的反抗理论相反的是,大众政治文化不仅展示了自发的、有组织的反抗和反叛,也证明了对以下观念活生生的反驳:"因为贫穷所以他们早已意识到"只有当他们相信自己不能太冒险的时候才会参与政治活动这一理智的选择。

另一方面,不管路易斯所提出的心理学和意识的问题还有多少争议，六十年代，美国左翼知识分子就宣布对路易斯提出另一场严重的指控。这些指控以路易斯所宣称的、对以下群体的诋毁为中心：特别是一部分工人阶级，所谓的失业流浪的无产阶级，以及在六十年代在左翼圈中被称为失业者中"革命的潜力"、工人阶级中最容易败坏和犯罪（罪恶）的部分。

然而，弗朗茨·法农（Frantz Fanon）却非常支持阿尔及利亚失业的无产阶级者，认为其包含的潜在领导力足以发起对抗法国殖民主义者的斗争（1963；1967）。奥斯卡·路易斯则相反，他认为墨西哥和波多黎各失业流浪者的观点和行为是极其有害的弱点。路易斯发现在他自己称之为"贫困的文化"中几乎没有革命的可能性，但是冈萨洛·阿吉雷·贝尔特兰（Gonzalo Aguirre Beltrán）注意到被路易斯称为"亚文化"的群体其实不是工人阶级，他们在整体上（城市和乡村）并没有那么贫穷（1986，123；同时见 Higgins 1974）。路易斯有时会宣称桑切斯并不是贫穷文化的代表，或者有时会用这个概念去指涉桑切斯的家庭，他简直是在帮贫穷文化理论的倒忙。因为桑切斯的四个孩子中最多只有两位可以算作是社会的边缘人，他俩也许可以被称作路易斯所提出的"贫困的亚文化"中的一员。而身为父亲的桑切斯则拥有一份规律的工作，并享受着虽然贫穷却相对稳定的生活。

对路易斯而言，不管是否天真，至少他在生活中秉持的政治主张核心前提似乎是，穷人不会依靠政府去解决结构性的问题。至少政府是不可信的。也因为这个原因，里戈登（Rigdon）这样总结道，"贫民中的意识觉醒，根据路易斯的说法，是任何想要煽动改革之人的首要任务。"（1988，157）。因为路易斯对墨西哥、美国、波多黎各和古巴政府充满了直觉上的、矛盾的不信任，他的学术成果才极具吸引力，也非常有用，尽管其理论常常模糊不清令人困惑。不过路易斯对于过分期待政府作为之人的鄙视，与当下新自由主义的"自我赋权（empowerment）"和自助（self-help）的概念非常不同。索尔斯坦·维布伦（Thorstein Veblen）关于"受过训练的、无能力的"贫民(见 Hannerz 1969,193)之构想,显然与当下穷人如何内化他们生活中的"教训"的讨论有关。社会精英与穷人的关系、政府与穷人的关系,根本就不是静态的。

约翰·格莱德希尔回顾了自由主义政治理论和当代争取人权的斗争,并以此提醒我们,超越国家形式的组织与民族国家一样,在根本上提出了"一个如何将'权力内嵌于意义(power inhabits meaning)'的相同问题"(1997,71)。他写道,"个体主义和个人内嵌于现存的统治结构中,这些结构形塑了权利运动的类型,并对个体主义的前提造成了最大的挑战,为争取重新承认土著民族集体的法人资格而奋斗"(71—72)。

针对路易斯——特别是"奥斯卡·路易斯所谓的'贫困文化'的论文"——那些表面的、肆意抨击的"批判"常常迷失的是一个曾经一度对类似左翼分子、自由主义者的人而言更加重要的问题,那就是假设在不同社会中,贫穷是否有任何相似之处,以及"跨文化比较是否导致了基于阶级的对比泛化"? 这个问题在今天被变革的分析者轻易地避开了。并不是说我们只能在阶级基础上寻找分析路径;而是我们应该将阶级的共性与其他的社会分化、超越国际地理政治边界的世代、性别和民族一起作为批判的要素纳入考量。

纵观路易斯的人类学生涯,他始终努力尝试去描绘一幅墨西哥城市与乡村的穷人显著不和谐的图景,却在同一时间通过全世界不同社会的贫困经验寻找相似之处。他拒绝将真实的人归类于静止的分类中:"我们已经成为我们自我分类的囚犯。当我们希望将我们的素材归略为最少的种类时,我们就已经丢弃了一些最生动、最流动的材料"(引用自 Rigdon 1988:vi)。与此同时,他依然在寻找有代表性的特征,足以使一般化概括建立在阶级这种重要的、跨文化的度量之上。

无论墨西哥内外,奥斯卡·路易斯的民族志都毫无疑问地成为了文化认同与定义过程中重要的一部分,然而他的著作不应该和其他人如何利用路易斯去推广自己的偏见混为一谈。就像是奥克塔维奥·帕斯

(Octavio Paz)在 1961 年那篇广为人知的文章《隐居的迷宫》(The Labyrinth of Solitude)中所引用的案例一样,真正的修正主义者的努力也许更应该针对奥斯卡·路易斯著作的二手分析,而不是原著文本本身。换言之,路易斯和帕斯所写的文本都呈现了一种新的生活,而这种生活也许和作者最初的意图相反。除了帕斯之外,不是所有对于路易斯著作的诠释和使用都是合乎情理的,一些学者广泛地误用并滥用了路易斯,他们也不太关心如何探索责备、责任和社会变革这些令人混淆、对于研究墨西哥的真实人群和他们真实的生活却是必须的议题。

第三章　1968——特拉特洛尔科的大屠杀

古斯塔沃·迪亚斯·奥尔达斯（Gustavo Díaz Ordaz）在1964年至1970年期间担任墨西哥总统。1968年10月2日，他负责策划了一场许多人认为预谋已久的大屠杀，数百名学生和抗议者在墨西哥城市中心北边的特拉特洛尔科公共屋邨惨遭杀害。① 当我为这本书搜集材料的时候，我常常会问圣多明各的朋友们一两个关于墨西哥的政治生活的问题，他们经常这样回应我，"马特奥，谁还关心墨西哥的政治啊？关于莫尼卡的绯闻，你有什么新的爆料吗？"②

如果有人想要寻找这种对当代墨西哥政治漠不关心的类似表达，那么追溯的路径将毫无疑问地带领我们回到1968年10月，那时墨西哥的大多数人对政治都不再天真了。1968年之后，墨西哥的官方政治再也没能从它的公民

---

① 尽管特拉特洛尔科常常在英语中被称为公共屋邨（public housing complex），但是这样的名称对于美国的读者来说还是挺容易混淆的，人们会以为它指的是城市为贫民提供资助的住房。然而在墨西哥恰好相反，像特拉特洛尔科这样的公共屋邨曾被（现在也是被）中产阶级的家庭占用，很多住户家庭中都有一位成员在政府机构任职。特拉特洛尔科这个地方早就具备象征意义，因为它接近三种文化广场（Plaza de las Tres Culturas），那里就是1521年西班牙入侵者Hernán Cortés正式击败阿兹特克人领袖Cuauhtémoc的地方。
② 指时任美国总统比尔·克林顿（Bill Clinton）与莫尼卡·莱温斯基（Monica Lewinsky）的性丑闻。——译者注

那里获得任何一点好处。特拉特洛尔科事件的影响持续了几十年,直到1999年达到高潮,学生们再次在墨西哥国立自治大学发起罢课,挑战政府当局。

1968年7月末,学生和警察之间爆发了混乱的冲突,在全国罢工委员会(Comité Nacional de Huelga)的领导下,迅速激化为史诗般的首都学生运动。就像同一时间在法国、德国、泰国、巴西、日本、塞内加尔、印度和美国爆发的学生运动一样,来自墨西哥精英大学,如理工学院(Instituto Politécnico)和墨西哥国立自治大学的学生们走上街头抗议,想从领导人手中拯救这个世界。这一年的7月,"1968"与法国五月革命、布拉格之春将全球青年团结起来。等到10月初,世界各地都将"1968"视为特拉特洛尔科大屠杀之年。

在墨西哥,1968年的学生运动如此重要是因为它具备广泛的群众基础。学生将他们自己称为"人民(*el pueblo*)"的代表,在他们的国家里广泛争取社会与政府民主。自从1958至1959年铁路工人大罢工之后,就再也没有出现过其他能够像特拉特洛尔科事件这样从根本上挑战墨西哥的政治秩序(见Stevens 1974)的社会运动了。然而,尽管1968年的学生抗议横幅上印有那个时代国际革命领袖的肖像,比如切·格瓦拉和毛泽东,但是他们的愿望在国家和民族主义的范围内其实十分局限:学生们谋求的是墨西哥政治体制的自由改革,而不是发起一场全球性的反抗运动。

学生们的目标仅限于墨西哥,这也反映出全世界其他地方不仅对墨西哥学生运动的民族主义目标不感兴趣,而且在1968年10月之前对墨西哥的政治事件也毫无兴趣的事实。因此,尽管许多墨西哥的年轻人对于切·格瓦拉和毛泽东有着强烈的自我认同,尽管墨西哥国内广泛的草根阶层都非常同情学生抗议者,尽管1968年全球的学生运动都有一个共同的原因,但是事实上墨西哥还是令人吃惊地在国际间被孤立了。如果不是这样,墨西哥领袖屠杀数以百计的学生所要付出的政治代价会比现在高得多。也正因为如此,这种孤立得以让政府采取军事行动粉碎学生运动而不受惩罚;他们因为大屠杀事件所受到的最严厉的谴责也不过是一些外国政府代表轻微的指责。

1986年10月2日

> 经过这一天之后,墨西哥就是另一个国家了。
> ——胡里奥·谢雷尔·加西亚(Julio Scherer García)和卡洛斯·蒙西法(Carlos Monsiváis)

特拉特洛尔科事件过去很多年之后,有一天我吃过午饭,在圣多明各与朋友们围桌而坐。我们讨论到警局贪污和声名狼藉的阿图罗·"黑鬼"·杜拉佐(Arturo "Negro" Durazo)的案子,他在七十年代是墨西哥城的警察局长,这一话题最终发展到关于1968年10月2日的回忆。我们讨论着特拉特洛尔科,安吉拉问亚历桑德罗(Alejandro)关于1968年他还记得些什么。亚历桑德罗在墨西哥国立自治大学教书,他和妻子在附近租了安吉拉的一间房间,他说自己在1968年还没出生呢,所以他对那次事件完全没有记忆。但是他确实提到自己从埃莱娜·波尼亚托夫斯卡(Elena Poniatowska)的书《特拉特洛尔科之夜》(*La noche de Tlatelolco*)(1971)中了解到当时发生了什么,况且他在成长过程中一定听过他的家人和其他人谈及大屠杀事件。安吉拉点点头,说她自己在很多年前也读过波尼亚托夫斯卡的书。不过和亚历桑德罗不同的是,安吉拉告诉我们当时她已经很大了,所以她对那个可怕的日子记忆犹新。

在安吉拉于七十年代早期作为拓荒者的一分子搬到圣多明各平民区之前,她和丈夫在1960年代晚期的住所靠近墨西哥城北部,那里离特拉特洛尔科公共屋邨不远。安吉拉回忆道,1968年10月2日当天,胡安出门去给他们的儿子诺伊(Noé)买生日蛋糕。他很久都没有回来,以至于安吉拉十分担心,她于是出门寻找丈夫。她看见人们从特拉特洛尔科的方向冲来,沿着街道逃跑,安吉拉拦下了一个年轻的女人(后来才知道原来她就是学校的老师),问她发生了什么事。这个女人好不容易才喘过气来,她告诉安吉拉,"如果你在等人,那么你要做好最坏的打算"。这位老师说自己也不知道是如何成功逃脱的,但是她就是奇迹般地没有被军队抓住。这个女人没有时间多说什么了;她被吓坏了,如果她被逮捕并被认出曾在特拉特洛尔科,军队可能会杀了她。安吉拉很幸运,尽管这位老师的预感很可怕,但是胡安之后很快就回到了家。

1968年10月2日下午晚些时候,大约有5000到15000名游行示威者(各种估计数字大相径庭)聚集在特拉特洛尔科公共屋邨,抗议墨西哥城针对学生运动的镇压。他们在那里遇到了5000到10000名士兵(对于这一统计数字也至今没有共识),几乎是一个士兵对付一个抗议者。① 塞尔吉奥·阿瓜约·克萨达(Sergio Aguayo Quezada)的著作研究了大量的"暴力档案",这些档案包括重要的墨西哥警局资料和美国中央情报局记录,他证明了许多人长久以来所坚持的结论是无可争议的:大屠杀由墨西哥政府高层精心组织,派遣了特殊精英部队和数不清的间谍在学生抗议者内部发动(见Aguayo Quezada 1998)。阿瓜约·克萨达指出,当时在特拉特洛尔科公共屋邨的广场上空突然出现了一架直升飞机,两颗绿色的照明弹被投入人群,作为提示狙击手开火的信号。学生抗议者、甚至很多非精英部队的政府士兵都发现自己被困于埋伏之中。人们无法逃脱,只能面对更多士兵的枪口,数以百计的人就这样在他们所站立的地方被活生生地枪杀了。

大屠杀之后数日,总统古斯塔沃·迪亚斯·奥尔达斯宣称死亡人数"超过30,但不到40人"(Proceso,1977年4月16日,第8页)。约翰·罗达(John Rodda)是当时《英国卫报》的通讯记者,他分析了特拉特洛尔科当天唯一仔细统计过被害人数的调查报告,并认为真实的统计数字是:至少有267人死亡,1200人受伤。1968年之后,大多数史料最常使用的数字是300人死亡。

---

① 根本不可能提供示威者与士兵的精确数目,以及在特拉特洛尔科大屠杀中的死亡人数。详见Aguayo Quezada(1998)最近的一份详细报告,记录了当时由政府和媒体提供的不同统计结果。

除了在1968年还是小孩子的人之外,那时每一个住在墨西哥城的人都记得当他们听到这场杀戮的消息时自己身在何处。比如菲力女士(Doña Fili)就告诉我,尽管在那个重大的日子里自己根本不在特拉特洛尔科附近,而且她确实到了第二天才知道杀戮的消息,但是她还是清楚地记得政府是如何快速传播谎言、声称学生欺骗了人民才获得群众支持。当我在多年之后问菲力能告诉我关于特拉特洛尔科点什么时,她回忆道:"我们并没有立刻发觉在特拉特洛尔科究竟发生了什么事。但是我的女儿在一个(政府开办的)日托上学,学校直接号召我们一定要支持政府。他告诉我们,如果我们不支持迪亚斯·奥尔达斯总统,他们就会将我们的孩子扔出托儿所。"

当我在1990年遇到菲力女士时,她已经做了祖母,而且一直都是圣多明各的社区积极分子。对于她和许多居民来说,墨西哥城在1968年所发生的事让他们最终认清了当国家领导人认为社会运动威胁政权时派遣军队镇压公民的可能性。为了给特拉特洛尔科事件提供类似的观点、显示出一年又一年、一次又一次的警察暴力事件的共同之处,菲力也提醒我注意1966年她和她的家人在阿胡斯科平民区(Colonia Ajusco)附近社区所参加的土地占领运动。"我们在1966年攻入,那里有很多镇压。警察试图将我们赶出去。双方发生了多次冲突。他们毁坏了我们那时就已所剩无几的东西。警察在1966年就已经真的镇压了。"

不奇怪的是,联邦政府和地方的武装力量针对墨西哥贫民,特别是土著贫民所采取的惯用暴行,相较于涉及中产阶级学生的大屠杀,几乎没有受到过关注。① 与此同时,尽管冷血的屠杀者在墨西哥城枪杀300

---

① 美国也有类似的事件。1970年5月,国防军队在俄亥俄州肯特州立大学射杀了四名白人学生,举国震惊。但是就在同一个月,两名黑人学生在密西西比州的杰克逊州立大学被杀害,这件事却被屏蔽了。比起肯特州立大学事件的广泛影响,杰克逊州立大学的凶手至今仍不为人所知。对于那些不熟悉这段历史的人来说,这里补充一些资料。1970年5月15日杰克逊州立大学的学生抗议者聚集在这间历史上多为黑人学生的大学校园里,75名城市与国家警察向示威人群开火,Phillip Lafayette Gibbs和James Earl Green中枪身亡。

个学生在国内造成了广泛的影响,来自国际社会的官方谴责却从未兑现。

沉默的国际阴谋

在阿道尔弗·洛佩兹·马特奥斯(Adolfo López Mateos)任总统的1958至1964年间,墨西哥申办了第19届奥林匹克运动会。为了证明国家已经通过现代化完成大跃进式发展,墨西哥将会成为第一个享有这一荣耀的发展中国家。铭记一个国家获得西方文明的许可,还有什么方式比在"太平盛世(El Anō de la Paz)"举办国际奥利匹克运动会更好?不用说,奥林匹克在1968年10月12日如期举行,此时距离学生们在特拉特洛尔科被杀害仅仅过去了十天。奥林匹克火炬在首都的阿兹特克体育场被点燃,当时这一场景是这样被描述的:

> 在体育馆外驻扎的军队和坦克泰然自若,因为它们不在电视摄像的范围内。没有国际抗议者,没有代表团退出,而且一些国家、尤其是苏联,还称赞墨西哥政府处理危机得力。特拉特洛尔科大屠杀——墨西哥革命之后整个国家最可怕的杀戮事件——在国际媒体中只不过是一条飞速略过的新闻,那个动荡不安的年份里又一个社会恐慌事件罢了。在这一天,国际社会更有可能会记得1968年奥林匹克运动会中美国黑人运动员的抗议。(Bilello 1997,784)

外国政府没有提出任何批评或正义要求。美国不仅完全没有谴责墨西哥政府的行为,中情局在那段时间反而更加积极地与墨西哥政府合作,为迪亚斯·奥尔达斯总统提供日常情报,比如墨西哥左翼分子和古巴、苏联之间的关系(见 Aguayo Quezada 1998,94)。在特拉特洛尔科大屠杀发生之后,证据确凿的是当时墨西哥城的大使馆清楚地告知了华盛顿大屠杀罪行的每个细节,但是美国发言人仍然对此次共谋保持了无情的沉默,声称这场杀戮"绝对是墨西哥内政"。

至于古巴和苏联政府基本上也保持了相同的口径:在大屠杀发生之后,苏联媒体立刻声称特拉特洛尔科的枪击事件是一次意外。古巴甚至提都没有提到这次杀戮。在哈瓦那试图抗议大屠杀事件的墨西哥学生还发现他们自己被古巴政府和新闻媒体屏蔽了。无论是苏联还是古巴,谁都不希望与墨西哥领导人交恶;他们显然相信如果支持抗议者,自己也得不到任何好处。

墨西哥的英国大使将其称为"沉默的阴谋"(见 Aguayo Quezada 1998,266),这一阴谋也扩散到国际奥林匹克组委会里。他们在一次简短的商议之后,决定"比赛必须如期进行!"毕竟用一位从美国来的博物馆馆长、奥林匹克观众道格拉斯·克罗克(Douglas Crocker)的话来说:"人们应该私下里解决他们的家丑。但是学生们希望将其完全展示在从世界各地来到墨西哥的奥林匹克参赛选手面前,利用他们的出现将外国卷入墨西哥的国内政治"(见 Poniatowska 1975,308)。

之后数年,许多在特拉特洛尔科事件中没有被杀害、入狱、或被迫流放的学生积极分子尝试在国家的各个城市最边缘的社区里实行他们的"国内政治"。他们发起了一项全国范围内的社会运动,被维维恩·班尼特(Vivienne Bennett)称为"建构了新的渠道去表达贫穷的城市居民的需求"(1992,245)。他们主要致力于发动非选举式的政治变革,亲历了特拉特洛尔科事件、数以千计的学生们传播毛泽东的意识形态,并采取明确的诉求——比如土地、住房、高昂的水费——组织和发动群众。一小群积极分子还发起了游击战,比如抢劫银行;大多数人则献身致力于更加和平的方式,成功地利用1968年大屠杀之后较为宽松自由的政治环境,努力提高了墨西哥城市弱势群体的居住条件。路易斯·埃切韦里亚(Luis Echeverría)总统于1970年上任,他所建立的政治环境为这些大众城市运动提供了足够的生存空间,以至于在许多城市——包括北方的蒙特雷(Monterrey)、奇瓦瓦(Chihuahua)和杜兰戈州(Durango),南方的瓦哈卡州的胡奇坦市(Juchitán)——的社会运动都十分繁荣活跃。

1968 年不朽的意义

塞尔吉奥·阿瓜约·克萨达(1998)干脆将特拉特洛尔科事件归咎于迪亚斯·奥尔达斯总统个人的决定。和其他墨西哥领导人一样,迪亚斯·奥尔达斯在他的任期内无法忍受任何反对意见,他个人应当为屠杀当天为每个示威者分派一个士兵而负责。阿瓜约·克萨达指出,作为共和国的总统,迪亚斯·奥尔达斯是唯一可以下达大屠杀最后指令的人。为了执行这一计划,一般的士兵和挑选出来的精英部队被下达了不同的命令。其他政府官员,包括迪亚斯·奥尔达斯的继承者路易斯·埃切韦里亚(Luis Echeverría)都与这场大屠杀的计划与执行脱不了干系。但是根据阿瓜约·克萨达的说法,迪亚斯·奥尔达斯才是最后裁决当天在特拉特洛尔科谁生谁死的人。

尽管如此,究竟谁该对 1968 年 10 月 2 日的事件负责,三十年后这一问题对于圣多明各平民区的人们来说仍然不是第一要务。对他们而言,特拉特洛尔科最重要的意义是大家公认在 1968 年 10 月 2 日之后,墨西哥的一切都改变了。墨西哥的经济确实在表面上持续了二战后的蓬勃发展,即使在七十年代大多数时间都有接近 6% 的年增长率。其结果是——也许不是全部——许多墨西哥人都怀揣希望,认为他们的孩子能比自己拥有更繁荣的物质条件。然而,1968 年之后,政权、政府和革命制度党的合法性,以及人们对于墨西哥革命承诺的信心,通通彻底地被粉碎了。即使在今天,无论非革命制度党的候选人在 71 年间第一次当选总统给人们带来了多少期待和兴奋,无论人们如何讨论墨西哥又要"再一次"变得民主了,1968 年学生被屠杀的历史还是部分地造成了某种犬儒主义和怀疑论,而这一氛围将始终萦绕在政治文化的周围。[①]

[①] 关于 1968 年 10 月 2 日当天所发生的事件与重要性,除了 Aguayo Quezada (1998),还可以参考 Cazés (1993); Edmonds (2000); Poniatowska (1975); Scherer Garcia 和 Monsiváis (1999); 及 Zolov (1999)。

1968年10月之后的数十年里,特拉特洛尔科始终都是一个不变的、指涉墨西哥的代号。就像我在第一章里所描述的那样,墨西哥大众政治文化的一个重要面向就是与特定时间、特定事件的结合,比如1968。因此,在墨西哥城居民的大众想象中,1985年9月19日发生的事常常会与17年前、1968年特拉特洛尔科的大屠杀事件一起比较。1968年和1985年的对比呈现了一个特别可怕的潜在含义,人们喜欢去回想政府如何坚持在一次又一次悲剧中低报死亡人数。更加令人蔑视的事实是,不仅墨西哥官员始终声称自己对大屠杀不负任何责任,人民也意识到政府领导人从未承认过特拉特洛尔科事件的死伤超过几十人。类似的事还有1985年9月19日的地震,天灾将联邦政府所在地夷为平地,无数的尸体就掩埋在墨西哥山谷一些中心地区倒塌的建筑里,但是联邦政府和市政府官员却对着墨西哥和全世界撒谎,宣称只有少数几百人不幸丧生。

毫无疑问,墨西哥没人相信这一结果。用其他方式重新计算在1985年的地震未被统计的伤亡人数时,人们再一次对政府当局普遍地失去了信心,他们再次坚信重新依靠任何一个当权者都是徒劳的。也许这方面就是1968和1985最显著的区别,人们在1985年显然没有那么震惊了,代表着大家在1968年的教训上加深了认识。

1999年的夏天,圣多明各平民区很多人再一次想起1968年特拉特洛尔科的大屠杀事件。墨西哥国立自治大学的学生在前一年冬天就发起了罢课,现在已经拖延了好几个月,也没有和平解决的迹象。越来越多的朋友和街坊邻居开始讨论出动军队镇压罢课、墨西哥士兵也许会再一次对墨西哥学生和抗议者开火的可能性。也许平民区里的紧张气氛被放大了,因为大学离这里很近,就在地铁的另一边。但是事实上,我发现整个首都都在关注罢课事件如何结束(见第九章)。①

---

① 特拉特洛尔科事件产生了全国乃至国际上的影响,但是1999年的罢课事件最终证明只对墨西哥的首都造成了一些无足轻重的效果。

墨西哥国立自治大学罢课的学生成功地在1999年关闭了校园，这时每个人脑海里的问题似乎都是："此次事件最后会像1968年那样结束吗？"至少我的朋友加布里埃尔认为这不太可能："现在杀一个人和三十年前不一样了。全世界公众的观点都改变了，今天肯定会有国际势力介入，这就是为什么墨西哥政府还不愿意使用武力去对抗这次的学生运动。"

至少加布里埃尔的一个观点能被大家认同，那就是如果墨西哥政府愿意，他们在1999年也能像1968年那样屠杀自己的百姓。虽然某些领导人可能还会下令让狙击手在1968年10月2日下午在特拉特洛尔科尽可能多地击毙学生。但是那一天之后，无数墨西哥人都不再信任政治当局的仁慈，并最终抛弃了他们。

"特拉特洛尔科事件还会再次发生吗？"1999年，韦韦钦大街上的很多人都在问自己这个问题。换言之，他们在用特拉特洛尔科事件去衡量墨西哥国立自治大学罢课一事可能出现的结果。胡安在1968年10月2日出门给他的儿子买生日蛋糕，结果，他不仅成功地买到了蛋糕，而且还避免了在当晚被警察或士兵抓走。而现在，1999年8月，他告诉我他再一次担心结束墨西哥国立自治大学罢课事件的唯一方式就是暴力。他害怕地想着这一次人们会如何应对。

还有一位邻居，她在1968年只是一个小女孩，她告诉我自己最近和一些参加墨西哥国立自治罢课事件的学生进行了一次谈话。在夏天的早些时候，学生们还在为自己的诉求竭力争取群众支持："他们问我怎么思考罢课一事。我告诉他们，我认为政府最终会以某种方式介入。我问他们，'你们究竟想要什么？你们是不是想要另一次特拉特洛尔科事件？就像曾经发生过一场学生运动和一次大屠杀那样？'我告诉他们，在我看来这就是他们想要的。"

1999年的同一个夏天，我问社区组织者贝纳迪诺·拉莫斯（Bernardino Ramos）是否认为特拉特洛尔科事件会重演。他想了一下，回答道："我不这么认为。我认为也许会使用一些武力，但是情况不会像当年的军事镇压那样演变为大屠杀。而且市政府不会派遣士兵。绝对不会。至于联邦军队,发动那种袭击的时机还不成熟。也许他们会尝试一下,威胁一下。但是现在不具备动武的条件。民主转变的过程阻止了他们去做1968年发生的那种事。"

1968的意义在随后的几十年里都不曾磨灭,但是它的意涵却发生了重要的改变。在七十年代,至少一部分青年中还涌动着切·格瓦拉和毛泽东精神的浪潮,对于许多人而言,1968年的道德诉求是追寻社会主义、追寻一个彻底不同、平等主义的社会。但是1999年,许多自诩为"68生代"的学界朋友,却把罢课的学生称为暴徒(porra)。他们认为1999年罢课的学生和特拉特洛尔科那些勇敢的、革命的积极分子没有任何共同点;他们最多就是毒品走私贩的棋子,其他人则伪装成激进分子。而且这些朋友不断地告诉我,1999年的罢课事件是对1968年教训的侮辱,所有人都应该清楚这一点:民主与致力于追求一个更平等的社会,都可以通过合法、和平的方式实现。

等到2000年,民主——就像"民主化"、"向民主过渡"、"建设民主的公民"——才是1968年事件的核心教训。然而到了2000年,圣多明各平民区的人们还是会时不时想起特拉特洛尔科大屠杀,这不仅说明墨西哥社会显然还是缺乏民主,甚至还成为在墨西哥人不再自满于革命制度党统治、国家与地方政府的政治仪式之后的转折点。确实,人们对墨西哥政体的普遍不满常常只是简单地以私下谈话的方式表达,还没有转化为致力于改变现状的行动。尽管如此,"1968"还是普遍被用于指代墨西哥国内的挑衅态度与抱怨。

就像许多人在墨西哥城里私下和公开场合中讨论对政府的不满一样,关于1968和民主的讨论也可以变得相当枯燥无味、模棱两可。正如我试图通过本书所展示的那样,如果我们只是单调不变地援引民主,那么这款灵丹妙药将无法解决任何问题。至少最初在1968年,墨西哥学生的诉求相较于他们在美国和法国的同行,似乎还没有那么激进。比如，墨西哥的学生们只是提出了基本的民主诉求——如言论和集会的自由，就是表达意见的能力，并且不用惧怕国家采用武装势力进行镇压。然而，在大屠杀之后、特拉特洛尔科事件这一代的部分人里，这种诉求就变成了社会主义。换句话说，早先的简单诉求只是在不改变墨西哥社会结构的语境下提出的，现在则转变为激进地建立一个新的组织和统治形式以完成民主的要求。

紧随1968年，墨西哥见证并参与了社会运动的巨大浪潮。在接下来的三十年间，各种运动遍地开花：在城市里是大众城市运动；在乡下，农民为土地奋斗，并偶尔尝试游击战的组织动员方式；在墨西哥社会的每一个社会角落，女性运动、同性运动、绿色环保运动迅速发展；特别是二十世纪的最后十年，占据近千万人口的墨西哥土著民族也站起来为争取正义、自由、自主和民主而奋斗。①

毫无疑问，对于加布里埃尔和其他认同自己是左翼的墨西哥居民来说，特拉特洛尔科事件还有一个衍生的教训：那就是左翼政党毫无作为。有一天，我和加布里埃尔去墨西哥城市中心的索卡洛广场（Zócalo）看完一场1994年恰帕斯起义的摄影展，在回来的路上，他向我解释道："左派至少唤醒了公民社会的意识。因为很多老百姓并不属于任何一个团体或政党，但是他们仍然在奋斗，他们继续支持像学生运动、农民运动这样的运动。但是他们不需要隶属于某个政党。那些费尽力气想加入政党的人这么做是因为他们根本不关心墨西哥，因为墨西哥的政党只是用来离间民意的。他们就是在玩弄人民。"

当加布里埃尔思考1968年之后墨西哥改变了什么，以及我们能从中学到什么时，他显然五味陈杂。就像他所描述的那样，他将他们那一代许多人的政治成熟理解为：再也不会因为政党举行新型军事演习而感到激动；他对墨西哥的政治文化在三十年间的实质改变也不屑一顾。但

---

① 特拉特洛尔科事件的抗议者中，不止一人希望能在政府中谋得重要职位。

是,当涉及是否有可能派遣军队以武力平息1999年国立大学的罢课事件时,加布里埃尔再次强调这不可能发生,而他的主要理由就源于1968年的教训:"有很多老百姓根本不知道特拉特洛尔科事件,但是也有很多人确实了解。如果特拉特洛尔科事件在今天重演,那将意味着光荣的墨西哥军队终结了。"

1968年的学生运动部分是为了抗议墨西哥在当年主办奥林匹克运动会。1968年的学生们反对墨西哥自诩已成为一个现代的民主国家,反对墨西哥自我声称已不再是三流势力,决定揭露国内贫困、悲惨和腐败的真相。而参与1999年墨西哥国立自治大学罢课事件的学生,至少据他们所言,同样担心当墨西哥在外国势力面前致敬与奉承时,人民的利益就会被妥协。

1994年,也就是特拉特洛尔科事件发生26年之后,墨西哥的领导人正忙于回应如何快速修复整个国家的经济和政治灾难的计划,这一次他们准备加入北美自由贸易协定(North American Free Trade Agreement)。这一次,没有发生重大的学生抗议。近三十年间官方教条惊人地没有变化,但是与1968年不同的是,墨西哥的商业领袖和政治家在九十年代许下了一项承诺:墨西哥在北美自由贸易协定的成员国身份,将使墨西哥在一夜之间从第三世界国家跃升为第一世界国家的地位,这一承诺在圣多明各和其他平民区里仅仅得到了人民无声的抗议。

第四章　塔可钟为谁而鸣

新闻摘录，1992 年

"价值和品质无国界。"塔可钟快餐公司 CEO 约翰·马丁(John Martin)说道。接着，塔可钟便在墨西哥城开起了美国以南的第一家分店。

USA Today，1992 年 6 月 4 日

新闻摘录，1998 年

塔可钟的新东家(百胜全球餐饮集团，旗下还包括肯德基和必胜客)在墨西哥城的一位女发言人罗西奥·科内霍(Rocío Conejo)称："由于墨西哥卷饼同塔可钟销售的卷饼有很大区别，目前我们无意在墨西哥授权开设分店。"

Phone Interview，1998 年 1 月 6 日

安吉拉的大脚板

北美自由贸易协定(NAFTA)①总能给安吉拉带来希望，让她能够

---

① 北美自由贸易协定：指由美国、加拿大、墨西哥三国签署的建立北美自由贸易区的三边协定。该协定于 1994 年 1 月 1 日生效。主流的认识对此持积极评价，认为其促进了北美的经济和贸易，并使大多数民众受益，但伤害了一部分少数派群体，令其不得不置身于激烈的贸易竞争中。——译者注

拥有更便捷的途径购买美国产品①。她最需要的是一双 $10^1/_2$ 码的鞋子来容纳她那双臃肿的大脚。她的邻居托尼奥此时正像九十年代圣多明各一带的大多数男人一样艰难地寻找稳定的工作。在托尼奥眼里，协定代表了美国对墨西哥中部商业投资增长的潜在可能。即便这可能意味着托尼奥要在美墨合资的装配车间里接受剥削，他仍对协定（1994 年 1 月 1 日）生效后的美好工作前景抱有极高的希望。

如我们所知，数千原住民在那关乎命运的一天以一种特殊方式表达了他们对自贸协定的极为不同的理解与预期——他们在恰帕斯州发动了一场武装暴动，借以抨击自贸协定，为墨西哥原住民和全体人民寻求民主、自由与正义。尽管类似的起义在墨西哥城的平民区或者其他城市地区并没有出现，而且一些民众抱有和托尼奥相同的观点，对于自贸协定的蔑视和不满遍布于墨西哥的穷人阶层。

不论墨西哥城乡大众对自贸协定的模糊含混的反抗多么盛行，恰帕斯事件却也提醒了人类学家们绝对不能低估边缘性政治观点和行动的价值，无论他们是直率的还是隐蔽的，否则会卷入民族志式疏离的暴力中。由于相同或类似的原因，我们有必要对诸如自贸协定这类成果的个体化反应过程或步骤进行定期评估，这样的过程包括了关乎所谓"政治"，大众政治利益的周期性的消长变化。一切对 21 世纪墨西哥民主的鲜活经验的叙述，都必须包括对全球化和民族主义的国际浪潮的讨论。

随着北美自由贸易协定的实施，墨西哥的劳苦大众的生活与"美国佬"的经济变得更加密不可分。严格地从经济和环境方面分析自贸协定的重要文章堆积如山，但我们仍会轻易遗漏关键文化维度，它们展示着格兰德河两岸数百万无依无靠民众的生活以及他们所经历的重大变迁。当然了，自贸协定不仅仅是美国、加拿大与墨西哥三国间关系的商业重

---

① 感谢克劳迪奥·罗姆尼茨（Claudio Lomnitz）、林恩·史蒂芬（Lynn Stephen）和托马斯·威尔逊（Thomas Wilson）对本章的早期版本所提供的宝贵意见。详见《人类学批判》（Critique of Anthropology）18，no. 3（1998）：297 - 315 和 Alteridades 19（2000）：109 - 22.

组。尽管政治学者们发表了诸多分析,采用的调查数据或多或少展示出了自贸协定所拥有的群众基础(mass support)(参见,如 Davis 1998),但仍鲜见基于基层调查写就的报告,仅有寥寥数篇纪实报道做到而已。

例如,1992 年,塔可钟快餐宣布进入墨西哥城这一贫穷的都城,这一举措被视为荒谬不已。在墨西哥城的平民区,此类"国境之南"特许经营店铺的出现如一声象征性的钟鸣,仅仅预示着中上阶层和社会精英日后的美好生活。毕竟只有出身此阶层的年轻人才会时常光顾这样的地方,而墨西哥的普罗大众是难以消费得起外国快餐的。尽管如此,对这些富家子弟来说,北美卷饼也显然有些不合胃口,因而塔可钟未能在墨西哥站稳脚跟。看来即使是较为富裕的社会阶级也不免对此种试图美国化(Gringo-ization)墨西哥民族美食的做法感到不满①。

本章将剖析自贸协定对墨西哥民族的、阶级的认同及相互关系的特定影响。我将审视墨西哥的贫穷民众心中的不满与沮丧是如何成为充满矛盾的政治分歧与大众民族主义的代表,并探究这类大众政治文化的表现又是为何如此被强烈地感知却鲜见于历史中的。笔者的结论是,针对反抗美国霸权,个体与集体策略间的对立证明了如今的墨西哥在民主的含义和公众意愿方面存在着广泛的混乱及困惑。某种程度上,这无疑是世界范围内更为广泛的混乱转型过程的一隅,它被贴上了全球化与跨国主义的标签,背负了由混乱所导致的不确定性。

斯托尔·加西亚·康科里尼(Néstor García Canclini)将"全球化"定义为"跨国主义"的后续阶段(1999,46)。对其而言,跨国主义(transnationalism)一词尤指发生于 20 世纪上半叶经济与文化的国际化进程。(他写道,国际化是一项始于数世纪前越洋航行和商业交流的进程。)另一方面,全球化却代表着散布于各地的生产、流通和消费之间的

---

① 塔可钟国际于 1998 年 1 月 14 日给我寄来一封信,告知我他们在除墨西哥外的其他一些拉丁美洲国家出售经营权,这些国家包括智利、哥斯达黎加、多米尼加共和国、厄瓜多尔、危地马拉、洪都拉斯、秘鲁和波多黎各。

更为复杂、相互依赖的互动。詹明信(Fredric Jameson)列举了四种应对全球化的立场,即全球化并不存在、全球化并不新鲜、全球化只是某种程度上的新生但并不是一种新的类别,以及全球化代表资本主义的一个全新的跨国阶段(1998,54)。其中,加西亚·康科里尼最认同第四种观点。事实上对他,以及对詹明信来说,全球化背景之下的确有些东西是他们不曾见过的①。

遗憾的是,全球化与民族主义间的关系有待研究,其误导我们得出结论:全球化将终结民族主义的魅力及影响力。蒂莫西·米切尔(Timothy Mitchell)使用"全球化(globalization)"一词来概括十九世纪时的国际发展,并称之为"帝国主义"——"这是它的旧名。"他指出,民族主义在非西方世界的崛起通常是摆脱这种全球化的体系的尝试,或至少将其纳入当地的范围与掌控之内(1998,420)。在许多如墨西哥这样的地区,全球化与民族主义的问题同样复杂而重要,因为墨西哥在诸多方面也属于米切尔口中的西方世界。此种全球化事态使得克劳迪奥·罗姆尼茨(Claudio Lomnitz)做出了如下推论:

> 比如说,墨西哥民族主义正经历一场深刻的危机。一种彻头彻尾的反民族主义立场已成为当今官方政策的制定基础,而在我看来这种立场是不切实际的。墨西哥应该不会成为美国的一部分,或同美国走上相同的道路。如此来看,放弃一切形式的民族主义不过是将墨西哥置于一种全盘受市场和美国政策支配的境地。(1992,14)

---

① 为避免高估全球化和跨国主义的新颖性,这里引述一则一百五十年前的评述:"资产阶级,由于开拓了世界市场,使一切国家的生产和消费都成为世界性的了。使反动派大为惋惜的是,资产阶级挖掉了工业脚下的民族基础。古老的民族工业被消灭了,并且每天都还在被消灭。……旧的、靠本国产品来满足的需要,被新的、要靠极其遥远的国家和地带的产品来满足的需要所代替了。过去那种地方的和民族的自给自足和闭关自守状态,被各民族的各方面的互相往来和各方面的互相依赖所代替了。"(马克思,恩格斯,1992,112)

第四章 塔可钟为谁而鸣

将墨西哥纳为美国第五十一个州——这一想法如今看来简直不可思议,但数十年前却并非如此。

居住在墨西哥城贫民区的工人阶级将保卫墨西哥的国家主权视为己任,他们感到那些精英阶层已抛弃了他们的民族心。穷人们总想以一己之躯挑起保卫民族的重担,而非通力合作。在圣多明各等地区,大部分成年人只要有心就能找到工作,但仅靠一份工作挣得的薪水难以维持温饱。如果有人贸然向邻居问起"你能挣多少?",得到的回答通常是:"别问我挣多少,先问我亏了多少吧!"实际上,圣多明各的很多居民都认为富人们将个人利益置于国家利益之上,却也发现近年来富人们谈论墨西哥及其世界地位时的言语已悄然改变。如今,就连那虚假的独立——例如对美国外交政策的抗议——也已经几近消失。有人说这种独立的宣示已经由杰米·塞拉·蒲彻(Jamie Serra Puche)[①]等人的口号取而代之,1991年这位政府官员呼吁墨西哥民众接受墨美加三国相互依赖所带来的挑战,即接受自贸协定(García Canclini 1992,5)。其背后的含义是:就像墨西哥依赖美国一样,美国也同样依赖墨西哥,且这种依赖关系是对等且友善的。

在穷人之间——至少在那些心系于此的人之间存在着一种普遍的看法,即保卫墨西哥民族已成为负担。这种看法的产生与圣多明各地区活跃分子普遍所持的看法密切相关,即近二十年来的群众性社会运动太过局限于改善穷人面临的实际问题,因而不知不觉中放弃了在国际和全球事务中的政治立场[②]。

尽管众多评论员曾就自贸协定同墨西哥民族认同、国家主权和政治

[①] 杰米·塞拉·蒲彻(Jamie Serra Puche)曾是墨西哥的商务部长。他寻求合理应对"相互依赖带来的挑战",是九十年代早期自贸协定直率的支持者。
[②] 因此本章主要讲述有关墨西哥的民族文化和现代化进程的研究。其他方面的研究详见克劳迪奥·罗姆尼茨(Claudio Lomnitz)就当代墨西哥民族主义发表的论述以及弗劳仑西亚·马隆(Florencia Mallon)对农村层面上的大众政治文化构建十九世纪墨西哥和秘鲁的民族政策的方式的探究。

辩论间的关联作出评析,但关于大众对自贸协议的看法和反应的探讨仅停留在推测层面,鲜有文章见诸报端①。这方面的相关民族志材料严重缺乏,本章亦将尝试收集罗列协议实施初期民众的相关政治言论与相应行动。

预制窗帘与日本甜瓜

如果安吉拉和其他人,尤其是托尼奥,能够从一开始就更加仁慈地看待自贸协定(Tratado de Libre Comercio)的话,情况也许会不一样。马科斯给出了一个更为典型的回应:"自贸协定如同雪上加霜",是"墨西哥和那些富裕的美国佬们盘剥劳苦大众(la gente humilde)"的又一个实例。马科斯在墨西哥国立大学工作,其称大学中不少门卫和园丁也有类似的感受。

自贸协定所带来的冲击更多地体现在个体身上。1994年九月下旬的一个下午,何塞菲娜女士(Doña Josefina)向我描述了墨西哥加入协定后,她丈夫吉列尔莫(Guillermo)的遭遇:

"多年来吉列尔莫一直在一家窗帘店做窗帘工人,"何塞菲娜说道,"他常去顾客家里量窗户尺寸,然后为他们定制合适的窗帘。有一天老板告诉他,因为自贸协定的出现,他打算关掉窗帘店。"

"但自贸协定和关店有什么联系呢?"我问道。

"我觉得他说的是关税问题。我也不确定是要交钱还是怎么样。搞不清楚。但他想表达的是赚进来的的确是抵不上交出去的了,因为(协议签订后)别人家已经加工好的窗帘要来了(进入墨西哥市场),而且便宜得多。就是这个意思。他破产了,付不起工人的薪水,生意也做不下去了。其他很多人也是一样。"

---

① 详见 Hellman(1993)和 Loaeza(1994)的论述。此外,Morris 和 Passé-Smith(2001)曾发表了一篇有趣的论文,描述了美国的响应性和墨西哥政权看待民众反对自贸协定的方式。

"比如说？"

"比如一些家具工人。"

"你有家具工人朋友在这之后找不到工作吗？"

"有的有的，就在这附近有个加工厂，是生产塑料瓶的，也关门了。"

"你确定这和自贸协议有关系？"我追问。

"对。很多地方都关了。比如说有家伞店也因为台湾伞的进入而关门了。更多人丢了工作。好吧，我们其实并不太了解自贸协定，事实上我们不知道它到底是什么。老板告诉我们说，因为自贸协定所以要关店了。但我们其实并不了解自由贸易，也没什么机会了解。"

"那么你知不知道，"我继续说，"自贸协定让谁赚钱了？"

"我觉得是那些把东西进口进来（进墨西哥）的人。因为如果你去商场里看看，什么都是外国货。录音机、烤箱、盘子、罐子、电池、游戏，都是国外的。如果你逛超市，还能看到不少美国来的肉。"

"会不会有墨西哥人在利用自贸协定赚钱呢？"

"塞拉·蒲彻那伙人可能赚了些吧。他（对自贸协定）挺乐观的，因为他们觉得自贸协定对我们有好处。但其实根本不是！我们眼看着塞拉·蒲彻那帮人风生水起。他们是赚到了。我们不指望他们那套，他们有权，太有权了，掌管一切，甚至管着我们的命！我们不指望那些；我们只想要我们必须得到的。所以我们在拼，即使人少势微也要拼。我们就是为了少点不公。"

1996年末我也和我的好朋友豪尔赫（Jorge）谈过自贸协定。他每天要花12到14小时打理他在拉斯罗萨斯街头的一家小商铺。他不像何塞菲娜只上过一年级，少年时他曾立志成为一名律师。自贸协定、外国货还有墨西哥国家主权，都是豪尔赫心头大事。

"老伙计，你怎么看自贸协定？"我问道。

然后他滔滔不绝地讲起了自贸协定对墨西哥各阶层的冲击。"对我们这些中下层来说没半点好处。主要是因为在事实上，它不仅没能促进城市就业，反而还造成了打击。而乡下的农民们也没钱做出口贸易。咱们来假设他们能争取到贷款，比如说我，我当时回去（回提拉布兰卡［Tierra Blanca］，位于格雷罗州［Guerrero］西部，是他的出生地）向国家农村信用银行申请贷款①。我保证你肯定看过他们给的册子或者电视上的广告，声称'申请农业资助，就找银行……'。"

"这也和自贸协定有关系？"我又问道。

"是的。因为如果银行资助了农民们，他们就能获得优势。我是说那些没钱的农夫。他们有地也有心种地，但就是没钱。自贸协定只不过……该怎么说呢，它只帮到了大头，帮到了那些大规模耕作的人，帮到了那些手里有钱的。"

"美国佬们在格雷罗买地？"

"只买了海边的地。"②

"不用来耕种？"

"对，不种地。只买海边的地。有传言说政府要建一座日本人资助的大坝。所以很多人都有自己的算盘。还记得么，你过来的地方，十字路口那边，都挺平整的。"

豪尔赫说的是几年前有一次我试图把车开进提拉布兰卡村的事，但那注定是一次失败的尝试，那时他在家养过几个月奶牛。米歇尔、莉莉安娜和我花了整整大半天，驶过溪流、卵石和倒在地上的圆木，寻找豪尔赫那偏僻的老家。直到今天我还时常揶揄他是不是编出个根本不存在的提拉布兰卡来捉弄美国佬。因此谈话间我还打趣说要把提拉布兰卡人的"秘密"泄露给我在美国的学生。

"为什么？"他问道，"因为基督从未去过那？"

"不。哎呀，因为没人去过那。"我答道。

---

① BANRURAL 指国家农村信用银行。
② 格雷罗州的海岸地区包括 Acapulco、Ixtapa 和 Zihuatenejo 的度假区。

"唔，反正没有美国佬去过那。而且，如果你想的话，"他停顿了一下又悄声说，"你可以去那做游击手。"

"容易吗？"

"那边只有羊会出卖你。"

豪尔赫把话题转回了他的日资大坝故事："他们说日本人想靠资助大坝、再付一点租金，租下那块地种甜瓜（我觉得他们是这么说的）。因为日本人真的很喜欢甜瓜，而且在这边（墨西哥）种甜瓜比在那边（日本）便宜多了。

"那签下协议后对穷人们来说是好是坏呢？"

"坏。就我所理解，以前小工厂还能在墨西哥本国这里提供工作，但现在它们得和跨国公司竞争了。以前他们在这通常会玩些把戏，搞些其他事情，但现在没有了。为什么？因为他们（这些小工厂）已经倒闭了。现在北美的大型连锁企业，像好美家（Home Mart）还有那些我所不认识的，卖什么都没那么贵。"

"但圣多明各的居民没钱去那样的商场购物……"

"不，他们买得起。打个比方，他们口袋里有钱了，就会去特卖场，那里他们可以买到更多东西。但是对我们这些小商户来说，他们只来买苏打水。这种商品是你卖得最多但赚得最少的。另一方面，我店里的生意受损也因为很多人因为自贸协定失业了。所以他们显然没钱来店里消费了。"

经济财富增长是墨西哥更广泛民主变革的一部分，人们重新点燃希望，随之而来的却是豪尔赫和他圣多明各同胞们在过去十年中的四处碰壁。对于该国的国内经济，人们已经越来越难以想象其他还能发生根本性的改变，反倒是在政治领域或是美墨关系方面还比较可能，这与墨西哥往美国输出的移民们密切相关。选举的时候豪尔赫还是会去投票，但他同时也毫不掩饰自己对各政党的不信任，他承认，这表示大体上他对参与集体斗争和"政治"不再抱有任何幻想。

反美主义与自贸协定

早在 1848 年签署《瓜达卢佩-伊达戈条约》(the Treaty of Guadalupe Hidalgo)①之前,美国就已经成为有关墨西哥地理政治边界、墨西哥人的文化疆界以及涉及公众反对呼声的内部边界争论等讨论的中心。因此,在 20 世纪 90 年代北美自贸协定成为当代美墨关系的标志一事绝非偶然。

九十年代不少城市居民都听到墨西哥政府和商界领袖们如是宣扬这一全新的"跨国主义福音":"今天的自贸协定将带领墨西哥人率先摆脱第三世界,大踏步迈进第一世界国家的行列。"话虽如此,但城市中各阶层民众对如此转变大多持怀疑态度。那些尚在积极与这种思想作斗争的圣多明各人无数次问起:"我们要如何才能一夜间忘记历史,特别是墨西哥与'另一边(美国)'的过往?"不少人绝不相信自贸协定能立即消除墨西哥和"另一边"之间不平等的关系,只有那些美国佬会从这种历史性短视中获益②。

事实上,墨西哥大部分人都不清楚"美国佬(Gringo)"一词的真正起源。提起"美国"二字时人们关注的也更多的是其背后的经济含义而非词源历史。诸多评论员声称,据学者们考证,该词出现于 1846 至 1848

---

① 《瓜达卢佩-伊达戈条约》是美国与墨西哥签订的结束美墨战争的和平条约,美军攻陷墨西哥首都墨西哥城,迫使墨西哥于 1847 年向美军投降,开始和平谈判。双方于 1848 年 2 月 2 日在墨西哥城附近的小镇瓜达卢佩-伊达尔戈签订了和平条约。根据条约,美国获得了加利福尼亚(下加利福尼亚半岛仍属墨西哥)、内华达、犹他的全部地区,科罗拉多、亚利桑那、新墨西哥和怀俄明部分地区。美国政府给予墨西哥 1825 万美元(1 美元相当于 1 银元)作为补偿,其中免除了墨西哥的国债 325 万美元,美国另外付给墨西哥 1500 万美元。——译者注
② 1992 年,美国学者们在 Chapultepec 城堡召开了一次会议。会上,美国领馆文化专员 John Dwyer 问我:"你听过这地方的历史吗?"我回答:"你是指那些'年轻英雄'的故事吗?"我指的是一群墨西哥军事学员,他们在 1847 年抵御美国将军 Winfield Scott 率领的军队保卫这座城堡的战斗中牺牲。Dwyer 轻轻地拍了拍我的肩膀说:"不,不是那段历史。"原来他所说的是政府同萨尔瓦多的游击队于 1991 年新年夜在此签订的和平协定。详见 de la Pena (1999, 13)的文章。

年的美墨战争时期,当时的美国士兵会在行军时唱一首歌谣,歌的第一句是"丁香绿了(Green grow the lilacs)"(Green grow 演变为后来的Gringo)。另有一种说法将该词的起源追溯至当时墨西哥人对美军的反感,由于美国军人身着绿色制服,墨西哥人总是要求:"Green go!"。还有人将当今在墨西哥流行的一种表达"Gringa"(意思是"小心我干你!")解读为"Chingar"(操/干)和"Gringo"的结合,因为这唤起了一种操纵关系,人们深信典型的美国佬就是那样的。

事实上,"Gringo"源自西班牙语词"griego"(希腊人),这一事实颇具启发性,它使我们看到了伊比利亚半岛悠久的排外历史(参见 Fuson 1961)。就像亚美利哥·帕雷德斯曾经嘲弄道:"十九世纪中叶的墨西哥人总是称他们的北边邻居为'粗手大脚、面容可憎的狞笑金毛怪人,说好听了是美国佬(Gringo),其实就是胡言乱语的异族人'。但当着他们的面不这么说,有些人喜欢被称作外国人"(1961,289)。

回顾历史,某些时候社会关系会发生更为显著的变化与转型。在当今时代以及可预见的未来,出现动荡的可能性仍然存在,这很大程度上是源自全球化商贸、投资与移民所产生的显著变化。但若要说这种深刻的变化将会影响墨西哥的贫苦大众,还会有人质疑这种可能性的存在,而且这种质疑植根于长久以来的政治与社会涵化(subjugation)①经历。

人们对所谓墨西哥跃入第一世界的前景总是不乐观,这并不仅仅单纯地反映出大众的愤世嫉俗。加利福尼亚商会就曾质疑墨西哥所谓即将加入工业化国家行列的言论基础(1993,14)。墨西哥平民区的男女老少们对进口商品、境外直接投资、美墨联营工厂以及国际货币基金组织施行的紧缩政策有着数十年的切身感受与看法。他们对于自贸协定代表着将墨西哥经济的未来毫无保留地与美国捆绑这一观点持反对看法,这一点可以从当时墨西哥的社会状况得到证明。事实上,在墨

---

① Subjugation 原意为征服,这里意指美国对墨西哥在政治、文化上的主导与驯服。——译者注

西哥批准协议后不久,圣多明各便开始流传一种戏谑的说法称将来最好的工作都是由五角大楼提供的。

如果这种情况延续至今的话,对于墨西哥日渐增长的,背井离乡的城市贫民大军中的大部分人来说,富人与穷人间普遍存在的阶级对立现象将比他们自身恶劣的生存条件更为突出(Gledhill 1997,104)。这绝非是历史性阶级分裂的自然产物,其至多是阶级立场的必然结果。如今圣多明各和其他平民区的群众对富人与穷人的看法与那动荡又不寻常的三十年息息相关,即发生在墨西哥和拉丁美洲其他地区的群众性城市运动时期,当时数百万男女老少就住房、社会服务、基本权利、家庭暴力、基督教社区、女权运动、同性恋权利及生态环境等问题振臂高呼,不懈奋斗。尤其在二十世纪八十年代,独立于政府和官方政党的政治文化大规模出现于墨西哥的城市大众阶层中。

也就是说,我们不应过分夸大正在发生的文化进程的新颖性。长久以来,有关墨西哥文化中的民族主义的言论一直囊括了阶级与民族国家之间的联系,不论不同阶级间是否拥有共同和(或)不同的利益,抑或所谓统一的墨西哥民族文化是否存在且在何种条件下成立①。卡洛斯·蒙西法就自贸协定,特别是美国化现象,写道:"这一过程遍及全球、不可逆转,而且只有在不将一切都定义为文化渗透且不持续假定社会都是纯洁无瑕的视角下方可检验"(1992a,200)。

此外,就我在圣多明各的一些朋友而言,唯一值得一提的纯洁之物便只有圣母玛利亚本身。一天下午,我问赫克托谁是他最崇敬的圣人。"瓜达卢佩圣母(Guadalupe)。"他不假思索地答道。我又问为什么,他说:"因为瓜达卢佩圣母教堂(位于墨西哥城北部)里刻着一句话:'Taliter omni nationi non fecit'。"赫克托接着把这句话写了下来,告诉

---

① 详见 Aguilar Camín([1976] 1989);Bartra (1989, 1992);Lomnitz (1992);Monsiváis (1981);Paz ([1947] 1961);Ramos ([1934] 1962)。

我这是拉丁语①。"粗略地翻译过来是,"他说,"'她没给所有国家做过同样的事。'"也就是说,圣母对墨西哥情有独钟。在那个地区认同研究取代民族文化研究的年代,这种与瓜达卢佩圣母间千丝万缕的关联对赫克托和其他信众以及不逊的墨西哥共和国居民来说,是她存在的部分意义,即作为纯正而独特的墨西哥民族与文化的一种统一的象征②。

1986 年,墨西哥在早期努力整合进华盛顿市场体系的阶段便加入了关贸总协定。这一举动事发生于墨西哥精英们仍在试图解决 1982 年金融崩塌,并为 1988 年新自由主义在选举中获胜做准备的时期,而 1988 年的选举活动被广泛认为存在欺诈行为。特别在 1989 年柏林墙倒塌以及其后的苏联解体以后,墨西哥商业和政治的领导者们在北美(和自贸协定)的庇护下,更加排外性地将快速实现现代化定位为国家策略就显得理所当然了。

2000 年一名墨西哥工人的月均工资为 200 美元,因此九十年代的实际最低薪资大致与三十年前相同,九十年代工人的实际收入与 1982 年危机前相比甚至不到一半,直到 1994—1995 年危机之后仍未改观。很少有人会确信或乐观地认为自贸协定会预示着短期内墨西哥穷人们能过上好日子。

1993 年的一天,我去了墨西哥城外的一个农庄,在帮唐·阿曼多(Don Armando)割完牧草,回答了他提出的当年一月美国轰炸伊拉克的几个问题之后(参见 Gutmann 1996,7-8),我问阿曼多是否能给他,他的草帽,黝黑褶皱的皮肤以及手指上的新伤拍张照片。他耸了耸肩,摆好姿势面对镜头。两天后我回到圣多明各,阿曼多的女儿来找我。她说她父亲对我拍的那张照片很是发愁,他觉得我可能是 CIA 或者 DEA(禁药

---

① 感谢 Simone Poliandri 确认了赫克托引用的拉丁文的正确性。
② 载于瓜达卢佩圣母传中,详见 Lafaye(1976)的相关研究。更多人类学中关于民族角色的研究请参阅 Manson(1986)的评述。

取缔机构)的人①。我不得不保证不在我教的班上使用这张照片,也不发表它。至于为何 CIA 和 DEA 会对唐·阿曼多的一张照片感兴趣,以及他们会怎么做,我们并未讨论过②。

诚然,三年后,当我浏览我的关于圣多明各的民族志记录时,唐·阿曼多的女儿和其他人注意到了我曾发表的部分家庭成员的照片。但那次我因为没有将唐·阿曼多的照片囊括在内而备受责备,换句话说,我把他之前的指责和警告太当回事了。我在圣多明各的朋友和熟人们都对为如何应对美国的威胁与实权而矛盾不已。

尽管"另一边的那个国家"也许能够赐福于墨西哥个体居民,但在很多人眼中,它将是墨西哥这个国家的飞来横祸。许多年过去了,我漫步于熟悉或陌生的墨西哥的大街小巷,常常被人斥作"鬼佬(¡Gringo!)"。不论穿行于窄巷抑或行驶在大道上,总有人,而且常常是年轻男性,冲我大喊"鬼佬"或"死洋鬼(¡Pinche Gringo!)"。一次甚至有人边骂边朝我扔水果,正中我的脑门。还有一次,一个气势汹汹的男人朝我挥舞着手中的螺丝刀,做出一副要捅我的架势。我的朋友卢西亚诺和马科斯解释说,这种行径常见于贫穷的年轻人和少数成年人中,他们单纯地出于对外国人的怨恨才会变成这样。

有一点是清楚的——这种攻击行为不能代表一种普遍的仇外现象。我们这些"鬼佬"们仍将是怨恨和愤怒的发泄对象,但并非仅限于外国人。很多情况下,一些墨西哥富人会现身都城的穷人社区,他们的存在显得与周遭格格不入,这些人也会被称为"鬼佬"。

---

① 墨西哥的男女老幼都听闻过 DEA 组织,可见其臭名昭著。
② 像这样的有关北美洲人的怀疑多见于拉丁美洲的政治激进分子中。Valfre 曾经问我:"CIA 能从你的书中了解一些东西吗?"他的这种考虑反映出整个大陆的居民都知晓美国特工广泛的而地下活动,同时也反映了一种毫无根据的妄想症。Lancaster(1992,75-77)详细描述了另一起八十年代发生在尼加拉瓜的类似事件。

第四章 塔可钟为谁而鸣

图 5　1993 年,"河床"足球队的成员们举着他们赢得的奖杯。摄影:米格尔·阿曼塔(Miguel Armenta)

"河床"足球队的小伙子们都来自圣多明各和周边地区。大部分球员都有自己的绰号,包括"神脚"、"兔子"、"腕投"和"巧克力"(棕色皮肤)。此外还有几个人名叫"日本佬(Japonés)"、"阿根廷佬(Argentino)"和"法国佬(Francés)"。球队的名字出自著名的阿根廷足球俱乐部"河床"。这些小伙子们来自墨西哥城的贫穷地区,但和他们的中产阶级同胞们一样,他们没有对外来事物产生抵触,而是对其十分着迷。但再怎么感兴趣也是有限度的,他们中没有人被人戏称为"死鬼佬",因为如此昵称已经超出了幽默的边界,成为一种无端的难以接受的侮辱。

国家建设与第三个千年

墨西哥城镇的贫困居民如何看待自贸协定?他们的看法到底是举足轻重还是无关痛痒?又有谁会重视他们的想法?这些问题仍亟待解答。毋庸置疑的是,从美国的商业和对外关系角度出发,我们必须考虑到当地

95

居民的情绪。1996年《纽约时报》刊登了一篇文章,详细列举了自贸协定背景下墨西哥民众的"意志消沉"并将穷人阶层的普遍情绪定性为"性情乖戾"(Dillon,1996)。不论如何,只要这种不满尚局限于个体,难成气候,劳苦大众对自贸协定的不感冒也就不足以让企业家们寝食难安。

对富人们来说,出国已成为家常便饭,但在大部分墨西哥人看来,前往美国仍等同于非法闯入一个陌生的国家。也许民众的这种普遍看法才更能让拥抱全球化的精英阶层烦忧。全球化和跨国主义并没有导致美国军队和边防的消失。富有的访客们可以将钱存入休斯顿的银行甚至瑞士的账户,而大部分移民奢望的不过是能够把美元存款汇回已被比索贬值而严重破坏的老家。

伴随着全球化的是,一方面富人们纸醉金迷,另一方面穷人们家徒四壁,两者的同时出现在我在墨西哥城的邻居们看来绝非偶然。很多人都说,自贸协定只不过再度确认了他们已经知道的现实——墨西哥早已丢失了它的民族感,此后墨西哥甚至都无心扮作一个自主的民族。这么一来,拨开所谓自立的外壳,墨西哥的独立自主在许多圣多明各人眼中已成为一个再也站不住脚的政治神话。

马丁·卡尔德隆(Martín Calderón)是一个大地主,90年代早期朱迪斯·阿德勒·赫尔曼(Judith Adler Hellman)曾采访过他。如果我的邻居们听到马丁·卡尔德隆的话,他们也不会惊异于马丁曾对那些质疑自贸协定功用的人冷嘲热讽:

> 实际上那些抨击外国公司入侵的墨西哥人都是那些无能的人,要是没有政府无微不至的保护,他们将毫无建树。这些人同反对自贸协的是一批人,他们没有实力参与竞争,一事无成(1994b,144)。

伴随着1994年墨西哥加入美加自贸联盟的同时,发生了一些连部分墨西哥人都觉得奇怪的行动,其中不得不说的是,在恰帕斯起义随后便出现的政府工作人员引领的民族统一的请愿活动。吉列尔莫曾就墨西哥领土和国族认同间的关系撰文,其中还特别提到了恰帕斯:"事实上,保卫领土的努力也发挥了一定作用,即被政府的某些发言人用以攻击一些国内团体的诉求,这些团体要求承认他们的民族领土和权利,而这种要求被认为会导致国家分离"(1999,13)。

同样的情况也出现在墨西哥南部。正如墨西哥将一部分自治与独立性献给了另外两个强大的北美联盟成员,人们也期望墨西哥合众国的南方成员为民族大义作出牺牲,就像他们几百年来所做的那样。在墨西哥,人们认为肤色较深的人群应服从于肤色较浅的人。墨西哥种族政策同美加墨三国不平等的伙伴关系间的一致性同样不容忽视。

20世纪80年代,民众对国家制度的支持出现断层,城市社会运动不断壮大,作为对这些的回应,在1988—1994年间任墨西哥总统的卡洛斯·萨利纳斯·德戈塔里在自己任职早期就推行了民族团结政策(Solidaridad/PRONASOL)。1992年一名公务员称:"民族团结政策意在通过公共建设与服务为墨西哥创造一个新的城市雏形。八十年代末的墨西哥社会基础逐渐揭开"(刊于Dresser 1994,148)。这一政策的设计过程也考虑到了自贸协定。如一些分析家所说,"它也代表墨西哥加入了国际博弈,以从制度层面创造出一个新格局,好维持开放的,以市场为导向的经济发展战略以及新自由主义"(Cornelius, Craig, and Fox 1994,4)。

因此,民族团结政策被设计出来的初衷是使墨西哥这个国家(以及执政的革命制度党)在跨国主义的氛围和民众普遍的不满中显得合理合法。于是,虽说连一些圣多明各人都相信那些美墨联营工厂乘着自贸协定的快车一路南下进军都城是短暂的,更多的人则担忧进口廉价的、组装的产品会削减职位数量。民族团结政策大力发展基础设施建设,如道路及电力设施,在解决墨西哥城市地区的长期劳工问题方面却鲜有建树。如今整个国家的大部分人口都聚集于城市地区[1]。

---

[1] 详见 Cornelius, Craig, Fox (1994); Lustig (1994); Dresser (1994)。

我的朋友罗伯托(Roberto)一面帮我把凹陷的汽车散热器重新焊接起来，一面慷慨激昂着："团结政策就是用来耍我们的。就是选举前他们过来转一圈然后拿出来糊弄我们的东西。跟印着候选人名字的桶和免费的牛奶券一个样。唯一的区别在于，传单满天飞，但该穷的还是穷。骗不了谁。"

先不说承诺，很少有人还会相信前总统何塞·洛佩兹·波蒂略(José López Portillo)(1976—1982在位)传递的民族主义信号："准备好迎接繁荣吧。"七十年代时笼罩在人们头顶的石油烟气也被由波蒂略而起的政治和经济崩溃一扫而光。那时，随着石油带来的美好愿景随风而逝，植根于民族团结的种种前提也遭受了不可修复的打击。与此同时更值得注意的是，面对经济发展过程中的深刻失败以及人们对单民族国家不断丧失信心这一现实，墨西哥城的贫民阶层中仍存在着民族主义的迹象和意识。在想象与创造民族主义方面，弗劳仑西亚·马隆(Florencia Mallon)称之为"底层人民的主动参与和聪明才智"(1995, 3)不可小觑，不论是今天，还是1821年墨西哥共和国团结一致争取独立的时期。

话虽如此，二十一世纪的民族主义同马隆所提的十九世纪民族主义在很多方面已有了显著区别。自贸协定时代背景下在墨西哥流行的民族主义的一个显著特征是，越来越多的人确信他们无力左右民族政治，他们的很多行为，如坚称墨西哥正遭受美国公开和私下的双重破坏，都难以激起波澜。他们对墨西哥的政治未来愈发不乐观，关于生态和引进民主的美好愿景也逐渐破灭。

事实上，他们几乎无力从政治层面掌控他们的日常生活，也少有机会影响任何政治决策，所谓的民族自决更是无从谈起。因此，一旦这些人看到自己的言行能够对国际关系抑或自身命运产生影响，他们无疑将会倍感珍惜。

1993年，我同贝纳迪诺和埃斯特(Esther)参加了一次由民主革命党地方分会赞助的聚会，商讨圣诞节前社区的 posada 庆祝活动①安排。这两人虽未过三十，但都已经是老练的社区激进分子。我们带着一只烤鸡和辣椒酱，前去附近的一家公寓与前来的其他人分享。

我们走进狭小的门（那是一片一居室房间，配有公共浴室和厕所），瞄到两个年轻人仍穿着足球队服。那天早些时候电视台播放了一场比赛，我们向他们询问了最终比分，然后贝纳迪诺问起了聚会房间的所在。这两人指向一条小道，前方还有一些正在盥洗室洗衣服的妇女（和她们的孩子）。她们又给我们指出了后面的路。

我们走进房间的时候，已经有三个男人坐在那里，一会又来了一男一女。他们问起了我的来意，在美墨间的政治立场，同美国政府的关系以及能让他们相信我能够"帮助改善社区"的理由。这群人似乎特别关心我同美国政府的关系，显然他们强烈怀疑我是什么美国联邦探员。

我曾与主导这次即兴问询的那个人在不远的华亚米帕斯（Huayamilpas）潟湖有过一面之缘，那是一次集体活动，一些社区积极分子每周日相约清理环礁湖和周围地带的垃圾。那时他也看到我参与劳动了。当时的情形是，我很快就要被请出这次聚会，有两个人从一开始就反对我的参与，除了贝纳迪诺和埃斯特以外的其他人似乎也有不小的意见，于是我觉得不该再拘泥于礼数，为我自己正名。首先，我重申我是抱着民族志学研究的目的来到墨西哥的，在芝加哥和休斯顿我曾多年以

---

① Posada 是呈现在圣经上记载：贫困的圣约瑟夫和圣母玛利亚在前往伯利恒的路上找寻住宿的一个活动。在西班牙称他们为"朝圣者：约瑟和玛利亚"。住在同一区的各个家庭，每晚会轮流在不同人家庆祝这项活动。于 12 月 16 日开始，在 24 日圣诞夜结束。每个家庭会布置一个耶稣诞生的场景。家庭的主人会装成是旅馆的主人，而住区的孩子和大人们会扮成朝圣者，在门口唱着一首歌，请求住宿。他们手中会拿着点燃的小蜡烛，并且选出四个大人拿着二个小雕像——是约瑟拉着一头圣母玛利亚骑着的驴子。整个队伍会被一个用彩色纸做的手风琴般的小灯笼引导着。这些朝圣者会向三个不同的家请求住宿，但只有第三家会开门让他们进去。这家就是该晚轮到 Posada 的那家。当这些客人进入主人家后，要跪在耶稣诞生的场景旁并用念珠祈祷。念珠祈祷是天主教的祈祷，是一连串对圣母玛利亚的赞扬。而且也要唱圣诞节传统的歌曲，如《平安圣诞夜》等。——译者注

组织者的身份参与社区和政治活动，且我愿尊重在场所有人的意愿。接着我对众人说，如果美国政府对这样一次穷社区穷房子里的聚会也感兴趣，并且还专门派一个"鬼佬"来调查的话，我自己都不信。我说我确信美国对这次聚会毫无兴趣。

事与愿违，他们粗鲁地要求我离开此地。贝纳迪诺送我离开，边走边向我道歉，并向我确保他不会因为邀请我一事而受人苛责。

现在回想起来，那天我说过的话，说好听点是天真，说难听的就是放肆无礼。在本章的剩余部分中，我将就自九十年代末发展起来的墨西哥普遍的民族主义和国家主权进行讨论。在这个过程中，我将提及一些包括批评性理论在内的反对民族主义的理论，这些理论故步自封，充斥着大都市的傲慢，因而未能创造性地提出理解当代民族主义的新途径。在发展关于民族完整和自治的新道德标准以及试图使这些标准在全球化和跨国主义的广泛进程中占据一席之地的过程中，圣多明各的居民们常提到他们比以往更迷惑更加不知所措，主要是源于历史方向缺失感。这种社会意识十分令人心酸，尽管他们的绵薄之力能否对世界造成任何影响尚未可知，但那天我在民主革命党聚会上的这两个朋友从未质疑的一点是，他们自身在很多方面应为国家糟糕的现状承担责任，这其中就包括了尽力阻挡一个在不寻常地点问着不寻常的问题的陌生外国人这类可感知到的威胁。

国家主权

事实上，对大众民族主义政治而言，我没有把那次 posada 之前的聚会看作对美国国家安全的一个威胁，甚至比我假如真的是被中情局局长亲自派来监视这次聚会的间谍还要显得无礼。那天到场的人的回应并不能简单地解释为下意识的反美主义。相反，我认为这也代表了墨西哥群众运动中一种真实的沮丧与迷惑心理，当他们试图对墨西哥民族以及美国进行当代性的理解。

与梅塞德斯·冈萨雷斯·罗恰曾提出的"解决八十到九十年代墨西哥经济危机的途径的个体化与私人化"相类似,对墨西哥穷人聚集区的很多居民来说保卫墨西哥的民族国家地位已成为个体的任务而非集体的责任。而在其他人眼中,这一目标不过是镜花水月。保卫墨西哥民族的任务之艰巨让人们心生沮丧,在很大程度上引起了地方性的政治低靡。

墨西哥大众民族主义的个体化与私人化部分程度上代表了两个世纪以来穷人阶级社会运动的成果,他们着眼于基本的温饱问题,别无他求。近二十年来,贫民区居民争论的焦点主要集中在个体或家庭在一些墨西哥民族发展史上的有分水岭性质的事件中究竟经受了哪些影响。

我的朋友罗伯托,就是那个帮我修汽车散热器的人,就是个典型的例子。"马特奥,你知道最好的鱼子酱出自哪里吗?"一天早上他这么问我。

"不知道",我回答道。

"俄罗斯。最好的香肠?德国。那最好的金枪鱼呢?墨西哥!"他举的最后一个例子充分证明了他对美国佬心怀不满。"不过那些海豚和美国环保人士的抗议又是怎么回事?"他问我。"墨西哥渔夫是不小心捕到海豚的,"所以说美国那些人该消停会了。

事实上,他补充道,墨西哥人才应该因为世界农产品贸易的境况而烦心。"墨西哥最好的产品去都去哪了?都跑到美国了,混蛋!马特奥你知道吗,墨西哥如今居然要进口大豆和玉米!从阿根廷进口玉米!我的老天爷,那帮阿根廷人懂玉米吗?好吧,他们对肉懂得多,这我承认。但是玉米呢?简直愚蠢!"

可能从阿根廷进口玉米确实挺蠢,罗伯托叹了叹气,但除了对着一个四处奔波的民族学家抱怨,他个人能做的十分有限。

虽然六十年代墨西哥的草根左翼政党像别国同僚一样频繁忽视了

广大劳苦大众的实际状况和日常需求,但在这之后的二十年里,情况却并没有反常地走向另一个极端。事实证明,近年来的群众社会运动常常无视了当代就跨国主义、全球化发展和民族主义相关问题的诸多争论。

诸如1988年和1994年的总统大选以及1994年的恰帕斯起义等事件引起了热烈的讨论,其中就包括对这些事件同墨西哥本身及其现代化过程有什么关系的讨论。1988年总统大选期间尤为如此。然后,近年来墨西哥的一些基础的民族主义制度都遭受了破坏,如基于社区信任的公有地制度,对石油、电信一类的基础自然资源和服务的国有垄断制度。外国资本最近大量涌入上述资源和服务领域,却几乎未遭到群众的反对,更鲜有抵抗。随着社区土地所有制度和墨西哥财产国有制的终结,豪尔赫(住在圣多明各的那位小店主)说,"用不了多久,就只有龙舌兰、慢性子和古董上还会写着'墨西哥制造'了。"①

墨西哥的普通城市居民仍还渴望保卫墨西哥主权,这在过去被视作一项集体工程。在这方面,我的朋友和熟人中很少有人能做到言行如初,但大部分人至少会时不时发一阵"反美爱国热"。

吉列尔莫·朋费尔·巴塔拉(Guillermo Bonfil Batalla)写道,过去"石油、铁路、电力以及后来银行的国有化再次肯定了我们的国家主权,具有里程碑般的意义"。尤其面对一再出现的经济危机,如最近一次1994至1995年的比索大贬值,自贸协定已经不再仅仅是一个意识形态上的问题了。如今,自贸协定带来了众多问题,巴塔拉写道,最严重的是"文化渗透,它逐渐转变为强加于墨西哥社会之上的美国式生活"。

作为自贸协定的缩影,那些国内的精英阶层正将国家高价卖给外国人并从中为自己牟利。克劳迪奥·罗姆尼茨(Claudio Lomnitz)写道,虽然这一观点很流行,或许某种程度上正是由于它的影响,使得在严重危

---

① "*Muy pronto, sólo llevarán el sello 'Hecho en México' el tequila, la tar- danza y los Mexican curios.*"这句话的最后一部分是用英语说的。Coronil(1997)曾就委内瑞拉政府对自然资源的垄断发表过一篇精彩的分析。

图片 6　一枚五千比索硬币,铸于 1988 年,用以纪念
墨西哥开采外国石油公司五十周年。

机以及拍卖民族遗产的这同一时期,在墨西哥各大官方场所,有关民主的话题成为了炙热的焦点。在这次有关民主的讨论中,罗姆尼茨写道,随着国家被越来越多的人认为是"寄生于墨西哥民族的一小撮美国化了的精英群体",国家和民族的分裂已经出现,而民族主义本身分化成了精英和大众两种版本。墨西哥的上层精英有一个执行总部位于华盛顿首府的项目,旨在将墨西哥无止境地"融入"全球网络中,而广大寻求国家保护来抵抗国际市场的民众"并没有开出既能在争论激烈的民主领域有效,同时又能提供变革民主主义所提供的国家保护的政治处方"。

　　这些事件涉及墨西哥境内和国际舞台上的一种全新的不断进化发展的民族主义姿态,以及经济的旦夕福祸和美国境内不断增长的反对墨西哥移民的呼声。就墨西哥自身而言,不论是圣多明各的工人街区还是墨西哥北部的边境地带,其未来都同美国的发展紧密地结合在了一起。墨西哥人选择度假地和探讨政治问题时,嘴边总少不了美国,这只是一个小例子,但在我看来却很有启发性。更值得一提的是,七月四日这天,我走在圣多明各的街上,很多人停下来问我:"马特奥,今天是你们的独立日对吧?"而在美国有多少人能从地图上指出墨西哥的位置,又有多少人能说出墨西哥的独立日(七月十六日)呢?年复一年,美国的总统换了一个又一个,但每年一月份公布的美国国情咨文总能得到墨西哥媒体的大肆报道和公众的高度关注,其程度不亚于墨西哥自家总统发表的同一类讲话。诚然,对新闻媒体和其受众来说,他们都承认美国总统的宣言同自己选出来的官员在墨西哥人的生活中起着同样举足轻重的作用。

对美国的种种错误认识广泛地散布于圣多明各,但是他们错误认识的本质并没有被揭示出来。1992 年 7 月,我邀请克劳迪奥、卢尔德和他们的两个孩子同百余名好友、近邻和熟人一道庆祝莉莉安娜的一岁生日,这也是一场欢送会。克劳迪奥的母亲也一起来了。他把我介绍给他的母亲,并提到她打算以莉莉安娜的保姆的身份和我们一起回美国。我礼貌地笑了笑,并没有回应这个提议,而是把它当成了一句玩笑话。但我很快发现克劳迪奥和他的母亲是认真的。他十分有把握地告诉我,我们肯定能回到伯克利,住在一栋大房子里,并有充足的空间供他母亲居住。我回答说,如果幸运的话我们能在大学提供的已婚学生宿舍里搞到一间小房间。克劳迪奥则确定我低估了我们将来在美国的居所。他接着说,我们已经成为了好朋友,那么接下来至少应该去墨西哥城的美国使馆一趟,告诉那里的官员我们需要他母亲做我们的保姆(即使我们并不需要),然后为她弄到签证。当我告诉克劳迪奥,很可惜我又得让他失望了,他拖着步子走向他的妻儿。那次聚会后,我们没再联络过。

我们都知道,思想和文化产物总在以种种方式经历着重新配置和调整,在这一过程中其民族起源和原本的含义并不重要。玛利亚·洛雷娜·库克(Maria Lorena Cook)向世人展示了伴随着自贸协定出现的跨国政治是如何大规模刺激了组织和团结的概念同样地跨越国境。举一个小例子,"LP"在墨西哥并不仅代表"长时间唱片"(long-playing record），也代表"一升龙舌兰酒"（litro de pulque）①。国家的行为会潜移默化地对民族认同感以及人民对国际间不平等关系的认知造成深刻的影响，由此将会产生的后果仍尚未可知。目前，墨西哥的工人阶级民族主义常见于左翼势力，这预示了格莱德希尔口中的大众民族主义的潜在反冲（backlash）。与此相反，近几十年来，如法国、西班牙和德国等欧洲国家工人群体的各个阶层中，右翼势力逐渐开始复辟（见 Stolcke 1995）。移民和贸易相关事件是大众民族主义情绪最为集中的领域，而且在某种程度上，墨西哥城的某些阶级群众的政治忠诚度反复无常得像货币贸易一样令人难以捉摸。但在所有案例中，个体渴望对自己的经济和政治前景有更强的掌控力是显而易见的。

二十世纪九十年代，随着柏林墙的倒塌，我们看到国际社会上发生了一系列剧变。在如圣多明各的贫困地区，在应对如国家主权和稳定等政治问题方面，一种潜在而几乎不可见的个体化进程正在出现，群众对自贸协定形形色色的反应便是其印证。

安吉拉的石油

我又一次和安吉拉讨论起自由贸易、大号鞋子、外逃工厂（runaway factories）和全球化，在谈到某个点时，我问起她对自贸协定的总体印象。

"这份协定就是为了让美国更好地控制我们的石油，"她回答说。

"好吧，我并不想要你们的石油，"我又一次试图同墨西哥人对美国佬的普遍印象划清界限。

对此，她淡淡地说，"我手上也没有石油。"

这种带有鲜明的阶级特征的愤懑，多见于曼纽尔·阿苏拉（Manuel Azuela）所说的"失败者"，这并非新鲜事物（1939）。三十年前，奥斯卡·

---

① Pulque 是一种廉价的酒精饮料，其原料是龙舌兰汁液。

路易斯引用曼纽尔·桑切斯（Manuel Sánchez）[①]的话称："石油，虽说是'我们的'，但也要八十分（墨西哥货币）一升。那些美国和英国佬买了我们的石油，我们才会富裕。既然政府也已经把电力企业国有化了，等着瞧那些混蛋会对我们做什么吧！现在根本不存在什么偷不偷……你们简直是在洗劫这个国家！"（1966，7）

在二十世纪九十年代呼吁贸易全球化和国际间相互依存的声音中，存在着对跨国民主和国际团结的潜在质疑。令人生厌的愤世嫉俗与圣多明各大街上周期性的激烈冲突不断混杂。九十年代的首都居民强烈希望厘清墨西哥现代化的疯狂，以至于它已经同倦怠一样成为了时代的鲜明特征。

1997年新年过后不久，我问起何塞菲娜女士（她的丈夫吉列尔莫因为自贸协定丢掉了窗帘工的工作）对接下来几年里墨西哥境况的看法。她作为UCP（Unión de Colonias Populares）在当地的领导人，觉得有必要表达她对未来的乐观态度。但她在预测政治走向时也有着自己的怒点，而这是我在与其六年的朋友相交中没有察觉的。

"我们会富裕起来的。这是我们想要的，也是我们将要得到的。要是能够维持和平稳定，那是最好。但如果不平静，如果发生起义，即使其他的什么都没有，至少某些东西还是会改变。国家能走出乱象，不能再继续这样下去了。我们经受的已经够多了。"

"现在日子比以前还要困难得多吗？"我问道。何塞菲娜早期曾参与社区的建立，十三四岁时开始做家佣，没接受过正式的学校教育却热爱读书。她的继父不许她和吉列尔莫结婚，于是她俩就私奔了。

"是的，如今日子更难过了。以前，尽管我们住在塑料棚里，用的是煤油炉，有时候……其实我们很多人穿的都是塑料鞋。我们一无所有。

[①] 曼纽尔·桑切斯（Manuel Sánchez）即第二章论述的《桑切斯的孩子》中主人公杰西·桑切斯的一个儿子。——译者注

但我们保护彼此。有人生病了,我们会去照顾他,他们也会来照顾我们。整个地区都很和善。"

"那时候再怎么艰难,也没有今天这样的压力。你随时都会丢工作。以前,如果他们炒了你,也会给你些钱。现在呢,想都别想!没合同,没工作,什么都没有!"

"所以,是我们——人民决定变革是以和平的还是其他的方式发生。但我们必须做出改变。我们有墨西哥这么一个国家,还有前辈奋斗留下的遗产,我们怎能放任自流弃之不顾?我们决不能任现状再这样发展下去。"

第五章　跨越边境

> 我要去北方,这话遍布村庄和田野；
> 一直奔波,一直躲藏
> 劳苦大众终将一直受难。
> 吉列尔莫·维拉斯奎兹和西楚山的狮子

阶级与国家的边界

几年前,我曾在德克萨斯州休斯顿的一家时尚购物中心的一间餐馆做服务生。那里的服务生们总是会对某些墨西哥客人大发牢骚。这些墨西哥人周五晚来这,为周末在萨克斯第五大道百货(Saks Fifth Avenue)、罗德泰勒百货(Lord and Taylor)以及内曼马库斯百货(Neiman Marcus)血拼做准备。在这之间,他们会回到餐馆里小憩,边吃东西边比较各自的战利品……饭后会给我们留百分之五的小费。这些墨西哥人为了稍作休整,周五下午飞抵休斯顿霍比洲际机场,在周末的两天里远离蒙特雷(Monterrey)①、瓜达拉哈拉

---

① 蒙特雷是墨西哥东北新莱昂州首府,人口 110 万。蒙特雷是墨西哥第三大都会区的核心,同时也是全国第九大城。蒙特雷也是墨西哥东北地区的商业中心,许多重要的国际企业坐落于此。——译者注

(Guadalajara)①、甚至墨西哥城,他们可谓是"周末休斯顿人"。他们是时尚一族,国际化的社会名流,乘着飞机到处飞来飞去。显然他们同全世界不过一张信用卡之遥,几乎没有边界②。

与此同时,那家餐馆的厨房以及休斯顿无数厨房、血汗工厂、豪宅和庭院里,另一群墨西哥人正挥汗如雨(有时他们形容自己为"像黑人一样卖力")地准备食物,清扫厕所,修剪树篱,在他们富裕的跨国同胞手下卖苦力③。

费利佩是负责做沙拉的,他一遍遍地向他人讲述他在溜过边境线的那晚吃了多少番茄——他把自己藏在一吨番茄里,躲过了边检。他到了布朗斯维尔(Brownsville),到了格兰德河河谷,全身看上去像一个漏了的意大利面酱汁罐头。他有时会添上一句,第一次往往是最糟糕的,而其他人听了总是窃笑。后来又加上打杂工领班赫雷奥多罗(Heleodoro),他在1986年《移民改革和控制法案》(IRCA)通过之后(由参议院参议员阿兰·辛普森[Alan Simpson]和众议院议员彼得·罗迪诺[Peter Rodino]发起的所谓特赦移民法案)终于透露了他隐藏多年的秘密:他不仅当打杂工,还为橡树河附近的一位富婆开车,他是个文盲,自己的名字都认不全。这是他不能回到墨西哥太平洋西岸的格雷罗州,回到他出生的村庄的原因之一。他有他的顾虑,担心此行后不能再回到

---

① 瓜达拉哈拉市是墨西哥哈利斯科州的首府,也是瓜达拉哈拉大都市区的首府、墨西哥第二大城市。瓜达拉哈拉市地处墨西哥西太平洋区,在哈里斯科州的中心,建立于1542年,面积187.91平方公里,海拔高度1560米。瓜达拉哈拉是墨西哥的文化、工业和经济重镇。——译者注
② 本章中的许多想法源自我于1997年10月参加的一场在墨西哥米却肯州萨莫拉(Zamora, Michoacán)举行的会议。这场会议的具体内容已经出版(参见Mummert, 1999)。我对边界的看法受益于同米格尔·迪亚斯-巴里加(Miguel Díaz Barriga)持续的讨论启发,他总是乐于敲打我那奇奇怪怪的想法。同样感谢乔·海曼(Joe Heyman)和迈克尔·卡尼(Michael Kearney)对本章提出的诸多改进建议。
③ 在圣多明各,我曾听到人们说:"像黑人一样工作,像白人一样生活。"我问一个朋友这话是什么意思,她问我:"美国黑人的工作量不是要比白人的多吗?"我不清楚这种说法在怎样的程度上反映出对美国种族主义的认知抑或墨西哥奴隶制带来的残余意识形态。

美国,也担心不认得回去的路。他设法记住了休斯顿街道和高速路的某些视觉特征,用来定位自身所在。

餐馆里当然还有其他人,这些墨西哥男女为来自墨西哥、欧洲或仅是路易斯安那的游客服务,满足他们的种种需求和心血来潮。他们总能略带优雅和机智地叙述个人或者家庭的越境放逐经历,在南德克萨斯移民海关执法署的监禁处浪费的大把时间,一次又一次勇敢地向美国跨境,这都部分构成了空间不连续性社区(spatially discontinuous communities)。在吉列尔莫·德拉佩那(Guillermo de la Peña)的描述中,越境去美国是险象环生而又不得不走的一步(1999,19;也参见 Mummert 1999)。

九十年代,跨越边境的危险程度上升到了前所未有的高度,虽然人们张口闭口谈论的都是全球化和跨国化进程,但美国机构仍向边境线派遣了大量的军事力量,这些士兵们在南部边境地区巡视,确保没人能够破坏移民法。一位分析家称:

> 即使在北美自贸协定不断推动经济非领土化的今天,美国的边防力量仍尽职地保卫着美国的领土主权。实际上,决策者们一手推动经济跨界发展,另一手却在边境线上筑起高墙。因此,美墨边境具有了双重身份,一方面拥有世界上最繁忙的跨境贸易,另一方面也是由重兵把守的军事要地。(Andreas 1999,14)

更通俗地来说,蒂莫西·米切尔(Timothy Mitchell)在提及全球化和全球公民(global citizenship)概念时曾警告说:"持续的全球化并非历史发展的唯一方向……近代的历史中也并非只有一体化的身影(1998,417,421)"。谈及墨西哥跨国移民问题时,我们尤其应该考虑到数量逐渐增加的混血(hybrids)和全球混血后代(global *mestizaje*)。我们也应意识到,墨西哥人仍属于易患肺结核等疾病的高危人群,这一现象并不局限于墨西哥本土,产生的原因不能简单地归结于贫穷,而更应该具体地看待这些贫困移民受人排挤的境况和恶劣的居住环境（如休斯顿北部或东端）。我仅仅从官方记录上来看，每年死于穿越美墨两千里边境的墨西哥人多达数百。休斯顿大学2001年公布的一份研究报告称："我们鉴别记录了1985—1998这14年间55个边境县内总计3676个外国移民死亡案例，他们均死于意外或外伤。"（Eschbach，Hagan，and Rodriguez 2001，8；另参见Amnesty International 1998）这份报告提供了墨西哥移民死亡案例的细节，其具体死因包括火车事故、机动车事故、溺水、低体温症、脱水和他杀。

2001年1月25日，美国新英格兰地区墨西哥组织联盟（Federación de Organizaciones Mexicanas en Nueva Inglaterra）发出了一封邮件称："我们希望减少今年美墨边境地区的伤亡数量。这些不幸罹难的人们中大多数都背井离乡，来北方寻求'更美好的未来'"。① 求生策略（详见第六章）并不一定是抵抗的浪漫化表达。对那些卡在轨道车中窒息而死的人来说，身后的边境线和德克萨斯的太阳更多的是悲剧的象征而非抵抗。

如今即使在二十一世纪，成千上万的墨西哥男女老幼、土著和混血儿若想跨越边境进入美国，他们仍需独自或组团以非法的方式进入这个异国的领土。边境漫漫，"另一侧"有同胞、墨西哥土著、同行者和家人在等待。对有些人来说，边境线不过是一条想象中的线，标记着两国的界线。但对那些意图穿越美墨边境的墨西哥人来说，边境线是一条危机四伏的线②。

---

① 胡斯佩克（Huspek）、马丁内兹（Martinez）和希门尼斯（Jimenez）（1998）对边境地区的人权问题有详细的描述。
② 如前文所说，每七个墨西哥人中就有一个会在美国工作过一段时间。放在美国，如果14%的美国人都去墨西哥工作，一共会有四千万人。而事实上曾到访过墨西哥的美国人都不及四千万。来自一个国家的大量民众去另一个国家工作，这一现象背后的含义引人深思，有待研究。也许是因为墨西哥的民族主义意识形态在作祟，美国对千万墨西哥人生活中的方方面面的影响早已为人所知，却被一再回避。一些研究混杂文化的学者业已关注到美国的情况（Davis，1992），而针对墨西哥混杂性的研究通常处理的都是混血人群的"内部"事务。我们期待除了文学作品外，有更多详细、有据的有关美国对墨西哥文化影响方面的研究。

与此同时,虽然我对所谓"混杂性"(hybridity)的陈词滥调持谨慎态度,这个词会让人联想起"大熔炉"这样过于浪漫的图景,但重要的是,我们要认识到,移民、种族冲突、种族主义和经济开发在威胁着那些铤而走险非法越境的人的生命的同时,也为那些将"北方"看作是结束目前一切的手段以及终极目标的移民者们埋下了跨境越级联合的种子,正如1848革命精神和马克思所诠释的,被资产阶级剥削的无产阶级同时也是资产阶级的掘墓人。

曼纽尔·加米欧(Manuel Gamio)是一位伟大的人类学家,在墨西哥移民及其他们的"北方(*el norte*)"之旅方面撰有几部颇具先驱意义的著作。他在二十世纪早期警告我们注意"美国佬的'硬通货'(Yankee *metalismo*)和墨西哥人":

> 讽刺的是,我们称美国为美元的国度,这里所指的不是众所周知的美国富人阶级,而是美国居民之中的生存方式,因此将他们的生活目标也考虑在内,这并不公平,毫无灵性可言,显得太过利己主义、物质主义,太过"金属化",排除了一切利他主义行为。(1916[1982],149)

在我们对墨西哥移民、美墨边境、跨国主义、全球化进程以及跨越国际边境的离散人流(diasporic flows)的描述中,我们不断意识到有必要认真地区分阶级、种族、民族、性别甚至年龄问题,这样才能更好地分析出跨越边境的行为对哪些人在何时何地怎样起着作用。在这里,我的探讨仅涉及边境跨越的两个方面,即阶级和区域起源,以期更好地理解墨西哥移民美国以及其对当代墨西哥的大众政治的潜在意义。

在进一步深入前,也许有必要再次强调一点:无论全球化在多大程度上成功团结了迁移的人性,对于绝大多数试图进入美国的墨西哥人来说,美国边境巡逻力量不仅仅是活生生存在的、防御极强的,尽责保护着美国(Gringolandia)免受大量墨西哥仆人和快餐厨师涌入的存在,而就人力和财力而言,边防力量正以一个空前的速度增加着。1993年到1999年间,驻扎在美墨边境的美国部队数量翻了一番(Andreas 1999;关于边境的军事化,另参见 Dunn 1996 和 Heyman 1995)。美国正经受着剧变,千禧之年人们也许也在重新审视这个国家,但冷酷的现实是——在后资本主义下美国和它的边防力量不会消失。

图7 这面墙将提华纳、墨西哥和加州的圣伊西德罗分离开来。墙的另一面,一辆边境检查车停在太平洋边的海岸上。

数年前,一个周日的早上,我去墨西哥城观看一场足球赛,参赛方之一是我们社区的河岸足球队。

一些球员请我喝啤酒。在乘坐的公交车的引擎声中,我大声说我会邀请他们去美国玩作为回报。他们中一人向我喊话问飞机票多少钱。我说去休斯顿大约三百美元,去旧金山要五百美元。坐在我旁边的人看起来面有难色,他摇了摇头,用厌恶的口气说,这么看来,坐飞机不仅比跟"蛇头"走要快,还更便宜。一些评论家也许会认为这种空与陆、合法与非法的区别充满讽刺意味,但对我的这些不曾考虑坐飞机的朋友们来说,他们也无心顾及这么多。

对于拿着护照签证飞来飞去的那些人来说,过境事宜对他们来说不过是一时的小麻烦,几乎无需留意,而边境事实上几乎不存在。对那些冒着生命危险跨域国界的人来说,属于民族国家的权威并没有因为 21 世纪的到来而减弱。美国针对墨西哥的移民政策中固有的矛盾特性,并没有保证全球化和跨国主义预示着那些非法移民跨越边境时的风险会发生显著改变。(见 Kearney 1995;Ong 1999)乔·海曼(Joe Heyman)曾就不同阶层的墨西哥移民的境遇写道:

> 移民局官员们认为,穿越边境的非移民入境者分为两类,穿得穷酸的都持潜在的不正当意图,如非法打工,而着装光鲜的都光明坦荡。一名移民局官员曾这样温和地批评自己的单位:"在移民局检查员进一步了解你之前,在他眼中你的衣着就代表了你的一切"(2001,132)。

边境地区有重兵把守,治安警察不时四处巡视,与此同时,美国移民局却在近乎以官方姿态不断默许甚至助力为那些成功穿越边境线的非法移民提供工作。如此一来,美国的移民和边境政策实际上已成为经过粉饰的劳工政策,被用以管控调节廉价劳工流。就算理解了军方在此间起的作用,也不会为墨西哥男女们带来任何实质性的帮助,但若能认清边检所扮演的控流角色,至少也会明白美国移民政策并非组织严密,规范有序,而是充满了种种相互矛盾、不可告人的意图。

身居美国白人集居地①的墨西哥城人(Chilangos in Gringolandia)

国家与阶级认同进程两者间充斥着矛盾,墨西哥城的原住民,那些(不)有名的墨西哥城人(*chilango*),常对他人横加指责,却也经常成为众

---

① Gringolandia,从词源上来说是 *gringo* + landia,意指美国白人集居地(Any place inhabited by white people, especially the United States of America),本章则根据语境或译为美国白人集居地,或意译为异国、异国他乡等。——译者注

矢之的。前文中笔者已经叙述了美墨边境处不同阶级的不同境遇，接下来笔者重点叙述墨西哥内部的区域划分(regional division)是如何在身处美国白人集居地的移民们身上得以延续的，以及这种区域差异在异国他乡是如何呈现更为鲜明的阶级色彩的。

墨西哥城人(chilango)一词起源于玛雅文 xilaan(或 xilango)，经多方查证，该词最初由韦拉克鲁斯州(Veracruz)东部和中部的居民使用，意为居住在群山中阿兹特克首都(如今的墨西哥城)的人们，他们大都蓬头垢面，衣冠不整(参见 Santamaría 1959,971；Mejía Prieto 1987,50)。在联邦特区，该词在日常应用中指土著居民在墨西哥经济、政治和文化力量中的一席之地。如今，在墨西哥的其他地区，这个词多少带有一些戏谑的意味，就像谚语所说"要爱国，就去杀掉一个墨西哥城人"。在这层意义上，墨西哥城原住民和纽约原住民一样，时常成为外来居民戏弄玩笑的对象。这其中大部分都不过是玩笑话，但这类关于"纽约客"的笑话也有着尖锐的一面，它们揭露了双方对礼节、傲慢和姿态的看法。从这一方面来说，chilango 一词展现了路易斯·冈萨雷斯(Luis González)对 historia patria 和 historia matria 这组词汇所做的区分(1987)。即带有父系色彩的祖国历史(historia patria)和带有母系色彩的祖国历史(historia matria)的文化差异，即一个祖国(fatherland)的统一性的(城市性的)历史和一个祖国(motherland)的个性化的(农村性的)历史之间的文化差异。

我在普罗维登斯(美国罗德岛州首府)有几个墨西哥朋友，他们都是工人阶级。他们总是不厌其烦地议论附近墨西哥城人的冷漠与傲慢，作为印证的就是，许多墨西哥城人拒绝参与社区活动，不论是当地墨西哥足球联赛、墨西哥独立日庆祝聚会还是纪念瓜达卢佩圣母活动或是抗议当地发生在人造珠宝工厂的针对移民的袭击事件，都不见他们的身影。"这些墨西哥城人傲慢自大，难以容忍，"几个出身墨西哥的熟人曾多次向我表达了这样的意思。

部分人说,这些墨西哥城人给出的标准回答是:"我已经知道了"。"他们已经'知道'了一切",我的朋友胡里奥·亚拉贡(Julio Aragón)抱怨道。他是普罗维登斯墨西哥人文体联谊会(the Asociación Social, Cultural y Deportiva Mexicana)的主席。墨西哥城人们觉得自己高人一等,批评其他人不过是"该死的印第安人"。其他人也称:"他们会羞辱你",至少他们试图这么做。他们对其他"非墨西哥城人"称自己在墨西哥是"上流人士",这便是他们对自身的定位,他们也希望别人这么看待他们,尽管他们也和其他人一样在当地的工厂里打工。

墨西哥社团里的很多人都说,墨西哥城人们同其他声称自己是"典型的"中间阶层(middle stratum)的人一样,依靠个体化策略(individual strategies)在美国讨生活。这也常被用来解释他们为何不和其他墨西哥同胞一道抗议排外袭击,为何不愿意为飓风难民购置水和药品(in Acapulco in October 1997, e. g., and in Central America and the Caribbean in October 1998),为何不参与为因为支持恰帕斯地区的萨帕塔民族解放运动而受到袭击的流民进行的筹资。

有趣的是,我的墨西哥城人朋友中有很多人都承认自己对来自普罗维登斯的其他墨西哥人态度冷淡,但他们同时也否认意图跻身中产阶级或不团结其(合法或非法的)赴美同胞的困境。有些人还反过来指责那些"联邦特区原住民"的无礼行为,他们对这种非墨西哥城人普遍持有的偏见十分不满,因为非墨西哥城人总是认为墨西哥首都的人非奸即盗。

墨西哥人讲述他们进入美国的历程时再次提起出身问题。我有几个出身墨西哥"乡村"地区(即非首都地区)的朋友,据他们称,墨西哥城人喜欢说自己是坐飞机合法入境美国的,借机讽刺非法跨越格兰德河而来的其他人。维多利亚·马尔金(Victoria Malkin)在她对长岛上墨西哥人的研究报告中记录了类似的观点。一名来自墨西哥城的女性向她夸口说,"我喜欢我的出身,我来自墨西哥城,我有文化",她同时还将其他不同出身的墨西哥同胞称作"无礼的傻大个,有勇无谋,没念过书的乡巴佬(1999)"。

出身"乡下"(非首都地区),一切阶级、地区和城乡区分便都没有意义,若要是来自某个穷乡僻壤的小乡村,"出身"二字的隐喻还会更令人难堪。北方人瞧不起南方人,南方人也同样看不起北方人,而两者又同时蔑视墨西哥城人。如此便形成了墨西哥的内部鄙视链。

阶级是一个重要的潜台词。它包含了存在于墨西哥穷人间的可感知到的真实的差异,这种差异又会由地区概念和阶级概念混杂表现出来。在某种程度上,这不过是一个具体的分类体制,它划分出各种各样带有鄙视意味的类别,也就是说,它包括了很多带有额外蔑视意味的词语,虽然说这些词语可能指代的各种各样的品质和属性。墨西哥原住民一词便是最好的例证,这个词有些时候更会用于表示察觉到的阶级差异,而不是地区差异。其实,罗德岛的墨西哥城人们总的来说并不富裕。他们可能受过更好的教育,也时常声称自己比他们的移民同胞们有更高的社会地位。但他们口中的更高的社会地位是基于文化因素而非经济因素上的。墨西哥城人一词有很多意思,全靠语境鉴别。这一点在"mayate"一词上也能得到体现,它也带着典型的移民色彩,有着诸多义项,需要靠语境鉴别其含义。

我在圣多明各的朋友们认为"mayate"一词专指同性恋(同性恋对不同人群也有不同的含义)。但对如今和曾经生活在美国的墨西哥人来说,这个词是对另一类人的蔑称,即美国黑人①。我曾在瓦哈卡州的海边碰到一个来自米却肯州的人,他说他在芝加哥的"mayate"堆里生活了好几年,靠着霍华德站。我在墨西哥的熟识中有一个联邦特区的出租车司

---

① 在《墨西哥的西班牙语词典》(*Diccionario del español usual en México*)(El Colegio de México 1996,596)中,"mayate"有另外一个含义"男同性恋中的主动方(Hombre homosexual activo)"。《西班牙语人聚居区语言词典》(*Barrio language Dictionary*)(Fuentes and López 1974,97)将"mayate"定义为"黑人"。希门尼斯(Jiménez)给出的定义是"同性恋者"。尽管桑塔马里亚(Santamaría 1959,707-8)并没有给出诸如"同性恋者"或"黑人"之类的定义,但他列出了"mayate"的第三种定义"醉汉"。

机,他早先在芝加哥生活了几年,只有他会交替使用"*mayate*"这个词描述同性恋和黑人。但即使对他来说,"*mayate*"一词也主要指美国黑人,他最常用来指同性恋的词是"*maricón*"。

初始"*mayate*"这个词指的是蜣螂(显然蜣螂的天性引起了不好的联想)。鉴于这个词所指的事物在美国和墨西哥有如此之大的差别,它也难免会成为嘲弄的工具被施加在种族和性向上的弱势群体身上。这是一种典型的他者化现象①。

墨西哥移民:跨国籍还是双国籍

究竟是"双国籍"还是"跨国籍"才能更准确地形容数百万墨西哥人往美国迁徙的过程,这一问题一直是相关学者争论的焦点。相关争论也与我在此想要阐明的观点有关。对这两者的使用偏好无疑与性格相关,年轻学者较为倾向于使用"跨国"一词,以便从整体角度捕捉全球进程。先将这一点抛开不谈,我认为"跨国"一词得到众人青睐的背后仍有更为深层次的原因。

迈克尔·卡尼(Michael Kearney)已经向我们展示出,如何通过对跨国人群社区的经济和政治层面的分析使我们来掌握那种超越国家决定力量的历史感(historical sense),而这种力量将其特有的身份类别强加于每一个社区成员身上(1996,123)。人民能在何种程度上以何种方式超越国家的力量,这是当今研究的重点领域。尤其是,卡尼说,只有利用这种框架,我们才能将这种种族分类视作当代世界的"固有的跨国

---

① 详见希金斯(Higgins)和科恩(Coen)(2000,114)的著作。他们写道:"*mayate* 通常指同性恋中的主动方。其同样可以用来指代参与街头喧嚣(包括性行为、犯罪和暴力)的阳刚男性。"另可参见 Prieur 给出的 *mayate* 在墨西哥城东部 Nezahualcóyot 区域中某些男妓和易装者们应用中更具细微差别的意涵。在这些男人中,*mayate* 不仅仅指所有与男人发生性关系的男人以及非洲裔美国人,而且还指一个看起来像男人的男人,其与被认为是同性恋者的男人发生性关系,其通常也与女性发生性行为。(1998,26)

境化"。

在一篇论述出身瓦哈卡州的移民的文章中,费德里克·拜瑟尔(Federico Besserer)描述了一种新型的墨西哥侨民团体的形成过程,在这类社团中,女性在民主和公民权益的理念创造与践行方面扮演着重要角色。拜瑟尔同一位墨西哥女性进行了谈话,她的丈夫离开她去了美国。拜瑟尔引用她的话说:"像这样被遗弃在墨西哥的女人还有很多。男人们和美国女人跑了,很多情况下他们都不会回来了。那群男人太混蛋了!"(2000,379)。

二十世纪九十年代我曾在加州北部和新英格兰东南部的墨西哥人群体中间进行民族志田野工作。往前十年,我也曾在芝加哥和休斯顿研究过当地的美裔拉丁美洲人(Latino/as)社区和政治组织(换言之,关于历史的和迁移的诸模式,众地区的经验千差万别。正如众多美裔拉美人相对集聚地的诸经验那样)。回顾两次田野工作的经历,我发现两种相互关联的现象。在过去的几十年里,即使说这些墨西哥人只有两种国家参照标准——墨西哥和美国——到了今天情况也已经大不相同了。取而代之的是,九十年代的墨西哥移民要面对一大堆麻烦,比如种族主义、就业、住房、音乐偏好以及婚姻问题,这便不可避免地引入了另一些跨国化论题。这些移民的属性包括"说西班牙语"、"拉丁美洲人"、"西班牙裔"、"工人阶级",抑或仅仅是"无依无靠"。跨国问题,而不仅仅是双国籍问题,正是电视中关注的新闻热点,同时也是那些来自于拉美国家而在美国寻找归属的男女们的真实日常生活。这也是如今在美国安家的拉丁美洲男女们生活的真实写照。

如今,已鲜有美国学者会认为不需要考虑墨西哥内部(扩大一点说,拉丁美洲内部)的民族、区域、世代和历史方面的区隔就可以完全理解移民美国。笔者也同样发现,虽然数百万移民们如今已经定居于美国,但如果不考虑这些要么出生于"边境以南"地区,要么总是能将其祖先部分追溯到这些地区的移民的生活和活动,那么谈论墨西哥与拉美的文化和社会是没有任何意义的。但无论如何,这些身处美国的拉丁美洲民众的"文化"和"社会"绝非仅仅只是其根源国家的"传统生活"的总结、放大或缩小。

在某种程度上,笔者认同边境线的重要性,尤其是从太平洋沿岸的圣伊西德罗和提华纳出发,穿过美国的亚利桑那、新墨西哥和墨西哥奇瓦瓦和索诺拉,直至墨西哥湾处的布朗斯维尔、德克萨斯、马塔莫罗斯和塔毛利帕斯的这条国境线。我们也需要重申阶级分析的重要性,这种分析建立在我们对边境状况和越境行为的认知基础上,包括了以地域分隔为表象的阶级分化。我们可以在美国的公共和私人厨房、庭院、洗衣房里——而不仅仅只是在跨国公司董事会和度假村——了解到很多边境和阶级的意义,也更能理解是什么力量驱使这些人面对拘捕、侵害和甚至死亡的风险仍(能)坚持至今。

重申阶级的重要性必须带着民族和种族中心性的视角,也需看到民族融合给人们带来的种种焦虑,这些标签在北美洲的国境地区都得到了体现。居住在普罗维登斯的墨西哥城人们并非通常意义上的"有钱人",但却也常被视作"富有"群体中的一员。这一点为我们透析阶级、种族、民族、地区和国家在经验上的差异提供了一扇窗。就算同为贫困或中产阶级,每个人身上的标签并不仅仅单纯地反映出其变化不断的身份,而且也组成了协调空间不连续性社区中阶级问题的更加重要的元素。

我们同样也要避免走极端,即不应理想化国家主权,也不应妄下定论宣告半球无国界。如今,民族国家的边界并不是不可逾越,过去也曾有很多成功的越境。同时,诸如美墨之间边界并不仅仅是差异的隐喻。

休斯顿商场餐厅里我的朋友和主顾都是墨西哥人。他们都是以自己的方式成功穿越了美墨边境的人,无论是独自赴险,拖家带口,还是成群结队。但他们每个人的经历都如此不同。这些墨西哥人同样也都认为他们越境的经历,以及其如何在美国找寻自我,与众不同。

第六章　抵抗的仪式，抑或后社会主义消减的期望

> 激烈的争执和嫉妒使知识分子们惊慌失措，他们正被从历史中连根拔去，其推手正是这些人之前所培植的力量——民主、科技、市场和社会主义乌托邦。
>
> 罗格·巴特拉（Roger Bartra）

抵抗的魅力

"你肯定六岁就开始喝酒了。"我笑话加布里埃尔说。那天我们登上墨西哥城以南的西特尔山（Xitle），这是一座位于群山中的死火山。迎着六月的暖阳，我们坐在一段墙壁上闲聊。

"不啊，比六岁还早"他纠正我，"知道为什么开始喝酒吗？也许是因为我遗传了我父亲的这一点。可能从我母亲怀我的时候我就开始喝酒了。真的有可能是遗传因素。"

"基因？"

"也许吧。也许只是一种逃避，极有可能。我的想法和别人不一样，有时候我会觉得自己跟家庭和社会都格格不入。也许我没能发掘出我

自己的潜力吧。有时候只有喝得烂醉然后倒头大睡才能让我忘掉这些烂摊子,有时候则是因为心中有话无处诉说,没人理解我的经历,我的忧虑,我的伤痛和心中的五味杂陈。在家里我总觉得……在这段婚姻里没人理解我。"

"你的朋友呢? 不能和他们说吗?"我问道。

"我和他们畅所欲言,但却不能一起付诸行动。比如说宗教问题,有时候我会指出他们的错误看法。我觉得,要不是我把他们看作朋友,我才不会指出他们的错误。但有时候我们会因此产生争执。"

图8 加布里埃尔·萨维德拉(Gabriel Saavedra),摄于1998年。

加布里埃尔身上带有很多的知识分子特征。他渴求知识,想和他人讨论哲学和政治问题。他参加过数次支持恰帕斯的萨帕塔游行示威,也始终不看好选举,认为选举并不能从根本上改变墨西哥社会。但在我们相识的十年间,他始终以语言表达自我。他公开发表演说,犀利地批判时事,他抨击的对象包括音乐、国内的大小抗议、不可知论、学生政策、蛇肉塔可(tacos)、新生儿命名和很久以前就破灭了的梦想——移民到太平洋海岸边的芝华塔尼欧(Zihuatenejo)。他和朋友说,和家人说,和熟人说,从中午12点到下午2点,基本上他能从韦韦钦街上拦下的任何行人都会成为下班的加布里埃尔的谈话对象。加布里埃尔一周工作六天,早上八点开工,他把工具放在工作室的小房间里,全天都在他的小工坊前的车道或人行道上修理各式各样的汽车、货车和卡车。他常常工作到半夜,陪伴他的是手电筒、台灯、甚至是打火机。1998年他和妻子离了婚,之后每到周日才能见一见孩子。离婚后,他和体弱多病的母亲一起生活在韦韦钦街附近的小房子里。

在我和加比多年的交谈中,有一些重要的问题反复出现——为人父母的意义以及孩子会如何从他们身上继承某些特质;政治活动在社会变革进程中的重要性,尤其是在改变富人与穷人、印第安人与混血儿间的不平等这一方面;人们的语言同思维及行动之间的关联以及人类在广阔宇宙中转瞬即逝、微乎其微的意义。那个温暖的春日早晨,我们的对话就是关于最后一个话题的,话题的开端是一部电视剧《宇宙》。

"我在纪录片里看到了卡尔·萨根(Carl Sagan)。他看上去挺不错,是个有智慧的人。我所掌握的知识并不是我专门学习而学到的。人们(工人阶级)没有他拥有的学习知识的途径……缺乏信息……能这样学习的人只是一小撮核心人群,忙于工作的人没有时间,下班回家后也累得没有心情学习,而看纪录片就是一种相对简便的学习方式。纪录片很实用,而且能让人有所收获。我觉得可以向墨国大提议多为大众做些这样的片子。"

"我知道有这么一本书,但我没机会找来读一读。它被翻译成了西班牙语,而且我觉得这本书很有意思。它让我懂得更多。如果你能理解我们是什么(我们的本质),那你就能学会任何事。

"可惜大家对这个节目不感冒,至少年轻人对此没有兴趣。怎么回事呢?其实这很有趣的。我搞到过几本天文学书籍,萨根说的东西我也在别的书里读到过。那边(国立大学周围的街上)就有人卖书,我买过,都很便宜。有时候我会发现有人把书扔了。我就在垃圾箱里看到过几本很不错的书,它们甚至可以称得上是瑰宝。"

加布里埃尔谈起了在国立大学工作的熟人们,他们曾和加布里埃尔就萨根有过争执。他们告诉他,在大学里他们学过萨根在节目里说的一

切,萨根讲的都不是什么新鲜事物①。加比接着说:

"我对萨根的了解要比对大学的了解更多。大学里都是下午一点上课,不对,是两点,工人没法去上课。所以我告诉这些和我争论的人,'你知道萨根的价值在哪吗?对我来说,他的价值就在于他向我们传递信息,我们能从他那学习知识。这就是他的价值,这就是我为他说话的理由。'要是大学都高高在上遥不可及,还有什么意义呢?你需要花费很多很多时间学习,因为要学的实在太多了。而工人们可挤不出这么多时间。

"我有《宇宙》的录像带,"加比告诉我。"我把这部剧录到带子里了。虽然图像不太清晰,但也凑合能看。这部片子真的很有意思。有时它让你觉得自己像跳蚤一样渺小,但同时又觉得自己至关重要。我觉得我开始了解世间万物,我觉得自己正在学习一切以前想都想不到的东西,我正在剖析生命的本质。我觉得,虽然只是心血来潮,但我受益颇多。我们想要这种'*capacidad*'(能力、知识),我非常渴望这种'*capacidad*'"。②

在二十一世纪的今天,不论是在圣多明各还是在地球的别处,基因遗传论已成为一种世俗宇宙学,它灌输给受众一种解释人类存在和宇宙无限的那些深邃复杂谜团的能力。比如说,加布里埃尔用遗传因素解释他对酒精的热爱,借此为自己的癖性寻找生物学依据,为自己开脱。这些话通常带着随意的、半开玩笑的意味,但加比并非唯一将酗酒归咎于基因的人(见 Gutmann 1999)。如此一来,很多嗜酒如命的人都被视为无可救药。既然说酒瘾由"内在力量"决定,仅能靠进化学上的突变来挽

---

① 在美国,始终有人指责萨根净讲些陈词滥调,此外,有人称他尤其在一些特定的学术领域将知识傻瓜化以适应大众。毫无疑问,在解释宇宙知识的过程中,节目编辑起到了一定作用,他们中的大多数人未接受过天文学教育。但我仍想要知道这种高高在上的视角(认为如果大众都喜爱天文学,将会是件坏事)会带来多少敌意。
② 接着,我们谈话的方向变了。加布里埃尔问我:"你们不是已经开始写论文了吗?在那边也写吗?"我告诉他我们是在写,而且回到美国之后还要继续写。他想知道我打算给文章起什么标题,于是我们讨论了一会论文的各类标题。

救的话,他们这些穷困潦倒的酒鬼们自然无能为力,只得平心静气地接受生来注定的命运。

与此同时,加比既提到他对知识的渴求,也表达了他对某些人的愤怒,他们对他的学习嗤之以鼻,揶揄他所学的都是些屠龙术。何谓正确的理解?人们何时才能算得上理性地把握事物的本质?而这些又该如何界定?这些问题绝非仅局限于认知论学派或学术象牙塔中,它们充斥着大众的日常对话。这些至少从加布里埃尔身上便可见一斑。

有一次,我一边和朋友罗伯托聊天一边看他修理他那辆破烂的雪佛兰,言谈中我们提到了加布里埃尔对《宇宙》的痴迷。当时我已经离开了平民区几个月,刚回来不久,罗伯托礼貌地问起了我的家人是否安好。我说米歇尔和女儿们回北卡罗莱纳的娘家探亲去了。罗伯托专注地用着手中的喷灯,点了点头说,"那地方在佛罗里达上面一点,对吗?"我很惊讶他如此了解美国地理。他说他是在帮儿子学习功课的时候记住的。罗伯托小时候没多少时间学习,但他仍对学习心怀热忱,经常和他的儿子们一起学习。他对于自己必须靠那些所谓的专家才能认识世界一事感到十分受挫。就像加布里埃尔一样,他拥有的知识仅限于提升自我,与社会变革这类更为广大的主题毫无关系。

同时,像罗伯托这样的人很少会对社会变革提出自己的看法,但在我同他,同其他人,甚至同加布里埃尔的谈话中,我很震撼,事实上,他们经常能够抓住他们对事物的理解和他们试图构建事件的行动之间的这种关系。其他人可能会将这种关系称作意识与实践之类的。意识和实践的问题已经成为近期理论研究的焦点,这些研究都以"抵抗"为题。

1990年秋天,我开始上研究生的第一学期。当时我为一门王爱华(Aihwa Ong)所开设的有关"抵抗"的研讨课写了一篇论文,后来我又将其修订后发表在了《拉丁美洲视角》(Latin American Perspectives)(见Gutmann 1993)上。这篇文章的基调反映出我身上仍留有政治激进主义的痕迹,在那之前的十五年间我一直活跃在芝加哥和休斯顿的工人阶级地区。而且我沮丧地发现,一种狭隘的秘密抵抗理论正不断增强其影响力。文中我就两点进行了详述:一、公开的激进运动(不论是当代的还是历史上的)都被毫无争议地归入了"自杀性"运动;二、穷人阶级因为自身的贫穷,被想当然地认定对自身的处境以及问题的解决途径更加了解,其程度远比我所理解的要多。这篇文章的论调本是为了敲响警钟,也是支撑文章中的观点。但我发现,这篇文章在表述上的激进和尖锐削弱了其影响力。因此,本章亦旨在重申我当时提出的观点和结论并对其进行拓展和改进。①

上世纪八九十年代,墨西哥的许多左翼知识分子研究了大众城市运动,并为之摇旗助威。一贫如洗的男男女女们占墨西哥城乡人口的三分之二,政府无法改善他们的生活,人们只得亲自创建自己的组织,选出自己的领导人带领大家进行广泛的社会运动,践行自主自治的原则。② 此时的美国,反战和民权运动刚刚落下帷幕,苏联大厦将颓③,很多左倾知识分子还在舔舐伤口,多种抵抗理论纷纷出现,为那些不再相信所谓"社会剧烈变革(即社会主义)"空泛理论的人提供了一剂妙药。抵抗理论和其他新生社会运动分析报告一样,代表了另一种理论现状,它更多地建立在身份的基础上而不是阶级分类。在里根主义盛行的环境中,政治保守主义渐显颓势,人们对实质的社会变革的期望呈拜物式下降,日常形式的抵抗理论因而在八十年代的学术刊物上开始盛行。到了新世纪,抵抗理论(见 e. g., Scott 1985;1990)也开始在拉丁美洲崭露头角(参见如,Coronado Malagón 2000)。

抵抗理论无疑吸引了一批理想破灭了的后社会主义者,因为抵抗理论满足了他们的诉求,使这些落魄的人能继续支持社会弱者,相信变革

---

① 感谢迈克尔·卡尼(Michael Kearney)审读本章并提出宝贵意见。
② 该地区的社会运动情况请参照 Alvarez,Dagnino, and Escobar (1998);Eckstein (1989b);Escobar and Alvarez (1992);Foweraker and Craig (1990);and Massolo (1992)。
③ 多股女权运动的参与者自然不在士气低落者之列。在美国,女权主义相关的女性、女权和性别研究、酷儿理论以及政治运动较为突出。

会逐步发生,加剧,继而最终实现。如第二章所述,抵抗的魅力是与生俱来的(见 Abu-Lughod 1990; Kearney 1996)。哈利·萨纳夫里亚(Harry Sanabria)曾撰文分析抵抗理论的不切实际性,他说:"我们将更加注意那些无效的和失败的抵抗,以便更容易找出有利抵抗运动成功的环境(2000,57)。"换言之,我们需要全面地看待抵抗理论,认清它的失败与成功、主动与被动,才能理清社会变革的来龙去脉。

经济危机接二连三,选举政策令人沮丧,诸多因素使得九十年代的许多墨西哥人眼中社会变革愈发遥远,甚至与八十年代相比各种不平等现象成倍增长。墨西哥国内外的许多学者开始重新定义工人阶级问题并再次评估其政治实力。抵抗运动在理论上补充了新近翻译传入的法国后结构主义,后者将权力(和责任)归于所有人而非仅仅是统治阶级。因此,部分对抵抗理论加以利用的学者得以持续关注受压迫的穷人,在对穷人们能够摆脱富人和知识精英压迫的期望大大减弱的背景下,将他们的精力重新转到不平等、冲突和托词在微观上的交汇。

支持加布里埃尔和罗伯托对知识的诉求再简单不过。我们可以,也应该赞赏加比拒绝向那些声称萨根为大众降低节目难度的势利鬼低头的行为。如果这种决心和对学习的渴望本身并不仅仅是一种美德如此简单,当像加比和罗伯托一样的人变得更有学识,甚至更自知自觉,就能更加广泛地参与政治生活。当然,他们大可不必为学习知识而寻求头顶大人物的许可。但如果这类自知超越了一定界限,凌驾于穷人们对政府稳定物价之措施的浪漫想法之上,使他们得以突破自我,它便在一定程度上进入了抵抗无知与共谋的范畴。又或者如保罗·威利斯(Paul Willis)所写,弱势群体无法通过教育改善自身的社会地位,"官方幻象和神话的破灭以及对世界审慎的评估并不会阻止向那个世界的融入"(1979,178)。这一点也可以在迈克尔·卡尼(Michael Kearney,1996)对"柔性政治(*jujitsu* politics)"的描述中得到体现,通过所谓的"柔性政治",某一个竞争者的努力反而会成为对手绊倒自己的工具。换句话说,

127

理论家可能将造成穷人们悲惨、笼络以及不诚实的责任归结于穷人自身,穷人们厌恶这一点,而对于自我意识的认知却无法要求更多。

虽然抵抗理论赞颂穷人身上的"宇宙能力",认为其证明了穷人"天生"比左翼知识分子们更具理解力("我们可以得出类似劳动价值理论的结论,但不能指望工人酒吧里也能产生资本。"詹姆斯·斯科特(James Scott[1985,330])写道),但除了那些"感觉良好"的生存政治的成就以外,我们很少看到有关抵抗运动的成就的描述,更不必说解释了。费尔南多·克罗尼尔(Fernando Coronil)是后殖民地时期文化和政治经济一体化的支持者,他认为我们应避免"从本质主义角度进行阐释,即将底层反应和调试的任何形式都颂为抵抗"。我们在此关注的正是穷人们的这种"本质"能力。虽然抵抗理论家们歌颂贫民和弱势群体,强调阶级和自发意识——一种起源于阶级位置和被剥削阶级所受到的显而易见的剥削的自发意识——的重要性,但是他们却将世界分成对立的两部分来看待——表与里,有意与无意,公共与私有,抵抗与调和。然而机械经济学主义正好相反,阶级位置和社会存在根本不是同一个分析单位。

假借着对经济偶发性——就像加布里埃尔的观点:工人们平日里无法去大学上课,以及那些说一个人的经济状况决定了这个人的思想意识和对世界的理解的论调——的崇拜,不少学者运用着经济学家和机械唯物主义者融合的分析框架,表现出了对更加全面的阶级分析的不够推崇。加布里埃尔和我已就经济要素、个人意识和社会变革之间的联系争论多年,通过观点的交流与碰撞我得出结论:抵抗理论的基本缺陷不在于其遗漏了受压迫阶级持有的乌托邦式幻想,而是在于"细微的抵抗最终能导致巨大的变革"这样的概念观点太过片面和理想化。过去那些对民族解放运动和其他大型社会斗争所能够带来的社会变化过分乐观的预测使得抵抗论者们十分愤懑,然而他们还是常常成为了各种明暗活动浪漫化版本的牺牲品,最后导致与现实情况的严重错位。丽拉·艾布-卢古德(Lila Abu-Lughod)在总结其抵抗理论时指出,我们要学习那些深受体制压迫的人们所采用的种种方式：

> 问题在于，我们之中那些已经感到抵抗运动有可取之处的人已倾向于从中寻找压迫体系失败——或部分失败——的证据。在我看来，推崇日常抵抗的方式不仅限于歌颂抵抗者的尊严或英勇，更在于从他们的行为实践中学习，看清变化着的权力结构间复杂的相互作用。

只要底层的穷苦民众仍被当成依靠本能的动物，且他们的无知与智识仍被视作贫穷和压迫的必然产物，那么谈论政治同社会意识的问题就仍是不合时宜的，对于幻想、妄想和空想的讨论也仍是粗俗的。

两支军队与阶级对抗

在抵抗理论的重要议题中，包括自动将人们的收入和财富与抵抗精神和抵抗行为联系起来。无论这些经济地位较低的人是否被贴上底层、穷人、下等阶级、无产者或工人阶级道德的标签，许多抵抗理论的支持者都会假设他们至少都明白在统治阶级掌控下，他们是水深火热的。这也是他们无动于衷的理由，至少在未经抵抗理论洗礼过的人眼中他们无所作为，因为他们知道的"太多"了。落魄的底层"太过聪明"，不愿拿自己所剩不多的美好去冒险一搏。

如此一来，就所有理应归于阶级的价值来看，这一理论框架并未使穷人受益，这显得不合常理。我们可以看到有一种将阶级地位同阶级关系、将经济同理念混淆的趋势，使人错误地认为所有穷人都有着类似的思考和行为模式。因此也相应地存在着这样的倾向，低估宗教、性别、年龄以及其他恼人的因素，例如"政治"在特定阶级构成中的重要性。而且，如果不同阶级受到的待遇趋于同质化，那么对政治问题的分析就可能常常被敷衍地视作是不由自主且不可避免的——至少对穷人们来说是这样。在知识分子眼中，摆脱那些浪漫的愚昧是实现启蒙的必要前提。

重申阶级的重要性在美国从来都不是一件容易的事,在二十一世纪早期的今天更是显得愈发困难。为了做到这一点,我们有必要(尽管这很古怪)准确地强调工人阶级等广泛范畴内部的异质性。简而言之,夸张一点用军方的说法,墨西哥社会中的阶级对抗主义有一种持续的影响,而这一见解会被其他社会掌权者以划分类别的方式掩盖。同样值得重视的是,这种阶级对抗主义几乎没有采用过贫富大军对抗的形式。① 墨西哥城的贫苦居民们见惯了政治分裂,但对其仍十分看重。在圣多明各,发生在家庭内部和朋友间关于政治差异的讨论也已司空见惯。分立的原因很多,但不会削弱其同当地政治生活间的千丝万缕联系。事实上,顺从或抵抗的潮流,均与此种分立息息相关,人们一直在探讨哪些社会问题可以掌控,哪些无力回天。

图9 圣多明各附近的生命派宣言。"结扎和输精管切除会导致癌症和性冷淡。"

---

① 详见赫兹菲尔德(Herzfeld)对精英及大众的二元模型进行的相关讨论。

我在墨西哥城工作和生活了十多年,在这期间经常有人问我:"圣多明各的人多大程度上接受了你?"面对一个"外国佬",这个问题显得太过突兀,问起这个问题的人多半不是墨西哥知识分子。圣多明各有超过十万居民,就算他们都认识我,他们也不会用同一种眼光看待我。从这一点我明显可以看出人们设想中普遍存在的社会同质性(social homogeneity),它在那些教育水平较低的人身上被无限放大了。① 抵抗理论正确地批判了社会上存在的观点,即将带有启蒙作用的正规教育仅仅视作是精英阶层屈尊俯就的表现。但抵抗理论其实仅仅以一种相对简单的方式为这种概论轻率的一面做了辩护,即"贫穷等同于反身性启蒙"。

圣多明各的男女老幼能否接受我,不仅仅取决于我作为外国人的身份或者相对优越的地位(首先是研究生,其次是教授),还有其他多种因素。至少在一开始,我在同当地居民的交往中的确因为"光彩夺目的外国人"身份得到了该有的对待。这使有些人认为我很有钱。而另一些人则单纯因为我是外国人就把我定性为生活淫乱放荡的人。

我的朋友们似乎也一直以阶级因素区分世界。他们口中常提起"上流阶层"、"民众阶级"、"中产阶级"、"低贱劣民"、"富人"和"有油水的人"等概念。其中,"富人"概念始终是他们对比的来源、嘲弄的目标和防御性自我认同的对象。在同许多抵抗理论研究者以及我的朋友的交流中,我觉察到有必要超越所谓"有钱能使鬼推磨"的普遍认知。在一个国家,关于民族认同的代表性观点之一就是不断攻击城市中的贫穷贱民("为什么他们就不能多包容一些,最起码那些混血的中产阶级应该更包容些

---

① 此处还涉及方法论问题。在墨西哥,在美国以及世界上的其他国家,人类学家在家乡进行田野调查时通常住在自己的家中,而这些人的住处一般都位于中产阶级区域。但他们的实地考察需要在贫困地区展开。因此他们需要在不同的地区间通勤。墨西哥同事们很高兴看到我的工作和生活都在圣多明各。一小部分人则称"二十四小时沉浸式"研究是一种过时的行为:"只有外国人才会这么自命不凡。"

吧?"拉莫斯[1934—1962]问道①),那么一切就毫不意外,圣多明各的人们对于那种富裕阶级认为工人阶级都是动物和粗俗愚昧的观点都极其敏感。圣多明各平民区居民就阶级问题所持的偏见常常建立在劳动区分之上,即脑力劳动(富裕阶级)和体力劳动(工人阶级),他们有时会凭借身体特征进行狭隘的阶级分析。动物性本身揭示的是关于性行为和动物本能之间关系的偏见,而为了扭转这种所谓动物性的形象,我在圣多明各的一些男性朋友在过去的几年里不断告诉我,同性恋在上层阶级太普遍了。而他们其实想要暗示我的是,工人阶级的人才更有教养,至少他们知道应该和谁做爱。

在某种意义上,这种价值区分同部分大学教授的主张并无二致,他们认为墨西哥城的穷人们都喝百加得白朗姆,绝不碰墨西哥朗姆酒,一位心理学家甚至曾向我坚称这是因为喝这种酒能引起可怕的宿醉。九十年代中期,尼加拉瓜的 Flor de Caña、Cuban 和 Havana Club 酒都是聚会用的常选朗姆酒。②

虽然社会自身未曾分裂为泾渭分明的穷富两派,但我们也能轻易地从抵抗理论出发,推断出当前的挑战是如何将阶级作为社会分析的基础框架保留下来,如何才能不因小失大。描述和概括阶级关系,为何阶级地位很少被当成个人观点和行为的简单化标识,其原因需要厘清。这些工作无疑都需要认识到隐蔽的抵抗行为是穷困阶级竞争和斗争的源泉。重点是,不论是在当今世界,抑或过去和未来,都不应减少所有作为这些孤立形态之对立面的社会生活。

---

① 近期的相关评论参见 Bartra (1992,75-80); Gutmann (1996,224-26); Limón (1998,76-80)。
② 事实上 Bacardi Anejo 朗姆酒是我大部分朋友的唯一选择。我不清楚这是否反映出一种比工人阶级地区最低限度上的较高生活标准,这种酒的电视广告是否起到了一定作用,这些中产阶级受访者是否仅仅在传递一种错误的知觉。

生　存

　　社会达尔文主义者会问："他们为什么不试着提升自我？"改革论者问："他们为什么默默忍受？"在糟糕的生活条件面前，穷人们会展现出政治倦怠和政治无为，为了解释这一现象，各方社会批评家都会提及"生存策略"。在抵抗理论的案例中，生存需求常常被拿来同一些迂腐知识分子不现实的想法作比较，或者说至少是那些终日幻想要真正改变世界的那群人的想法。抵抗理论家们认为生存需求有多真是迫切，这样的幻想就有多不切实际。

　　一日，佩德罗、恩里克和我正倚着一位朋友的车聊天，两名男子从"醉鬼之家"（街上的一间屋子，许多重度酒鬼来这里喝一种用人的排泄物发酵制成的龙舌兰）出来向我们走来。我们认识他们，开玩笑地说他俩在韦韦钦街上是"熟客醉鬼"，非无名之辈。因而当詹姆和他的同伴走近时，我们礼貌地问候了他们。詹姆靠过来，扯下自己的洋基夹克要我们买下来，我们出什么价都行。我们表示了感谢，说我们已经有夹克了。接着，他走开了，但几分钟后又带了一个小尼龙包，想以五比索的价格卖给我们。① 然后又要以同样的价格把他的棒球帽卖给我们。"五比索行不行？"他问，"不要？ 好吧，那三比索怎么样？"詹姆主要向佩德罗推销，可能是因为他知道佩德罗是这条街上手中零钱最多的人。佩德罗一开始只是微笑着摇头拒绝交易。最后恩里克从口袋里掏出一枚两比索硬币递给他，口中说着"合作"，佩德罗也跟着给他一枚五比索硬币，我也给了两比索。

　　在这条街上，人们常常以类似的方式相互"合作"。"合作"一词所指的行为通常带着"醉鬼乞讨"、"隐藏式抵抗"和"无产阶级自力更生"的标

---

① 当时一美元可以兑换七墨西哥比索。

签,也是大众共享手中不多的财富的一种方式。① 1997 年 1 月的一个早上,一位退休的老爷爷胡安告诉我说他前一天去见了他的姐姐(他以为我会感兴趣,因为 1993 年 7 月时,我曾在他的这位姐姐那买了几百份玉米粉蒸肉,用来庆祝我女儿莉莉安娜的一岁生日)。他说,不过他没和他姐姐姐夫一起吃饭。他姐夫已经失业了几个月,因此他和妻子最近手头不宽裕。胡安告诉我说,安吉拉直到 1996 年 11 月去世之前,一直在同她的嫂子"合作",每周都给她送去油和其他食品。

"合作"一词传递出居住在圣多明各地区的穷人们的一种生存策略,但并非所有穷人都采取这种策略。一天夜里,我听到外面传来模糊的脚步声,便向窗外看去。我看到了一位老妇人,她是我的邻居,她不愿意和我谈话,我们的交流仅限于互相打招呼。我还注意到她站在一堆水泥砖块旁边,这堆水泥今天早些时候还不在那里,肯定是刚刚被搬过来放在邻居家旁边的人行道上。邻居正在往她家搬这些砖头,一次拿一块或者两块。我正打算出去帮她,但这时我看到另一位可能和我一样睡不着的邻居路过此地,和她说了几句话,然后她一脸担忧地和他挥手告别,接着搬砖头。看样子她要花费好几个小时才能搬完,但她宁可整夜不睡确保那些砖头的安全,也不愿冒遭贼的险。②

如果遭窃一事发生在一些工厂经理身上,抵抗理论者们会将其看作一个好的例子,是社会底层人员抵抗压迫者的一种隐秘措施。但对穷人们来说,偷窃常常是发生在穷人之间的一种恶劣行径。

一直以来革命者和社会学家们都在争论不休,探讨何时以及为何民众中的特定一部分人会抵抗他们的生活境况,以及为什么更多情况下他们只是默默承受。③ 抵抗理论填补了一些人眼中的社会变革理论的一处

---

① "合作"相关讨论详见 Brandes(1988,49)。租金派对是美国的一种常见"合作"方式。月底的时候,派对举办者的朋友和邻居们付一美元参加聚会,借此帮助他付下月的房租。
② George Foster 认为她夜间活动另有原因——避免遭邻居嫉妒。
③ 详见 Moore (1978);Touraine (1988);Skocpol (1994);Tarrow (1994);Tilly (1998)。

重要空白,即试图解释贫困受压迫的群体在大多情况下会为他们的处境做些什么。因此,抵抗理论者称,对于缓慢长久且不断加剧的变革进程,其种子隐藏在日常生活互动的微观政治之中,圣多明各的"合作"和"偷盗"即是例证。这些现象有时被看作同特定人群有关联,与其他人群相比,他们的选择更为有限。由于结构的限制,直到1980年代,人类学家和文学作品都还认为从乡村迁往城市的拉丁美洲人、女人以及土著居民的政治参与度很低,这也反过来导致这些群体自身变得更加脆弱,总体上来说就是不情愿投身于政治变革之中。①

穷人们天生比知识分子更富洞察力,而正是他们太过睿智反而难以对现状做出肢体抵抗行动,这便是当代社会变革理论的中心信条之一。詹姆斯·斯科特写道:"从历史上来看,大多数下等阶级的境况无疑设置了界限,只有莽夫才会跨越,就仿佛这些莽夫不会再日复一日地以种种显而易见的抵抗方式牺牲他们的生命。"另一些人对这些事件进行了概念化,他们不认为这些失败者天生具有优秀的判断力,而认同战争策略的改变使得阶级之间的武力冲突变得不合时宜。从这些分析中我们可以发现,统治阶级强大的火力以及被统治者的软弱无力足够为武装乌托邦运动画上句号(见 e.g., Castañeda 1993)。

部分原因在于被统治者在历史上采取了多种平和的斗争方式,如静坐、示威、罢工、请愿和集会。墨西哥和拉丁美洲的许多人被大众城市运动和新式社会运动所吸引,为根本变革提供了刺激和领导力量。但问题仍旧存在。朱迪斯·阿德勒·赫尔曼在九十年代中期曾发问道:"是否有证据表明八十年代后期学者口中的墨西哥运动推动了后来民主表达的制度化进程?"(1994a,125)。的确,事实证明这些运动无法替代政党的作用,部分原因在于他们太过专注于直接需求,即生存问题。困难在于,无论这些问题有多么紧迫,它们都无法得到逐步的真正解决。因此,

---

① 详见 Cornelius(1975) 和 Vélez-Ibáñez(1983) 提出的对比性观点。

罗格·巴特拉认为,在八十和九十年代的墨西哥,很多人相信新式社会运动能够自下而上地为"巨大变革"提供推动力,实现民族主义和平民主义社会理想,这些运动也的确成功地激励成千上万市民行动起来以实现特定的变革目标,但与此同时,社会分裂仍遍布社会的各方各面且持续扩大(1999,70-71)。

九十年代的拉丁美洲,女权主义者之中发生了一场冲突,他们的分歧点在于应该在国家内部还是站在国家的对立面进行活动。在这场冲突中,就变革起源的困惑以及如何引发社会变革等问题同样明显。在这个时期,美洲女权主义者们讨论和争辩的选项有如下几种:一、不受政府政策和项目干涉,保持绝对独立;二、以国家机构代表身份主动参与上述政府工作;三、就特殊项目同政府合作,但在决策和领导方面保持绝对自治和适度的批判性(见 Alvarez 1998;León 1994;and Molyneux 2001)。

在墨西哥,1994 年的恰帕斯起义是这方面讨论的热点,尤其是在抵抗运动中的武装元素、萨帕塔的攻击性军事行动所带来的日益增长的威胁、以及武装自卫的目的这些方面。当然,与大众城市运动和其他一些大型社会斗争的绝对和平性质相比,比如偶尔会采用非暴力抵抗来诉诸需求,萨帕塔民族解放军(EZLN)明显采用了一些与之相对的斗争形式,比如偶尔会采用非暴力抵抗来诉诸需求。

也许是因为处境危险的缘故,世界上大部分人在大多数情况下都仅将注意力集中在忍受自身的悲惨遭遇上。也许只有那些有特权的知识分子们才有余力奢望其他形式的人类社会并真正有机会去实现他们的乌托邦理想,争取不一样的未来。1995 年的墨西哥,每四个人中就有一个还住在连下水道都没有的房屋里,超过一半的城镇仍属于极端贫困级别,而且尽管墨西哥的农村和土著居民更为贫穷,但最高的死亡率却发生在联邦特区(参见 PAHO 1998,356-57)。奥马尔是我的一位朋友,他从小在墨西哥城中心附近长大。有一次他问我:"马特奥,你知道作为从小就是穷孩子是什么感觉吗?你甚至不能在私密的空间上厕所。如果你没钱,一切都要和别人共享。"

在很多人看来,穷人没时间和精力参与政治变革。从字面上来看,这种说法似乎有理有据。它也许和之前加布里埃尔的评述有相似之处,即必须整天工作的人要上大学是很困难的。那么,我们是怎样建立宗教和宇宙学的呢?诚然,历史上无权无钱的人们已经多次证明他们有足够多的意愿和能力去寻求这些抽象问题的答案。而且我们也需认识到宗教的作用远不止安抚麻痹受压迫者,宗教也为关于社会变革的哲学辩论和道德指导提供了充足依据。而在有记载的历史中,绝大多数人都需忍受令人生厌的生活条件。

那么运动又扮演着怎样的角色?至少男人们都对体育赛事、运动员和队伍抱有狂热之心。此外,人们详细地关注体育所表现出来的高度复杂的策略、历史、人物关系和政治领导的种种细枝末节,从国立大学队的足球比赛到社区里的篮球混战。关注此类体育活动所必需的知识和说辞证明工人阶级并非普遍没有精力和能力理解应对任何形式的,或简或繁的抽象问题和精神挑战,也说明那些以体力劳动为生的人并非只擅长非理性判断和不切实际的设想。

与其安静地屈服于关于宗教的和革命的意识形态都需要同样的非理性的信念的飞跃这些指控,这些意识形态实际代表着对于生存紧急状况的不合理回应,倒不如我们尝试探索理念和行动之间的联系,去探究如此信念对于赤贫的人们究竟有何价值(参见 Lancaster 1988)。而在宗教信仰方面,格林厄姆·格林(Graham Greene)1940 年曾在著名的《权力与荣耀》(*The Power and the Glory*,一部关于喜欢威士忌的神父和墨西哥后革命时期反对天主教的压迫的小说)中写道:

> 是这个世界让基督为之欣然赴死。你的所见、所闻中针对你的流言恶语只会让死亡闪烁着荣耀的光辉。我们可以轻易为善和美、为家庭、子女甚至文明而拥抱死亡,而若是为了三心二意或腐化堕落而慷慨赴死——只有上帝愿意。([1940]1962,131)

我喜欢同圣多明各当地及周边居民交流信仰话题以及天主教在生存问题中扮演的角色。丹尼尔·恩里克斯(Daniel Enríquez)就社会变革同基督教社区的宗教气质之间的精神纽带表达了自己的看法。他同我谈起了他认识的一位信仰解放神学的神父：

"我认识这位神父，但记不得他的名字了。他所在的教堂名叫'宣告'，过去只是一个用石头和石棉屋顶垒起来的小教堂，简陋得很。他热切地想要同年轻人交流。一次，他看到一小帮年轻人坐在一起喝啤酒，便对他们说：'别这样做。'我对他的发言产生了兴趣。"

"你没和那些喝醉的年轻人在一起？"我问丹尼尔。

"没有。我从不酗酒。酗酒的是他看到的那群人。我很欣赏那个场景。因为事实上，在我们墨西哥你看不到总是为变化忧虑的人。这是个悲伤的事实，这就是现状。"

当然，墨西哥的部分人要比其他人更担心变化的到来。在圣多明各，将自身同特定种类的变革联系起来是一种文化印记。例如，当地居民声称自己位于1971年的侵略者之列。这是关乎政治声誉的问题，也是建立自身的斗争形象和贫困背景的手段。这些可以通过引述特殊的生存策略来实现，而其中最令人印象深刻的是那些成功解决了社会问题而不仅仅是个人问题的策略。如果你是在侵略结束后才到达圣多明各，你极有可能是付出了一定代价才换来一席之地，而最早的定居者则鸠占鹊巢。将观点归于这种文化资本展示了圣多明各住民中反向势利主义的一种形式。

然而，并非每个人都希望引述个人的生存历史。因此有些人在讨论当地的殖民化进程时对"侵略"一词的使用显得十分谨慎。还有部分人极力避免将自身的占领行为形容为"侵略"。1992年10月的一个晚上，在一次社区大会上，一个男人站起来说起了"侵略前"的土地所有权问题，之后又立即改口称："我的意思是，在我们获得这片土地之前。"

生存本身并不是对活跃或不活跃作解释。其本意是指导致行动或无动于衷的物质压力。每当谈及生存策略，我们总不可避免地提到大众政治和那些"只是在努力求生存"的人身上的政治差异。重要的是，不可低估像圣多明各居民们一样的群众克服紧要问题甚至需求的能力。换句话说，我们不应低估当地部分群众有时将肩负的生存压力同塑造了他们的物质与精神生活的较大因素联系起来的能力。

人权与大男子主义

来自基督教基地社区的丹尼尔·恩里克斯在我们谈论信仰、生存和天主教时想要向我澄清一些事情："我们认识到其他国家的需求同我们的并不相同，"他解释道。"为什么？因为我们墨西哥基本上没有战乱，谢天谢地。危地马拉有游击队，尼加拉瓜也有游击队。都有问题和饥饿。如果当地人民不想参与战事，他们就逃离故乡来到这里。我们帮助他们，支持他们。这是一种重要的变化，因为问题不再是：'哦，那是别的国家，关我们什么事？'这是关于人类的事情，因为我们从他们身上看到了自身的影子，谁知道什么时候我们也许就成了他们。"

"教会给中美洲提供了不少帮助。就在不久前，里戈韦塔·门楚（Rigoberta Menchú）来过教会。那是一次绝妙的体验。这就是教会拥有重要地位的原因。教会善待人们，与人们同在。牧师们在其他专业人士的帮助下来发表有关人权的演说。教会里有专门的人权小组，因为当地有不少这方面的问题。警察会来，会打人，进行搜查。但是现在我们知道了如何保护自己，什么属于我们，什么不应发生。"

"这是人们互相帮助的一种方式，不仅限于物质层面上的帮助，更多的是一种人文关怀。"

诺贝尔得主里戈韦塔·门楚曾在佩德雷加尔地区以及拉丁美洲其他的一些地方活跃过几年。自大卫·斯托尔（David Stoll）于 1999 年撰文批评她之后，便一直存在诸多有关她 1984 年发表的自传的争议，而上述情况无疑对此起到了火上浇油的作用。① 在 1992 年于特普卡里大神庙(Templo Mayor,在墨西哥城的历史中心,距离 Zócalo 一个街区的地方)举办的一场庆典上,门楚将她的诺贝尔和平奖奖牌交予"墨西哥人民"保管。接着卡洛斯·萨利纳斯·德戈塔里总统接过了奖牌,并同意"直到危地马拉境况有所改观的那一天前"代为保管,还不知为何又补了几句有关所谓"印第安人的神圣权利"的陈词滥调。② 我们通过电视观看了那场庆典,安吉拉的一个女儿告诉我说她将她母亲视作圣多明各的里戈韦塔·门楚。虽然门楚是名印第安人,不是哪个混血儿都能拿来和她比较的,但安吉拉的女儿仍认为她的母亲像门楚一样讲话铿锵有力,能为社区的利益发声。

人们理解和应对变革的方式多多少少受到公众对变革的种种动力和阻力看法的左右。在墨西哥城,务农者遭受不公的待遇是家常便饭。1993 年,丹尼尔·恩里克斯在一次有关他住在瓜纳华托(Guanajuato)的家人的谈话中告诉我说:

"在瓜纳华托,人们都十分专心于他们地里的劳动,很少关注学习、教育,也不会想到离开田地找一份正式工作,比如说去工厂打工,在办公室里工作等等。为什么到现在还是这样?因为在瓜纳华托,民众仍过着农村式的生活,没想过要向前走,走出去。他们的想法是:'这里是我父母劳作过的地方,也是我继续生活的地方,更是我的孩子们将要居住的地方。'他们从没考虑过作出改变。"③

丹尼尔对教堂的迷恋在其他人眼中是一种保守的传统主义的证据,也是他乐于将他的基督教社区同主流天主教等级制度作比较的原因。

---

① Warren(2001),Rus(1999),Lancaster(1999)就门楚受到的批评有更多记录。
② 我们可以看到,个人同国家的生存政策之间存在着联系。如第五章中所述,九十年代中期和末期,圣多明各居民普遍认为,过去墨西哥精英们不受美国影响独立执行外交政策,而如今情况大不相同。自接过诺奖奖牌以来,萨利纳斯就一直遭受媒体和民众的冷嘲热讽。许多人曾被墨西哥总统保卫印第安人权利的举动所愚弄,当时也适时地醒悟了。
③ 更多对乡下农夫的观点详见 Gutmann(1996,59-64)。

虽然两者都是信仰意义上的界定,但丹尼尔说,前者中的"信仰"表示学习、引起某种意识和影响变革的可能性。而后者与之相反,将信仰置于来世,迫使人承受此生的命运,静候美好来世的到来。

丹尼尔·恩里克斯十分注重人们的思考以及理念与行动间的联系。一次,他和我谈起了育儿之道以及父母在其中分别扮演的角色,谈话间他提出了一种普遍的看法,即男人们经常认为给家庭提供足够的经济支持是他们全部的职责。因此,一旦女人们抱怨男人挣的钱不够养活一家老小,男人们通常会选择借酒消愁。

"在嗜酒方面女人没法和男人相提并论,这也是上帝的旨意。女人们总是抱怨钱不够用,而酒则是男人们的麻醉药。这是一种愚蠢的行为。而其原因是大男子主义仍旧盛行。但这并不是生理上的大男子主义,而是心理上的。"

我们可以说,在他眼中,这种家庭里的男人和女人都有某种特定的能动作用。当然,丹尼尔不会用这个词来形容。当然了,简单来说,即使在最艰困的条件下,每个男人和女人仍有做决定的机会,他们仍有选择的余地,对丹尼尔来说这并不同于让他承认人民总是会很好地利用机会做出选择。很明显,他相信,基督教社区所发动的态度和观点之争极其重要,面对传统思想,其推动了进步变革,践行反对当前保守变革的道路。

抗议、示威与占领

1994年至1995年间的墨西哥经济危机过后,数个团体发起活动抗议紧缩政策,这在圣多明各掀起了一场有关"示威与占领"的热烈讨论。社区民众对于示威活动阻断市区交通的看法,更多地是由其普遍的政治同情心而决定,而并非这些事情本身给他们带来多大的不便。无论被视作眼中钉抑或必要的麻烦,这些政治活动无疑是穷人们改变社会政策的唯一手段。或者更准确地说，示威和占据活动也是他们为数不多的可以进行公开街头抗议方案之一。就其本身而言，用苏珊·艾克斯坦（Susan Eckstein）的说法，这种街头政治是抵抗政治的典型，而抵抗其本身就是目的（1989a,11）。

很明显，示威、静坐和其他占领活动并非始于 1994 年。事实上，这些抗议活动也是圣多明各最初的侵略过后当地历史的重要组成部分。1992 年我参加了一次圣多明各占领活动领导者的聚会。会上讨论的话题是如何帮助没有财富的居民获得土地的所有权，过上"正常的生活"。一位女士建议向卡洛斯总统发一封公开信。坐在她旁边的一位男士表示他们应该尽可能把公开信发表在《消息报》和《至上报》等报纸上。另一位女士提醒道，卡洛斯肯定会对这封信视若无物（她提起这位共和国总统是流露出一丝嘲弄的意味），而就在前一年，他们曾占领宪法广场，进行了一场示威活动。她坚称这种形式的抗议才能引起那些高层人士的注意。除了其他方面外，这位女士的言论证实了公开"抵抗"的重要性和对抗议活动进行界定的困难度。在这样一场不向任何人公开同时也不像女人八卦一样的私密谈话中，圣多明各居民们比很多抵抗理论者更容易从私下抵抗转向公开斗争。从 1971 年 9 月圣多明各遭受入侵起，当地居民聚集在石堆旁讨论对抗市政当局的方法以及如何抵制警察入侵他们的临时居所，同时，区分隐秘的抵抗行为和公开的对抗政策也变得愈发困难。

1997 年一月，我重访了圣多明各。前一年的十一月份，安吉拉去世了，胡安和赫克托开车带我去她位于城北的墓地。① 我们尝试驾车驶过城区，好尽快抵达目的地，却很快因交通堵塞被困在了市中心以南几公里外的地方。堵车的原因不明，我们被困在车流中，胡安和赫克托开始将这一切归罪于种种抗议、示威和占领活动。赫克托从后座附过身和我

---

① 安吉拉的骨灰盒后来被挪去了圣多米尼哥附近的一处墓穴，方便亲友祭拜。

交谈,他列举了可能参与示威的人群——学生、农夫、工人还有其他一些好惹麻烦的人。他说,示威毫无作用,只会造成混乱,惹人生厌。握着方向盘的胡安补充说,想要了解这样的抗议活动有多么浪费精力,只要看电视新闻就可以了。新闻主播不是说堵在城区里的车辆大大加重了冬季的空气污染吗?电视上说的已经够明白了。他深信媒体对这些与大众脱节的抗议者的评价是准确公正的。

圣多明各的居民对于抗议、示威与占领活动评价不一,甚至他们与这些活动各种各样的实际关系,都是政治过程以及抗争的重要部分。马克·阿贝勒(Marc Abélès)曾写道,政治会议和街头示威是社会中的主要仪式。街头示威者们高喊口号,挥舞标语,利用种种"对抗的象征物"高声叫喊,激烈诘问,汇聚成一股"暴力的暗流"。这些仪式行为会使得政治生活发生更加激烈的转变(1997,324)。对像胡安和赫克托这样的示威抗议反对者来说,这些抗议行为给他们提供了发泄愤恨的对象。而抗议者们本身对他们行为重要性的理解无疑也各不相同。对有些人来说,参与这些活动是他们眼中唯一的选项。而在其他人看来,即使是更为激烈的抗议,和身为抗议的对象其所制定的政策相比,有时也不占上风。

此外,虽然看上去很奇怪,但抗议也不总是意味着真正反对争议的对象。抗议同样也可以仪式化,可以成为合法化现状的工具。大卫·科兹(David Kertzer)曾对马克西·格鲁克曼(Max Gluckman,1960)的有关抵抗仪式的著名讨论进行解释,他表示:"尽管他们明显意图削弱当局的权威,但这些仪式行为可能起到加剧现有的权力不公现象的作用……人们能够释放他们因为在社会中处于从属地位而自然产生的愤恨,通过这种释放,让整个社会系统继续运行。(1988,54-55)"科兹又提到:"仪式可以成为抵抗和反叛的基础。的确,缺乏阶级分明的政治组织与军事力量低下是相关联的。(168)"[①]斯坦利·布兰德斯(Stanley Brandes)在

[①] 详见 Kertzer(1988)和 Gluckman(1960)。

其1998年发表的一篇评论中写道,"抗议运动事实上抵抗现存的社会关系,使得社会关系低迷。然而,抵抗或抗议运动都基本不是单方面能清楚描绘出来的,以至于它表现的都是一些单纯政治行为,这些政治行为彻底缺乏重要的对抗性动力和效果"。[①] 此外,某一理论认为被压迫人民可以将抵抗的隐蔽形式变成所有重大的当代斗争的总和,但是当这种情况出现时,这一理论却无法识别出反例。从这一方面,迈克尔·卡尼指出,抵抗理论看不出来那些可能会形成大规模反对的裂隙(1996,157)。

在圣多明各的许多朋友都受到抗议和示威运动的鼓舞,他们受压抑的感情是支持抗议活动的重要原因,在他们看来,能够通过这些行为更好地看清自己同那些似乎毫无交集的人有多少共同之处。我的很多朋友都谈及了跨越阶级、种族和政治倾向的所激起的类似情感——一些人可能将其称为"跨阶级联盟"——不论他们是否支持特定的示威活动,或支持某一特定抗议者群体的诉求。社区积极分子菲力女士是九十年代债务人运动的众多支持者之一。这场运动是1994年至1995年经济危机过后墨西哥人民的广泛遭遇的写照,表明来自不同社会阶层的人可以共享重要的经验和目标。那之后,诸如恰帕斯起义等事件将不同社会背景的人聚集在一起,而依据则是他们对墨西哥造反运动萨帕塔民族解放军(EZLN)的政治观点。

几个朋友认为,至少萨帕塔人1994年揭竿而起时,他们是在努力做着某些抗议(抵制自贸协定的实施)的。因此,恰帕斯起义三年后,在1997年的新年那一天,我同加比和邻居卢西亚诺进行了一次关于萨帕塔主义和自贸协定的谈话。他们俩都试图让我去录制一个嘲弄自贸协定的喜剧表演。我试图向他俩解释:比起喜剧情节,美国人民更关心当地人民对自贸协定、墨西哥的北美化和萨帕塔民族解放军等事件的

[①] 有关政治抵抗的更多探讨详见Comaroff(1999)。

看法。

加比讲起了从十六世纪早期西班牙占领期到二十世纪早期的墨西哥历史，以及这些历史同墨西哥人民之间的关系，借以将政治斗争同外来势力对当地人民的侵略联系起来。此外，他还宣称"México"一词本身就反映了印第安人民作为被殖民者遭受的压迫，因为它起源于西班牙人。他们抵达此地后反复对当地墨西哥人（阿兹特克人）喊道："Mexica，¡no！Mexica，¡no！（墨西哥人，不！）"这种否定经缩略后最终成了"México"。因此，墨西哥五百年的历史忽略了加比所认为的与祖先土地联系最紧密的阿兹特克人们的前西班牙民族身份。

若干年后，1999年八月，菲力女士向我描述了一副远景——将受压迫的不同人民团结在一起，用行动改善自身的境况。菲力告诉我，需要从萨帕塔人身上吸取教训：

"出小事时，人们聚集在一起；出大事时，人们团结在一起。有时候即使你散发出五千分传单，民众也不会团结起来。但如果是自然而然的情况，人们便会聚集。萨帕塔主义兴起时，人们给予了支持。这非常好！组织者是期待支持的。"

"那是什么时候的事？"我问。

"1999年3月21日。"菲力告诉我。

1999年3月，整个墨西哥的各种社会和学术组织的代表接触了萨帕塔主义。萨帕特主义者们见了全墨西哥各种各样的社会组织和学术组织的代表们。在墨西哥城，萨帕塔人同学术中心的人类学家们会了面，见了宪法广场的行人，又见了成千上万像圣多明各一样的平民区的人民。回忆起萨帕特主义者们来到圣多明各，菲力继续说：

"他们得到的反响很令人满意。萨帕塔人得到了许多人的支持。他们遍访各地，所到之处均受到人民的欢迎。甚至还有一名来自国王社区（Los Reyes），有些微醉的年轻人对他们说：'哦，你们是萨帕塔。'然后他们清晰而亲切地回复他：'是的'。我还以为他们行事粗鲁无礼，但实际上他们非常亲切。'哦，好吧，我想让你们去我家。你们可以住在我那。你们需要什么？'然后他们告诉这个喝醉的年轻人：'不了，谢谢。我们其实想和同胞们在一起。'我们甚至排起长队，不为朝拜基督，只为见一见萨帕塔。"

意识与文化共谋

史蒂夫·斯特恩（Steve Stern）曾撰文描述了存在于拉丁美洲的"外来遇上本地"悖论。他在文中表示，民众的抵抗和生存策略"未能化解有关利益和价值的冲突，也没能战胜底层的生存策略"（1998a，49）。斯特恩的主要观点之一在于抵抗理论无力为"底层可能在某种程度上做了殖民力量的共谋"这一说法提供解释。

谈到这些意识和共谋问题，就不得不提起动机和意图问题。抛开进化心理学和认识语言学讨论不谈，我们完全能说人们有能力表达意思并将其输入自身行为与他人行为中是不言自明的，尽管程度不一，在某些特定时刻会更强烈。无论对于意义的阐释和行为的解释的路径有多么碎片化、片面化以及程序化，上述观点都是正确的。民族志会因其作者的个性而被区分，我们希望这能带来喜悦，如同其带来悲伤。

学者们是否能洞悉他人的意图和动机，对此存在着激烈争论，笔者并没有过分简化此争论，但笔者相信自己在圣多明各的大部分邻居和熟识都声称理解他人的看法。他们认为，至少有时能理解他人行为的理由。而民族志学在某种程度上来说就是这种洞察力的记录。

在了解人们的所思所感所行方面，虽然可以求助精神分析学家，可是民族志学者们还是受制于他们自身的倾听、感受和分析能力。[1] 最近对能动作用的关注不仅源于对马克思主义虚假意识评价过分简单化所

---

[1] Chodorow（1999）曾就精神分析学和人类学的关系从方法学角度进行了探讨。

带来的反冲力和对社会主义的进一步非法化,同时从更积极的角度来看,还源自许多社会理论家们期望理解并说明非精英群体的种种有意的主观性的行为,包括抵抗理论在内。赫兹菲尔德写道(1997,23),诀窍在于不采取过于激动的方式评价政治上的成功者或弱势方。

有一次,赫克托带我去拜访一位邻居。他敲门后,一位大约十五岁的姑娘出来应门。那是一间潮湿肮脏的小屋。我们的双眼习惯了周边的黑暗后,我们进一步深入房间,还跨过了摆放在地板上的一张床垫上的一个孩子。那是一间寒酸的屋子。我们在床垫旁站住,几个小孩子突然从另一个房间出现,看上去都不超过三四岁。我想到许多年前也曾置身于如此诡异的场景,在阿肯色州奥索卡(Ozarks),不禁开始微微发抖。那时我迫切地想要验证"逍遥骑士"的故事,于是我决定春假期间搭便车从芝加哥出发穿越美国南方腹地。行至奥索卡山脉地带,我被一场暴雨困住,一群小孩看我在街上淋雨,便邀请我进到他们那只有一个屋子的房间避雨。走进房间后,我震惊地看到一个明显得了紧张症的女人正坐在角落里的一张椅子上慢慢地摇晃。更令我困惑的是,那群孩子似乎对这个女人的存在视若无物,而女人也完全无视他们。圣多明各的这间屋子让我想起了在奥索卡的经历。为了使对比更富冲击力,赫克托告诉我说生活在这里的孩子都没有大人看护,因为他们的父母都已去世,也没有其他的亲戚照顾。

许多年前,卡尔·马克思在《路易·波拿巴的雾月十八日》中写下了著名的一句话:"法国的广大群众通过同样量级的简单相加塑造而成,就像土豆堆中的土豆形成土豆堆一样。"现在我不想说这两间房间(一间在墨西哥城,一间在奥索卡)中的孩子毫无自我意识。但我同样也不愿将伟大的智慧来源同那些物质上和精神上的贫瘠者画上等号。抵抗理论展现出一种深刻的浪漫主义色彩,认为洞察力自然而然地产生在那些穷人身上。与之类似,例如,也有人相信这些孩子因为经历了磨难,所以私下形成了洞悉生存境况的独特洞察力,这和抵抗理论家们所希望的极其相似,他们将动机更多归结于贫穷状况,而这是超越理性范围的。我认为,两个案例中孩子们的孤立作为主要因素,限制了他们对现状的认识以及对改变生活的途径获取。用最乐观的方式解读马克思的土豆比喻,我认为他想让我们思考的是孤立和意识之间的关系。

与之相较,加比深信,有来有回的街头辩论是更好地理解文化限制的局限及其本质的唯一途径。他也确信他的朋友、家人和顾客中的大多数人都认为他有点疯。有时候他周日也继续工作,别人会对他指指点点,而他则喜欢用挑衅的语气说:"周日对你们有什么特殊含义吗?"在加比看来,争论神学、政治和文化观点能使人神清气爽。当然,他不是唯一一个这么想的人。一次,诺玛告诉我不要把衣服晾在她家的楼下,最好挂到楼顶上去——她想让其他人看到一个男人做这些事的身影。她想要扭转一些邻居(尤其是男邻居)的思想,改变他们对家庭分工的看法。事情虽小,日常生活中的琐碎细节中却隐藏着理解矛盾意识和顺从抵抗的关键。例如,通过追踪观察圣多明各人民的主观理解和情感表达,探究变革的因果链,我们能够更好地理解理念和社会关系的变化历程。通过对家庭内部和邻里间的大小事件进行记录分析,我们能够探索民众思想的改变同行为和实践变化间的联系。尤其是通过细致地探索信仰和行为,我们能够根据人们从外表和内在改变的相对效力,来更好地把握他们的情绪。

不现实的抱负和政治幻想需要被赋予足够的重要性,才能解释抵抗性推动力和人民内部的实践活动。而政治幽默最能反映不协调的倾向。1998年的一天,我同一群学者开完会同乘公交回去。我感到墨西哥和哥伦比亚之间存在着一种相似性,却没法说清。接着,公交车突然毫无预兆地停在了高速路上,我们被告知公路关闭了,我们得绕行山路。一名活动组织者起身解释路线变动,并补充说道:"我们要通过一块游击队较多的地区。如果他们把我们拦下来,我们可以给他们一个鬼佬(车上算上我共有两名外国人)。我想他们这样就会让我们通过了。"车上有人开始捂着嘴笑,我终于意识到哥伦比亚式幽默和墨西哥的一样吸引我。这种幽默并非仅是一种应对困境的态度,更提供了一种社会批评机制,指出应对社会问题的方法。

发生在圣多明各街头上和家庭中的政治讨论,以及哥伦比亚巴士上发生的事件,在这一点上都不仅仅是一种更为广泛的社会争论的反映。它们是争论。至少它们中某一重要部分,有时比所公认的更擅长改变人们的思想和行为。将抵抗过度浪漫化的幻想,如同将大众谈论贬低为一种关于经济变革和精英政治决定的副现象领域,都应当对过度轻视此争议负有责任。住在圣多明各的几位友人有时会半开玩笑地说:"我喝酒,因为我是墨西哥人,""我打架,因为我生在特比多,""我打过我老婆,因为我生在一个大男子主义文化里,我不也是我所处的文化的产物吗?"解读这些言论时必须谨慎,因为这些人所做的不仅仅是复制老生常谈的文化产物或为自己的行径开脱;有时他们也会借助过去的理念,以不那么微妙的方式改变当下。①

墨西哥城罪恶横行

我曾于 1995 年 12 月和 1996 年 12 月两次造访圣多明各。在这期间,我发现了一种戏剧性的改变:无论何时运货卡车都会停在马塞洛的小商铺门前收集货物包装盒,司机都会从车的一侧跳下来,而另一侧则是一名身着防弹衣佩带手枪的保镖。司机工作的时候,保镖会环视四周,监视着街上的动静。这在 1992—1993 年间是不曾有过的事情。我问马塞洛和其他一些在街上开店的朋友,当地的帮派是否会来打劫他们。他们回答说,其他街区的帮派和不认识的年轻人才是真正的威胁。

---

① 纳粹主义的兴起是讨论的热点话题,而大众改变历史进程的能力也是墨西哥城中争议的焦点话题。两者间存在共通之处。Eric Wolf 曾表示,他检验国家社会主义的起源的目的是"展示某些观念同特殊社会、政治和经济安排间的联系"。

很明显,该地区的帮派成员会跑到别处洗劫周边的贫穷街区,而其他地区的帮派成员也在做同样的事。

  大约是1997年,我不再在墨西哥城的街上打出租车了。我从没遇到过麻烦,但很多朋友都告诉我说他们曾经出过事并强烈警告我不要以身试险。一些正规的的士仍是安全的,但基于这一点,这些的士的收费是其他车的两三倍之多。而那些无照经营的出租车司机据说有时会和后上车的同伙一道打劫乘客。①

  九十年代末期,虽然圣多明各的许多居民称一种无力感正笼罩着他们,而很多人将这种无力感归咎于不断上升的犯罪率或者至少是首都不断上升的犯罪率,但我认为这种情感所揭示的远不止居民们面对大肆破坏、行凶抢劫和贪污腐化所产生的反射式回应。在这个阶段,厨房餐桌上和路边小摊上进行的相关讨论焦点都集中于他们自身对犯罪事件的控制力。但这些讨论也反映出我的朋友们所认为的他们对掌控生活中的大小事件的能力。对话总是为了得到一个关于犯罪是否真的像媒体所说的那样处于上升趋势的真实评估。但一切远没有这么简单。因为不论讨论结果如何,控制事态的需求总是存在的,保护自身和亲朋好友不受洗劫和袭击的需求也是存在的。当然,对部分人来说,他们也还要去洗劫和袭击他人。②

  至于说犯罪问题的激增是否肇始于1994—1995年的比索危机,毫无疑问,这场危机过后,联邦区的大街小巷里都有警察的身影了。尤其是在商业区(旅游性和非旅游性的都有)、富人区,到处都能看到警察,他们可能步行,可能骑马,甚至可能骑自行车(比如在科约阿坎[Coyoacán])。在主要的交通干道上,因为乱收费而臭名昭彰的交警也是无处不在。③

  电视节目通常将暴力问题同毒品交易联系起来。在1997年的一则

---

① 详见Hellman(2000)的描述。
② Lomnitz(2000)对此有更深入的描述。
③ 九十年代末,越来越多的女性成为交警,表面上是因为她们不太倾向于向司机索贿。

图 10　圣多明各和墨西哥的各大城市中，随处可见插在墙头的玻璃碎片。

公共通告中播出了一组反麻醉剂游行的画面，旁白说道："全民抵制毒品。"（就我所知，我的朋友和邻居中没有一人参与墨西哥猖獗的毒品贸易）。同年，我陪一位年长的邻居去阿斯卡波察尔科（Azcapotzalco）的工业区拜访他的妹妹。我问他为什么要随身带着一本圣经，他说："我们到了你就知道了。"我们抵达了他妹妹的住处，他取下圣经上的橡皮筋，翻开书，从里面的切槽中取出一把枪交给他妹妹。她所住的街区近期并不太平，他告诉我说，于是他就把这把传家宝交给了她。周围的毒贩、瘾君子、帮派、甚至仅仅是陌生人都让她惶恐不安。我和邻居并不清楚 1997 年墨西哥首都以及他妹妹所在社区的暴力犯罪是否比早先更为盛行，但他似乎也并不关心，毕竟 1990 年代末期恐惧的气氛已经笼罩墨西哥数年之久。

　　武装袭击带来的真正威胁不容小觑。官方公布的犯罪数据显示，2001 年墨西哥的枪杀案件发生率已居世界前位。那一年中每十万人中就有10人曾持枪杀人,而同年美国的数据则是6.3人。因此,墨西哥的枪击案件发生率仅低于哥伦比亚、南非和巴西(参见 Weiner and Thompson 2001)。而二十世纪九十年代时我在圣多明各的大多数地区都感到十分安全,甚至好于美国的任何大型城市。

除了对出租车司机的恐惧日益增长,全副武装保护汽水运输的卡车保镖和随处可见的警察也同样令人瞩目。值得一提的是,我的几位朋友九十年代也曾做过保镖,其中一位女士的丈夫还打算自立门户进军安保行业。也有人因为自己在自贸协定带来的解雇大潮中丢了饭碗而怨声载道,而现在他们唯一能做的工作就是"保卫有钱人的财产"。

我同基督教社区的丹尼尔·恩里克斯进行了一次谈话,想要更多地了解犯罪和随之而来的恐惧心理。他坚称这些犯罪事件并不是大家认为的新鲜事物,这种无助的感觉另有来源。"1979年,圣多明各到处都还是未开发的山头,那时候就已经是罪恶横行了。我尤其记得一群穷困潦倒的格雷罗居民,他们无恶不作,我只得赶快逃离。曾经有一段时间,七点以后,天一黑,街上就看不到人了,大家都害怕被袭击。"事实上,从那时起,(包括九十年代)犯罪行为已不再是圣多明各居民日常生活的主题了。

丹尼尔又说,当然了,只要民众缺乏必要的生存资源,就会产生偷盗和其他犯罪行为。贫穷的人会有持续的问题,而这会导致持续的犯罪。我向他讲述了1989年三月的一起事件,那时我带着外国人的"天真"走在街上,来到了特比多的一处赃物市场。那是五十年代的时候杰西·桑切斯(Jesús Sánchez)的一个儿子长期贩卖走私货物的地方。在我的想象中,特比多的贫困现象让我想要探索一番,但我的这种幻想很快被打破了——一名男子用碎冰锥指着我,他的同伴从背后抓住了我。幸运的是他们都不是年轻人,我设法逃了出来,毫发无损,只需为自己的鲁莽感到惭愧。我试图寻找除了单纯的犯罪率上升之外的造成九十年代恐惧气氛的原因,但这无法否定那些真实存在的对于人身和财产的威胁。我单纯地想将这些孤立和沮丧的感觉同其他一些当代政治事件联系起来。

就像所有大都市地区一样,墨西哥的犯罪和暴力也被深深地编入都市传说中。那次特比多"探险"的十年后,1999年7月末,我对圣多明各的一位邻居提起我要和几个人一起去布宜诺斯艾利斯,他们需要零件修理他们的车。他对我说:"马特奥,你去那的确能搞到便宜的零件,但我告诉你,那边不会比特比多好多少(会很危险)"。关于布宜诺斯艾利斯的都市传说充满了抢劫、枪击和谋杀元素。的确,枪支似乎同布宜诺斯艾利斯有深厚的渊源。他的确言中了,那一天我同几个同行者遭遇了我所经历过的最为恶劣的潜在暴力事件。

我和佩德罗把加比和哈维尔送到了拆车厂,然后我俩在附近寻找停车的地方。我们行驶在一条单行道上,迎面而来的一辆车把我们逼停(我们走的是正确的方向)。在尴尬的一分钟后,那辆车开始倒退,让我们离开。佩德罗发觉他认识开车的那个人并向他打招呼。原来那个人是圣多明各的一名臭名昭著的小贼。他和坐在后座的两名团伙很明显是来这里出售赃物零件的。就在前一年他还曾被拘捕过,蹲了六个月监狱。佩德罗告诉我,这个人宣称要金盆洗手,但还是因为不习惯包里没钱而很快重操旧业。佩德罗笑着说当时他手里肯定有枪。

然而,抛开历史不说,至少在口述里,"一股新的犯罪浪潮"出现于九十年代末的墨西哥城社区。而现在犯罪行为似乎已不仅局限于几个著名的犯罪高发区域。(在圣多明各,例如,很容易找到愿意证明农村地区的墨西哥人崇尚暴力这一特点的人们,据报道这些墨西哥人"睡在武器堆之上"①)。然而,虽然很多圣多明各的居民在九十年代常常讲述从认识的人或者朋友的朋友那听来的抢劫故事,但事实上我认识的平民区居民经历过的真正袭击事件仅有寥寥数起。此外,比起美国的贫民区,

---

① Greenberg(1989)对瓦哈卡州农村的暴力现象进行过大量的民族志式检验(ethnographic examination)。

2000年墨西哥平民区的抢劫案件中枪击相对少一些。当然了,我深入研究的更多还是美国的工人阶级和中产阶级地区而不是墨西哥的类似区域。

同这一阶段内蔓延的无助情绪相比,抢劫和袭击是否始于二十世纪九十年代(末期)以及其增长的程度相对而言并不那么重要。此外,毫无成效的选举给民众带来沮丧感,全国范围内有组织的社会运动不断退热,1994—1995年的经济危机也导致购买力急剧下降,这都给了圣多明各居民们足够的理由为他们的未来感到担忧。不再相信外部力量(不论宗教的还是政府的力量)能够并且愿意对个人进行干预,这是一种非常可怕的状态。但如果相当一部分人通过拼搏过上好日子后却突然感到失去了自我依赖和主观能动性,绝望以及碎片化的问题解决方案就很容易生根发芽。

抵抗仪式有规律地在圣多明各和世界上的其他贫困地区上演着。在我大部分平民区的朋友看来,如果隐蔽性抵抗在这里十分普遍,其主要原因并不在于人们知道得太多而不愿尝试其他方式,或者太过聪明而不愿采取更加剧烈的变革形式。就像不主动不等同于被动,抵抗运动也不会自动代表一种有组织的斗争所采取的正确手段。墨西哥城内并没有出现穷人和富人的武力对峙,因为其他一些原因,穷人和富人都没有达到阶级同质性。当然,就像在圣多明各一样,墨西哥城平民区群众的争论和观点差异是他们奋力生存和抵抗的表现。但这些争论和观点差异还有更多的意义,因为它们是努力意识到压迫产生的原因和转变社会的方法的重要组成部分。即使是在后社会主义实用主义盛行以及对社会变革的期望减弱的今天,那些以工人阶级现实主义之名存在的将会削弱人们抱负并且伤害无产阶级民众生活的理论并不能带来太多好处。

第七章 恰帕斯与墨西哥血脉

> 哈,我知道了。这是种毫无休停的生活。
>
> 让·保罗·萨特(Jean-Paul Sartre)

有这样一种迷思:墨西哥的人口构成或是基于三大文化传统,抑或是基于一大主体种族,也有可能是基于以上两者的结合。孩子们在学校里被教授的三大传统文化指的是西班牙文化、印第文化和梅斯蒂索(Mestizo)文化;一大主体种族指的是梅斯蒂索人,即西班牙人与印第安人在经历几个世纪的族群间通婚之后,演化出的特有人种——墨西哥人。尽管这一常识颇具虚构色彩,实际情况却仍然是:今天生活在墨西哥的土著居民(至 2000 年时约一千万人,大概占总人口的百分之十)常常会被梅斯蒂索人忽视甚或轻视。正如研究墨西哥的人类学家们长久以来注意到的,尽管三大文化谱系都公认印第安人为自己的祖源,当前墨西哥族群文化的一大悖论却是:人们赞颂印第安文化历史的同时,对这一文化的现状却往往视而不见、避而不谈。就算存在所谓的梅斯蒂索人(混血种族),此种情况也无甚好转。现在这一"寰球适用的"新种族群体更变成了一把好用的保护伞:可以轻易隐藏墨西哥内部存在的族群文化差异,尤其可以掩盖那些躲在"国族—种族—民族"联合体背后的、制度性与偶现性的种族主义。

然而在二十世纪行将结束的最后几年,土著居民的身份、苦难以及诉求问题以惊人的速度和强度浮出水面,震撼了包括圣多明各平民区人在内的千百万墨西哥人。"萨帕塔起义"是引发这一局面的关键导火索：1994年1月1日,位于墨西哥南部的恰帕斯州,数以千计说玛雅语的男女老幼发动了武装起义。这一起义是多方势力集合、多项事件汇聚而成的产物。起义军希望藉此"向全国及全世界"声明,"人类尊严仍然存在,且存活于最穷苦的人们身上"("萨民解"1994,89)。在1994年叛乱之后的一次采访中,副总司令马科斯(Subcomandante Marcos)试图概括了萨帕塔人的大致阶级构成,以及这些最穷苦的人同墨西哥其他群体之间的关系。马科斯把墨西哥人分为三种：第一种是掌握权力的,第二种是渴望权力的,第三种则是那些无人问津死活的(参见 Collier 和 Quaratiello 1994,84)。作为"那些无人问津死活的"人们的代表,"萨民解"意在替全体墨西哥人争取民主、解放和公正。该运动明确声明,争取这些权利并非仅仅为了起义地区的人民,而是为了所有在墨西哥大地上生活着的人们。

1994年1月1日

在恰帕斯,"那些无人问津死活的"绝大多数是土著居民。1994年1月1日凌晨4点,数千土著居民发动了这次起义。几天后战斗结束,几十名索西人(Tzotzil)、特塞尔塔人(Tzeltal)、乔尔人(Chol)及托霍拉瓦尔人(Tojolabal)人丧生,千万人失去家园；与此同时,数千联邦军队进驻,来收复、平定叛乱群体和绞杀起义领袖。这次起义并不把夺权或进行持久的武装斗争作为长久目标；就短期目标而言,亦未预期能够战胜墨西哥政府军。然而,他们认为,只有通过斗争和牺牲,萨帕塔人才能让全世界知晓在墨西哥南部丛林里面鲜活存在着的人性尊严；只有通过斗争和牺牲,才能向外传达他们自己的声音,才能让人们认识到"墨西哥多种族、各族群和平共存"的传说只是个谎言;也只有通过斗争和牺牲,他们才能将自己关于社会、经济及政治大力变革的诉求强置于国家政治议程之上。藉由这次起义,墨西哥南部说玛雅语的印第安人,再明确不过地表达了他们与这苦难世界抗争的决心——在这一苦难世界里,穷苦的人们被灌输"既然生而穷苦,活着就需忍受"的观念。"那些无人问津死活的"现在打算自己掌控自己的命运了。

整个墨西哥,包括墨西哥城在内,都从头到尾跟进了恰帕斯事件,并就其意义展开了广泛讨论。叛乱初露端倪时,圣多明各平民区的很多人为叛乱者的胆量所震惊。震惊之余,人们对萨帕斯主义者表现出既貌视又畏惧的情绪;尤其一些生活在平民区的人,担心印第安人的这些举动会在全国范围内诱发针对穷人的恶性报复行动。也有少数人,例如加布里埃尔,则纯粹地为年轻玛雅人群体的表现感到欣喜和鼓舞:这些年轻人扛着木制仿来复枪,却把墨西哥城里的当权者吓得魂飞魄散。然而最初在平民区,人们对"萨民解"最常见的反应却是一种带着优越感的同情,甚或是不加思考地对叛乱进行谴责。

传媒报道里传言,是狂热的毛泽东主义激进分子(Maoist radicals)——"他们甚至连恰帕斯人都不是!"——在煽动原住民。这些传言在平民区大行其道。也有报道说是解放神学传道士(liberation theology)煽动了原住民。我的邻居对后一种报道持模棱两可态度:毕竟有那么多基层社区(comunidades de base)隶属于复活教会(iglesia de la resurreccion),很难将这些年轻的"穷人教堂(Church of the Poor)"的信众同精神错乱的狂热分子形象画上等号。而且,1968年时学生示威者挥舞地是切·格瓦拉和毛泽东的旗帜;恰帕斯起义则是以庞丘·维拉(Pancho Villa)和墨西哥革命中的著名英雄埃米利亚诺·萨帕塔(Emiliano Zapata)的名义发动的(参见 Stephen 2002)。即便是那些对恰帕斯起义充满不屑的人,也都约略承认:"萨民解"有权声称他们自己是维拉和萨帕塔革命传统名正言顺的继承人。

引发恰帕斯起义的是贫穷和种族主义。墨西哥城的人们,即使对南墨西哥知之甚少,即使对萨帕塔人充满恐惧,也很快知晓了恰帕斯人所处的困境。然而,贫穷和种族主义长久以来一直伴随着恰帕斯人的生活,这些苦难遭遇并不足以解释这场起义缘何会发生在彼时、彼地,我们还需要在苦难之外寻找更充分的解释。墨西哥政府设有一些基本的保障计划,可以帮助穷人们渡过困难时期。但那些新自由主义者们,却计划废除这些基本保障。这让将深受其影响的墨西哥城人及恰帕斯人益发感到无助。正如史蒂芬(Stephen)和柯里尔(Collier)所指出的:

> 对萨帕斯主义者而言,对墨西哥人而言,对处于我们这一全球化政治经济体中的所有人而言,我们面临的核心问题是:如何才能建构相应的政治和法律制度,以保护地方文化、地区文化及国民文化免于新自由主义带来的损失,哪怕仅仅是减轻一点这样的损失也好。恰帕斯、瓦哈卡(Oaxaca)以及墨西哥其他地区这些无助的人们,认为他们可以通过抗争改变自己日渐恶化的生活境地,这正说明"自治"于他们已成为一项关键——亦颇具争议——的概念。(1997,11)

很显然,萨帕斯起义选择1994年1月1日发动起义,是因为美国、加拿大和墨西哥签订的《北美自由贸易协定》恰在这一天生效。该协定对很多墨西哥人而言,绝对是新自由主义来势汹汹的一场示威。恰帕斯地区说玛雅语的族群一向生活在贫穷当中,但在《北美自由贸易协定》签订之前的五年,他们的生活状况却前所未有的糟糕:咖啡价格下降了65%,牧场面临危机,联邦政府补助金大幅削减。1992年,卡洛斯·萨利纳斯·德戈塔里成功修改了墨西哥宪法第27条——这让他掌握了终止土地改革方案的权力,从而为合法改造农村以发展综合农业企业铺平了道路。"土地共属于开垦者"的理念向来被认为是墨西哥革命的基石,萨利纳斯此举实际上是在全国范围内废除社区(ejido)共有财产体系,进而有效摧毁既有的土地所有权体系。萨帕斯起义军指出,在这种政治经济双重强击的背景之下,签订自由贸易协定无异于对恰帕斯的务农者们宣判了死刑。

咖啡价格下降、切断政府安全保障、更改宪法第27条、签订自由贸易协定以及危地马拉内战造成的大量难民涌入,这一系列事件的共同作用,使得越来越多的恰帕斯人移居到墨西哥其他地区,甚至移民美国。正是这些移民为萨帕斯起义点燃了导火索。这些也在一定程度上解释了为什么南墨西哥数以千计的土著务农者不愿再忍耐下去,而宁愿起来冒死一搏。[1]

1996年2月,在圣克里斯托瓦尔-德拉斯卡萨斯(San Cristóbal de las Casas),当"萨民解"与政府代表最终签订了《圣安德烈斯协议》(San Andrés Accords)时,墨西哥城的工人们都松了一口气。对这一冲突的和平解决,让很多人看到了希望,他们愿意相信,在恰帕斯地区坚持了两年多的小型武装冲突可以就此销声匿迹了。然而,这一愿望只得到了十分短暂的满足,因为赛迪略(Zedillo)总统随后拒绝兑现这一协议。我在圣多明各的很多友邻都再次感到了焦虑。虽然我在平民区的熟人们并没有密切跟进此后种种协商的起起伏伏,但"萨民解"持续不断地作为政治势力出现,让人们的不安也随之延续。就算在这一阶段一无所成,萨帕斯主义者确实让舆论持续地关注着墨西哥的种族主义和压迫问题,因为这些问题显然远远尚未解决。

在圣多明各平民区,我的朋友们虽无意参与武装起义,却开始收集

---

[1] 墨西哥同危地马拉间的"其他边界"问题,成为恰帕斯发动群众起义的一项关键要素。危地马拉战争通过萨帕塔对墨西哥大众政治产生了广泛影响。有一批英文刊出的研究关注了1994年起义及其后续发展。其中最值得推荐的有 Collier 和 Quaratiello(1994);Collier 和 Stephen(1997);Harvey(1998);Womack(1999);及 Stephen(2002)。墨西哥人用英文撰写的,对恰帕斯的简要分析,可参见 Arizpe(1996);Monsiváis(1997);Bartra(1999)。

起萨帕斯纪念品来:包括革命歌曲的卡带、贴纸、小册子、海报以及传单等等。1997年的新年,我跟加布里埃尔去了科约阿坎(Coyoacán)富人区的主广场。这片富人区距离韦韦钦街不远,搭小巴一会就到,但却是跟韦韦钦截然不同的另一个世界。加比听说恰帕斯起义三周年纪念活动要在这里举行,资助庆典的是科约阿坎的前萨帕塔成员,他表示将带着抗争精神参与纪念活动,以此来铭记萨帕斯人多年来的成就,更要以此来宣示人们在危难之中的团结一心。加比估计将会有相当规模的人群参与到这次活动中来。

参加集会的顶多有150个人。他们让人想起二十五年前的嬉皮士。我们在科约阿坎一共呆了四十五分钟——听了一连串难听的"萨民解"颂歌(由"萨民解"在首都的支持者们所作),和几首好听的写给孩子的歌(作曲者该是另有其人吧……),就决定离开。接着我们去了市中心最重要的广场索卡洛(Zócalo),但没有看到任何相关的纪念活动。之后再聊起这天,我惊讶地发现,那一天关于"萨民解"的纪念活动里面,科约阿坎居然算是最体面的一场。为什么没有更多人参与纪念活动?为什么出席者都像六十年代的老古董一样?在我看来,这是因为那些过时了的嬉皮士们在过去的二十年里鲜有机会聚在一起,可以互道一声 Feliz ano——"新年快乐"。加比则感觉是因为"萨民解"不再好战了,也就没办法得到那些杂种们(los chingados)的支持了。加比所说的杂种们,是指那些只对抗争感兴趣的穷人——他们以为抗争可以带来改变。我觉得这已经是他们在联邦地区最重要的庆祝活动了,因而开始同意加比的想法:"萨民解"的鼎盛时期已经过了。大概与此同时,社区活跃分子贝纳迪诺·拉莫斯(Bernardino Ramos)被选举为这一地区的官员。他对我说,到1999年,萨帕塔运动已经变成"众多问题中的一项"而已,"它算是重要的问题之一,但不是最主要的。而在之前的1994、1995、1996年,它都是最根本问题。"

在我的朋友里面,支持"萨民解"和副总司令马科斯的人数是无法估算的。一些人,像瓦尔弗雷(Valfre)——一位来自瓦哈卡(Oaxaca)说萨巴特克语(Zapotec)的木匠朋友,自起义的第一天开始,就不断地称赞萨帕塔,尤其是其副总司令马科斯。"马特奥你知道吗,马科斯会说四五种语言呢!他可以跟任何人聊天!而且他对土著居民无比了解。墨西哥已经很久很久没有出现这样一位革命领袖了。"另一些人,像生活在韦韦钦街上的茱莉亚(Julia),她是两个小男孩的妈妈,在最开始别人跟我讨论"萨民解"的时候,她表现地充满敌意。"他们是在挑衅,而且他们根本就不是真的印第安人",这是她在 1995 年时对我说的话。到 1999 年,在"墨国大"起义期间,茱莉亚对马科斯的评价开始好转,也愿意承认其他可能性的存在了:"好吧,马特奥,管他的呢。他们可能知道些我们不知道的事情,这个糟糕透顶的国家好像不会发生任何好转了。"1999 年夏天,我听到无数人谈论副总司令马科斯,人们认为他是公开支持墨国大罢课的。

1997 年 7 月,全国各地纷纷展开了选举活动。恰帕斯的"萨民解"拒绝参与投票,并致力于中止这一在他们看来是骗局的罪恶选举。在首都,首次通过选举产生墨西哥城市长,这吸引了大多数人的注意力;那一天,民主革命党领袖库奥特莫克·卡德纳斯将赢得选举。萨帕塔在墨西哥市这场选举中"有目的的缺席",实质上明确地传达了他们的政治立场——参与选举并不能实现对社会的改良。加布里埃尔的邻居坚称这种缺席政治无异于将胜利拱手让给革命制度党,加比则以萨帕塔运动的重要性作为回应:不投票与投票,都同样具有政治意义。然而,加布里埃尔们只是恰帕斯遥远的支持者。不管政治宣传如何吸引人,萨帕塔在 1997 年的这种缺席政治实则昭示了恰帕斯内部的分崩离析。

墨西哥政府非常清楚"萨民解"的影响力不仅存在于选举过程中,还十分广泛地存在于诸多关系墨西哥国家根本问题的事项里,关系到国家领土统一的理念和现实。正如路斯(Rus),赫尔南德兹(Hernández

Castillo)和马蒂阿斯(Mattiace)谈及起义意义时所写:

> 简而言之,不到三十年,恰帕斯土著社群经营了约一个世纪的经济基础已经被铲除了。为应对这种局面,土著居民突破了旧有的、精心管理的营队式劳动社群,尝试起新的谋生方式,甚至搬到新地方找寻新生活。然而更重要的是,当他们谈论这段历史的时候,强调的不是物质生活的变化,而是政治上自我意识和族群意识的觉醒——这些让他们知道在面对危机时,要如何应对,要如何寻找解决办法。近来,这一整段历史被公认为是"觉醒"的年代。(2001,13)

1999年初,五千萨帕塔人在全墨西哥范围内发起一次针对《圣安德烈斯协议》(San Andrés Accords)的全民公投。墨西哥政府至今仍然拒绝签署这项协议,但萨帕塔发起的这次公投活动却让政府对民众的觉醒感到更加恐惧。协商会议让全国大城小镇充满了兴奋之情。尽管没有任何电视报道,也极少有报纸拿出版面给这次公投,在圣多明各平民区以及首都其他诸多颇具抗争传统的贫民社区,萨帕塔人的到访皆形成了不小的骚动。直到一年多以后,很多人仍然把他们跟"萨民解"官员的合照摆放在极为显眼的位置。"萨民解"代表造访之后,我的朋友们向我强调的一项重要收获,是得知五千萨帕塔武装力量里,女性成员占了半数之多。[①] 一位参与过这次协商会议的女性萨帕斯成员,之后谈及女性参与对解决社会问题的重要性时说:"一些习俗确实不怎么好,比如说酗酒,就不是好的文化,再比如逼婚传统……我们女人能够做的,是通过抗争改变一些事情,让它们变得更好……(协商会议上)人们对我们女人很敬重,这是极好的——他们是爱我们的。"(参见Rovira Sancho 2001)

---

① 关于女性与恰帕斯,参考 Hernández Castillo(1998b)。

图 11 菲力女士及邻居与一位萨帕塔人在 1999 年 3 月的合影,旁边是瓜达卢佩圣母像和一篮鲜花。

恰帕斯真是墨西哥吗?

恰帕斯是墨西哥的一部分,这是萨帕塔运动早期的一个核心口号。1994 年,墨西哥约 60% 的水电、47% 的天然气和 21% 的石油是由恰帕斯提供,但恰帕斯当地却有三分之一的人用不上电,一半人喝不上干净的水。"恰帕斯就是墨西哥"这一警句的提出,既为了公开挑战国家在地区间财富分配上的不公,也为了争取国内其他地区遭受类似苦难的人们的支持。

可以肯定的是,不是所有人都同意这一说法。"这一起义是不现实的,是注定会失败的,"奥克塔维奥·帕斯(Octavio Paz)在 1994 年 1 月初写道。"运动缺乏意识形态基础。用军事术语来说,就是缺乏战略思想,"他补充道,"它的意识形态不可思议的陈旧。那些思想简单的人们,生活在与我们截然不同的时代"(Bartra 1999,18)。墨西哥人很难作出比这更愚顽的解释了:印第安人拒绝接受现代化,所以他们活该遭受现在的困境。

其他人则更多看到萨帕塔运动的积极效用。像罗格·巴特拉就把萨帕塔运动与更广泛的民主问题联系了起来:"1994年1月1日发生在恰帕斯的起义,在政治民主里程碑上刻下了不可磨灭的一笔,这是它带来的首要成果之一。"巴特拉不仅完全没有轻视萨帕塔运动的全球性意义,而且坚称恰帕斯恰是二十世纪末期政治运动发展的组成部分。他尤其强调:"苏联和中欧败落形成的无底深渊诱发的晕眩",是"恰帕斯危机"发生的大背景(1999,23)。

起义之后的几年,大约三分之一的墨西哥常备军驻扎在了恰帕斯,随时待命。恰帕斯高山深林里偏僻的小村庄里,屡见不鲜地爆发着冲突。1997年末,萨帕塔人及其支持者与联邦政府武装力量之间积蓄已久的对抗终于在阿克蒂尔(Acteal)镇上爆发。12月22日,隶属于革命制度党的一支准军事部队屠杀了45名索西人,受害者多为妇女和儿童。墨西哥和国际社会都立即对大屠杀进行了谴责,然而这一事件造成的最严重后果是使得更多军事力量进入恰帕斯高地(见Stephen 1999)。通过派遣超乎寻常数量的军事力量,政府向恰帕斯人发出了再明确不过的警告,同时也警告其他意欲在墨西哥发动叛乱的力量——任何想要挑战国家军队威权的尝试,都将以如此悲惨的结局收场。

恰帕斯贫苦土著居民普遍要求的,是将恰帕斯州当做一个整体,当做一个宽泛意义上的国民政体的重要组成部分。然而尽管恰帕斯人竭尽全力证明"恰帕斯就是墨西哥",这并不一定就意味着"墨西哥就是恰帕斯"。人类学家和历史学家这几十年来一直坚信,墨西哥共和国内部的区域性差异极深,对政体问题影响极大。因此,2000年比森特·福克斯(Vicente Fox)竞选总统之时,蕴含着的意识形态问题就是民众关于地区差异的理解——一边是充满活力的、资本主义的、农业综合经营的、日益与美国经济融合的北方,一边是由穷困的、与世隔绝的土著居民经营的小农场组成的南方诸州。在某种程度上,盛行于圣多明各平民区的争论即是出于对区域差异的不同认识;至于"那些无人问津死活的"人们能在多大程度上推动社会进步,辩论双方也是各持己见。

乡巴佬和原住民(INDÍGENAS)

贝纳迪诺·拉莫斯向我阐述了他自己关于"萨民解"意义的理解,以及关于其在墨西哥城获得社会支持的基础的看法:"我认为萨帕塔起义是点燃了一种社会需求,一种已经潜伏了颇长时期的社会需求。土著居民的存在,以及他们面临的困境从来都未得到关注。他们仅仅作为墨西哥历史和学术引证的研究对象而存在,被用来说明他们曾与我们的先祖共存,但未被当做当前存在的问题来看待。我认为萨帕塔运动唤醒了墨西哥人的良心,让他们意识到土著居民面临的非人境遇。它触及了人们对社会各个领域的道德感,而不仅限于时下热门问题。当然,时下热门问题毫无疑问得到了人们的共同关注。直到今天(1999年,距离起义已经五年多时间了),这种感觉仍然存在。"

起义发生以后,圣多明各平民区居民会更多讨论当前土著居民问题,而不是仅将他们当做死去的祖先看待。很多人甚至特意炫耀他们对某一土著群体的了解,并以此为傲。几年后,我与马科斯(国立大学的工会代表)谈及贫困、原住民以及起义等问题:

"贫困问题很严重,政府隐瞒了这些问题,"马科斯提醒我说。"现在我们知道这些问题在瓦哈卡有,恰帕斯有,塔拉乌玛喇人(Tarahumaras)有,瓦斯特卡人(Huastecas)有,波托希纳斯人(Potosinas)有,伊达尔戈人(Hidalgüenses)(其他地区的其他土著群体)也有。有大片地区面临严峻的贫困问题,但你却不知道他们的生活是怎样的。为什么?因为政府不肯暴露这些问题,政府谈论的只是让他们骄傲的事情。这就是权力。他们压迫这些人民,夺走他们的财富。全世界都在说,'墨西哥是个完美的国家。墨西哥没有任何政治问题,没有任何社会问题,也没有任何经济问题。'全世界都这样想。他们认为墨西哥始终都是和平的。当他们听说发生在恰帕斯的起义时:'墨西哥怎么了?!'墨西哥曾经是拉丁美洲的楷模呀。但我们知道,实情恰好相反,是政府一直在隐瞒所有问题。"

"看看恰帕斯就知道了,"我插嘴说。

马科斯接着说:"政府试图跟人民,跟恰帕斯的农民们说理,'好,你们为什么要起义?''因为我们在挨饿!'比方说我是个地方官(cacique),我上任了,我把土地、畜群和庄稼统统接管了。又是这样又是那样,农民们最后忍无可忍了。这就是恰帕斯冲突发生的原因。不光恰帕斯会发生这样的事情,在(其他州,比如像)格雷罗、瓦哈卡、圣路易斯波多西(San Luis Potosi)都可能会发生。"

"恰帕斯那种起义有可能在这里发生吗?"

"这里也可能起义,这里也可能起义。我们也已经是在受苦了。那些游行示威就证明了这点。星期一在瑙卡尔潘(Naucalpan)和特拉内潘特拉(Tlalnepantla)(墨西哥城西北郊穷人区),LICONSA① 把牛奶提价了两比索(大约 25 美分)。大家都愤怒了。这样的话,我买一次就要付十二比索,一周要买两三次。让我以后吃什么啊?你可能觉得两比索不算什么,但其实很多!"

"相对于你一天只能挣到四十比索而言,"我补充说,这大概相当于每天挣 5 美元,比当时墨西哥的最低工资稍微高一点点。

"可想象吗!"马科斯缓缓点头表示同意,他很难过地意识到,如此微小的价格上涨,将会如何影响到无数贫苦墨西哥人的生活。

偶尔也会有关于其他游击队的讨论。1999 年末,媒体报道了一些零散的袭击事件——或者是袭击偏远的警备前线,或者是袭击输电塔等等。一天,加比在韦韦钦路上修理汽车。车主是一位中年男子,带着他四岁的儿子在一旁等候。他向我描述为何直到最近孔特雷拉斯(Contreras)附近

---

① LICONSA 即墨西哥国有奶业公司,属于联邦政府。——译者注

山区变电站(*dinamos*)才被炸毁。是"人民革命军"(EPR)干的,他告诉我说。按照当局的说法,"人民革命军"成员的根据地在格雷罗州,这位男子补充说,据说也是这些人袭击了瓦哈卡以及墨西哥城周边地区。"人民革命军"只被看做是小规模的游击组织,他们令圣多明各目瞪口呆的原因,更多是因为他们对发起的袭击强度感到匪夷所思,而非关注他们未来可能的战略。

就长远意义来说,毫无疑问,经过萨帕塔起义的启蒙,在瓦哈卡和恰帕斯等地区出现的强大的区域性原住民组织及农民组织,已经开始在国家层面——譬如全国原住民代表大会——清晰地发出自己的声音(参见 Stephen 2002)。① 我在圣多明各的朋友原本对这些组织知之甚少,他们基本只能通过电视滚动字幕及报纸报道等了解关于恰帕斯的新闻。然而 1999 年 3 月 21 日"萨民解"的全民公投,以及其他的类似尝试,让土著居民及其困境前所未有地成为墨西哥社会关注的焦点,让很多向来自认与印第安毫无关联的人们也投来了关注。

除了萨帕塔起义,八十年代和九十年代的恰帕斯也发生着其他的意义显著的变化,同墨西哥各地一样。迅速传播的基督教福音派就是其中之一。应该说福音传教的兴起与萨帕塔人并没有直接关系,天主教与恰帕斯精英之间也非直接相关。然而,对墨西哥其他地方的福音派信徒和心怀不满的天主教徒而言,恰帕斯的宗教乱象却毫无疑问触动了他们的心弦;恰帕斯的政治分歧也映射出了天主教与新教之间的宗教分歧。

尽管如此,对于今天的墨西哥城而言,"萨民解"起义的重要性以及卡洛斯·蒙西法所称"萨帕塔的道德说服力",都是建立在土著特性基础之上的。造成这一观念的原因之一是:不同于很多墨西哥人所相信的那样,除了两百万说玛雅语的恰帕斯人,还有另外两百万境遇悲惨的土著

---

① 我在这里标为"campesino"的概念在英文里有时也指"农民基础的"。我同意卡尼的做法(1996),希望避免使用农民(peasant)这个词,因为在人类学文献里,它传达了一种错误的暗示,好像那些在土地上耕作的人是阶级同质性的。

居民正生活在墨西哥城里。印第安人的穷困和边缘境遇,已经不仅仅是南方几个省份面临的问题;民族问题以及对印第安人的压迫也已成为了墨西哥城市民每天需要面对的一项问题。

变革的可能选项

利用选票影响墨西哥社会变革的预想曾一度被认为是可以实现的。1994年的萨帕塔起义以截然相反的行动提出了实现社会变革的另一种可能。恰帕斯人释放了武装斗争的幽灵,放弃了和平路径而求诸于暴力。很显然,语言的暴力要比真刀真枪的行动更加普及——至少"萨民解"是这样的。在最初几天行动之后,萨帕塔人基本是一枪未开。而墨西哥政府的表现则不同:2000年的恰帕斯就像被军事占领了一样,寻常居民甚至访客们的日常生活里都充斥着军事演习、军事行动和层层哨卡。尽管阿克蒂尔大屠杀(massacre at Acteal)[①]可能已是最为恐怖的案例了,但政府军及准政府军在后起义阶段屠杀平民的案例却绝不仅限于此。

在著名的学者—政治家们写着"非武力乌托邦"、拉丁美洲武装斗争的终结(参照 Castañeda 1993)之时,恰帕斯确实来得让人措手不及。秘鲁"光辉道路(Sendero Luminoso)"残余势力的顽固反弹,或者哥伦比亚革命武装力量不合时宜的胜利是一回事;"萨民解"的突然出现则是另外一回事——它发生在这块大陆上被认为是最为平和的地区,因而发生得全然出乎人们的预料。我们可以说萨帕塔人从来都没有什么正式的军事目标或军事前途,但无论如何,他们都成功地制造了选举之外的另一个选项。可能有人会反驳说,如果他们最初不诉诸武力的话,就不可能有这样的成就。然而正是他们,开启了墨西哥以至国际社会关于社会变

[①] 指1997年12月22日,发生在墨西哥恰帕斯小村庄阿克蒂尔针对和平主义团体小蜜蜂(The Bees)的屠杀,由准军事组织红色面罩(Red Mask)发起。——译者注

革方式的对话。在给副总司令马科斯的一封信中,卡洛斯·富恩特斯(Carlos Fuentes)写道:

> 我们的现代化里面包含着你们,这点你们已经提醒了我们。你们不只是单纯地效仿我们,你们就是你们自己。可你一定要拿起武器来说明这一点吗?随着越来越多的血缘混杂(mestizaje),墨西哥土著文化可能注定是要消失的。当这一天来临时,如果它确实会来临的话,我们必须尊重我们的文化,因为它们与我们共存,供给我们必要且优秀的价值准则,丰富我们已经微弱了的现代观和进步观。(1996,125)

在同一封信里,富恩特斯继续质问副总司令:

> 你一定要拿起武器来说明这一切吗?我坚信你不需要。我坚信必须追寻合法途径直到无法可循;如果已经无法可循,我们则必须寻找新的政治选项。但只要发挥想象力,政治和法律是取之不竭的。(126-127)

如何影响根本的社会变革的问题,在恰帕斯起义之后被重新引入墨西哥社会。对这一问题的考量,曾经一度被墨西哥知识分子和政治领袖认为是一种陈词滥调。阿尔玛(Alma)是朋友的朋友,在与他的一次友好讨论中,可以明显感知到萨帕塔的存在。阿尔玛当时是在说另外一位邻居的坏话:

"这附近有个年轻人名字叫何塞·马里亚(José María),很喜欢掺和政治。他是个革命制度党。他在这些东西中参与地很深,但是却什么实事也不干,连我们街道上的问题他都不帮着解决。我们这两盏路灯一点都不亮了,晚上非常黑。他们不给我们修。我们街坊邻里需要自己解决这些事情。"

我用一些引导性问题回应他:"你意思是说唯一的办法就只能是靠你们自己吗?他们在恰帕斯也是这样吗?"

"那些人(萨帕塔人),你看吧,他们有种。现在你不怎么听得到关于马科斯的事情了。你得知道他是被罩起来、被藏起来了。但他们确实有能力调动大批人力。"

"不光是土著居民或者(墨西哥)南部人吗?"我问道。

可能是为了制造效果,阿尔玛停顿了一下,然后用一种阴谋论的腔调向我揭示谜底,"是的,我觉得他们能。解决这一切的办法可能就是第二次革命了。那么,确实,我们得武装起自己来对抗政府了。"

一如往常,贝纳迪诺·拉莫斯扮演了调停者的角色。他也从"萨民解"的要求里受到鼓舞,把这些要求同更广泛的自治目标、墨西哥穷人和弱势群体的主权等联系起来。贝纳鼓励我了解萨帕塔和民主革命党相近的目标是什么,如果说他们在斗争方式上没什么共同点的话。最重要的,他说,就是不管他们采用什么手段,民主革命党和"萨民解"都致力于为墨西哥穷苦人带来根本性的变革:

"至于对主权的护卫,我认为根基仍在。乌托邦仍在。马特奥你所说的萨帕塔斗争,就是这样一种表达,是一种关于国家整体的表达。我们在谈论的时候,可以不必分辨萨帕塔模式或民主革命党模式,而是将二者统一起来考虑。萨帕塔表达的是各种斗争模式——从他们最初的武装斗争,到选举斗争,以及对公民抗争的非战主义斗争模式。我认为这些最后都会统合到一起,成为一项完整的国家改造工程。"

在贝纳迪诺看来,只需要知道如何把各种方法混合起来,就能实现相当程度的目标。我考虑,其实这也可能是个认知的问题——如米格尔·森特诺(Miguel Centeno)深具洞察力地写到的那样:"即便是最强大的国家,公民社会也可能会'反咬一口'"(1997,249),而这一口有可能以多种多样的形式出现。

加布里埃尔的"反咬一口"总是很轻佻:

"我们星期三(1997年1月1日)庆祝点什么?"加比在周一(1996年12月30日)挑弄我。

"新年?"我回答说,不知道他想要引诱我说什么。

"错,你个大蠢货,是萨帕塔革命!"(*No,pinche cabrón*,¡*La Revolución Zapatista*!)

就萨帕塔而言,墨西哥政府长久以来都被认为在这一区域是政治上最安全的,人们很难不理会他们言之凿凿的雄辩。如在圣克里斯托瓦尔-德拉斯卡萨斯开始和平谈判时,副总司令马科斯所说:

> 如果武器和军队都不再成为必须,如果不再需要用鲜血和战火来清洗历史,那没问题。但如果不是这样呢?如果全部大门都再次被关闭呢?如果语言无法越过傲慢及不信任所筑就的高墙呢?如果和平不受到尊敬,如果不是真的和平呢?那么,我倒要问问,有谁可以剥夺我们作为有尊严的、真正的男人女人决定自己生死的神圣权利?有谁可以阻止我们再次穿上战衣赴死,阻止我们以此方式走入历史?谁?("萨民解"1994,165)

第八章　生成大众政治文化

> 妈妈以前常对我说:"别在我脸上撒尿,还告诉我说是下雨了。"
> 因为之后你会说你觉得我无知,这会让我心生敌意。
>
> 厄尔·亨利·海瑞克(由卡洛·斯塔克引用)

不少关于墨西哥及拉美女性与政治的研究记录了近来女性参与正式活动的情况:比方说参与投票选举,以及参与更乱七八糟的一些活动——例如在圣多明各平民区的社会运动里面,女性作为激进力量(*militantes*)出现的情况。部分原因是之前的主流政治学研究忽视女性的存在,即使有所提及,性别也仅仅被当做选举类型的多元回归分析中的一项变量来对待。而这些关注女性的最新研究,则力求揭示政治文化的新特质。

以 1988 年、1994 年和 2000 年的总统选举,以及 1997 年首都的市长选举为背景,在这一章里,我将检视我在圣多明各的朋友们所经历的社会变迁,尤其是与选举政治和大众社会运动有关的经历。① 我的讨论的

---

① 我需要感谢 Gil Joseph,1998 年在美墨研究中心召开的"墨西哥大众政治文化,1800—2000"会议上,他就本章的初期版本进行了评论。本章的初期版本很糟糕,我还错误地给一两家期刊投了稿,在这里也要向刊物的评审者们表达感谢(以及歉意)。我当时以为已经很清楚地阐明了自己的观点;但显然并没做到。评审们审慎的意见和 Peter Kingstone 的宝贵建议,让我获益匪浅,完成了现在这个版本。

一个核心部分,将是男性和女性关于政治、民主与变革的交流。讨论的目标,是检视性别棱镜如何帮助我们理解选举的意义;缘何全世界,包括墨西哥在内,都想当然地把选举参与度等同于民主。如果说在参与选举及其他社会变革途径方面,男人和女人有所区别的话,那么当然我们在分析大众政治文化的时候,也应当进行性别分析。

我们将发现,大众政治的性别特征并不一定能被调查研究很好地捕捉到。数据表明墨西哥注册选民中女性比例为63%,女性投票率高于男性(Kapur 1998,364);另外,据说农村的、受教育水平较低的女性,相比都市的、高学历男性而言,投票时更倾向于保守。但情况远非这么简单。我们也不能单纯地谴责女性进入各级政府机关(尤其是基层政府)的数量要远少于男性。量化分析选民注册和投票数据固然重要,但只做量化分析会让我们以为女人比男人更热衷于参与选举政治。我们的研究视野要超越记录选举结果的那些表格,不管那些表格有多么复杂——在这一章里,我将提供证据证明这一点。尽管我的研究是基于相对较小的群体,而不是基于统计意义上的调查研究,但民族志尤其适合说明那些被解读为政治冷淡的模棱两可的选择和实践里,对特定政治活动缺乏兴趣或参与度并不一定意味着知识欠缺,也不意味着政治冷淡。

墨西哥女性与政治

讨论到选举及正式政治参与度的性别差异时,一些女权主义评论家下结论说,相较于男性,女性不太会把选举政治看成改变墨西哥社会的手段。比如像安娜·费尔南德斯(Anna Fernández),认为墨西哥女性已经"大规模地缺席正式的政治"。尽管相较于男性,女性较少表现出对"制度化政治的兴趣",但确实有很多女性会通过社会运动和公共组织来寻求解决日常问题的途径,在这一方面女性的数量要远远超过男性(1996,307 - 308)。再比如,维多利亚·罗德里格斯(Victoria Rodríguez)指出,在

1997—2000年届的墨西哥众议院席位中,女性占比为17%(500席中的85席),"按政治效力来衡量的话……至少到今天为止,墨西哥女性在非正式政治的路上比在正式政治的路上要走得更远"(1998)。然而,如果要断言墨西哥为永恒的大男子主义国度,如果要以女性占联邦立法机构的比例作为量表,衡量一个社会的民主和性别平等程度的话,那么我们要如何解释下列数据呢? 1998年,第106届美国国会里,总席位为435席,女性占了56席,即12.9%;同年的100个参议员席位里,女性占了9个(参见表8.1)。

表8.1 联邦选举委员会中的女性情况(1998)

	墨西哥	美国
众议院女性人数	87	56
众议院总人数	500	435
女性占比(%)	17.4	12.9
参议院女性人数	19	9
参议院总人数	128	100
女性占比(%)	14.8	9.0

资料来源:墨西哥方面数据:Rodriguez(1998,12);美国方面数据:http://www.emilyslist.org/el-newsstand/vpp/women106.asp.
[a] 除了这56个女性众议员,还有2位女性代表进入了国会——她们分别来自维京群岛(Virgin Islands)和哥伦比亚特区(District of Columbia);如果把她们也计入1998年总数据里,女性众议员数量将升至58人,所占比例将升为13.3%。

墨西哥政治变迁的战略分歧与生成的大众政治形式之间存在着何种关联,是值得我们讨论的话题。如尼基·克拉斯科(Nikki Craske)注意到的,通常人们对男性或女性政治观点及行为差异的理解,都是围绕着这样的观念展开的:"(拉丁美洲的)女性政治参与者被认为是保守的、受教会影响的、以母性特征来建构政治身份的,以及政治冷淡的"(1998,44;1999)[①]。

[①] 革命制度党在1994年总统竞选中的一条口号:"为了你的家庭,"就是特别为女人们设计的(见Bailey 1994,8)。

但我们又应当看到,大众社会运动及社会组织的主要组成部分却又是女性。因而,尽管本章的核心是讨论大众政治文化里大男人的观点和实践活动,包括身处其中的男人如何被女人影响——女权主义学者的研究还是为我们检视当下提供了背景素材——他们关注女性参与不同正式政治活动的情况,包括迪亚兹·巴里加(Diaz Barriga)(1998)关注的土地开发者聚居而形成的社区里,生成的那种既模糊不清又充满矛盾的显著特征。

特别引人关注的,是在公共及私人领域里,由拉美政治形式及政治目标所引发的观念变化。马克辛·莫利纽克斯(Maxine Molyneux)现在被广泛借鉴的研究是关于"实用性别利益(practical gender interests)"和"策略性别利益(strategic gender interests)"差异的研究(1985;2001)。数不清的学者借此讨论性别不平等相关的问题,并以此对女性参与政治活动提出不同的意义解释。莫利纽克斯提出的策略利益中,包括禁绝劳力雇用中的性别差异、免除制度性性别歧视以及全面实现政治平等(2001,43-44)。实用性别利益则不同,是以女性自己的"即时感知到的需求"为轴心。正因如此,实用利益并未挑战性别从属关系体系,它们本身就是附着于这种关系的产物。

沿着相似脉络,泰玛·卡普兰(Temma Kaplan)1982年的一篇关于"女性意识"的文章,为一大批新的研究作品铺平了道路——这些作品致力于在女性(公共的)政治行为与她们(私下的)母亲角色之间建立关联。另外,近来越来越多的研究意识到,不同社会阶层的女性间存在着截然不同的认知(以及利益);女性群体同质性的观点,早就被公认是人为建构出来的。男性也是,被认为共享着同质的利益,这些利益或是实用的、或是策略性的,但都概念模糊。人们对男性及其政治参与度的理解也受到各种因素影响——比如说他们的父亲角色。然而直至今天,这些问题仍然未得到充分探究。

林恩·史蒂芬(Lynn Stephen)对拉美女性及社会运动的分析极为

切中要害。她弥合了概念化政治学中实用与策略、私与公的分类法所造成的分歧。

  如果女人们的工作被贴上"实用"的标签,而被置于组织化政治中心之外,那么她们的政治工作也将被置于边缘。另外,把"实用"需求与女性在"私"空间的活动划上等号的话,就是在回避这样一个问题:如果这些活动并非发生在公共空间的话,人们怎么才能伸张她们的实用需求?那些持此观点的人,热切地阐明了"实用"需求如何变得公共化。

  举例来说,在圣多明各平民区隐蔽的家族、家庭空间里,女人们和男人们会讨论和争辩很多家务以外的事情,包括实际的政治信念和政治实践等。本章重点即是:在当前墨西哥城的工薪阶层中,女人男人们如何共享自治理念、共享基于阶级的公共政治意愿,但同时又是怎样在实践这些政治理念时,表现得截然不同。①

1988 及以后

  1988 年,在现代墨西哥历史上头一回,墨西哥选民真正有了从候选人中选举总统的权利。很多评论家认为,作为反对党的民主革命党,其候选人库奥特莫克·卡德纳斯将会赢得选举,而革命制度党候选人卡洛斯·萨利纳斯将败北。但在计票环节,要么制表机坏了,要么突然断电导致电脑崩溃,这些意外协力把萨利纳斯推到了领先地位。革命制度党的候选人,再一次不惊不喜地成为赢家。专家和平民都一致认为 1988 年是一个分水岭,它为之后反对党在州长竞选及其他关键竞争中的胜利打开了闸门——比方说 1997 年墨西哥城市长选举中,就是这位库奥特莫克·卡德纳斯赢得了竞选。

---

① 如第一章所提及的,人类学家对选举的关注之少让人吃惊。

第八章　生成大众政治文化

在1988年解冻之后,圣多明各的很多友邻们都寄希望于1994年的总统选举,都认为那将是整个国家发生重大变革的再一次机遇。大选将至,先是元旦爆发了萨帕塔起义,接着三月发生刺杀革命制度党候选人事件。在这些事件造成的异常混乱的政治环境中,墨西哥人普遍陷入焦虑和困惑中,很多人以为革命制度党的恐龙们(Dinosaurio)[①]将把统治地位永远霸占下去了。尽管如此,夏季大选前几个月,人们重又焕发出热忱来,尤其是我的那些男性朋友们,似乎越接近大选日,迎接更美好未来的期望就越可能实现。

至于1997年的中期(6年过半)选举,我在圣多明各的熟人们一致认为卡德纳斯当选墨西哥城市长以后,基本上是无功无过无所作为。卡德纳斯的维护者们这时常常会急忙补充道,市长只有一个假想的办事单位,但其实两手被束缚得死死的;而且墨西哥城问题极为棘手,因为前任的革命制度党们给他留下的是一个空了的财库。有趣的是,1999年秋天卡德纳斯从市长辞职,再次竞选联邦总统的时候,却被他的副职罗萨里奥·罗布斯(Rosario Robles)替换掉了。据我的朋友们说,罗布斯有能力在短期内带来剧烈的社会变革——比方说,她对警界腐败的打压,就能实现城市犯罪率下降的目标。

墨西哥城民主革命党行政机构的变化,也附带给当地政治施政带来了变化。1999年初,当初次见到我的朋友贝纳迪诺·拉莫斯的时候,他正在领导一次针对分区政府(大概就是分区行政长官办公室)的示威活动。1997年选出民主革命党市长之后,贝纳迪诺被任命为墨西哥城派德莱格莱斯区(Pedregales)的副代表(*subdelegado*)。他突然发现自己也穿上了夹克,戴上了领带,坐在了一堆电话的后面。1999年8月,带着维护自己新的实权职位的心情,贝纳向我描述了他自己的感受,他觉得两年

[①] 字面意思即恐龙,在墨西哥指革命制度党的保守势力。另见前言"民主和它的反抗者"小节论述。——译者注

前民主革命党赢得了墨西哥城市长竞选,让进步社团积极分子们都看到了新的机遇。

图 12　与圣多明各接壤的一条主路上的标语,1994 年:"一个没有工作的男人(hombre)不是男人,只能是饿汉(hambre)。请把票投给库奥特莫克·卡德纳斯。"

当我在 2000 年 5 月回到圣多明各的时候,距离当年的总统选举大概还有两个月时间。我发现最明显的变化是,我在平民区的男性和女性朋友们都对即将到来的选举彻底失去了兴趣。正如一位朋友总结的:"我们终于迎来了民主,就像你们美国白人聚居的地方(Gringolandia)那样,马特奥,现在我们也一样,开始从两三个候选人里面选举了!"然后他满带讽刺口吻地补充道:"是啊,有得选了,哈?"卡德纳斯远远落在了第三位,最后的竞争是在革命制度党的弗朗西斯科·拉瓦斯蒂达(Francisco Labastida)和墨西哥国家行动党的比森特·福克斯之间进行的,这二位没有一个能够带来我的伙伴们想要的关于社会变革的愿景。

罗格·巴特拉记述了九十年代对正式政治的理想幻灭之后,墨西哥人的选举热情过山车一样的转变过程:"经历了半个多世纪的现代

化之后,墨西哥政治体系走到了穷途末路(*cul-de-sac*)。"至于民主这个问题,

> 现代神话,诸如国家统一、制度化革命等等,都已经变质了。现在很多墨西哥人认为现代化的火车已经停下来了。然而这种祛魅、去合法性,似乎又正在打开通向民主的大门。(1995,144)

再准确点说,墨西哥大众政治文化的祛魅、去合法性将如何打开通向民主的大门,是需要得到普遍关注的。巴特拉指出,在合法的公共政治(尤其选举)同其他更为隐蔽的政治受挫感和不满情绪之间,那扇通往民主的大门可能将会打开。与此相类似的,大卫·科兹(David Kertzer)也写道:"对于现代国家来说,最为重要的法制化仪式可能就是……选举"(1988,48-49)。需要紧接着补充的一点是,科兹使用"仪式"这个概念绝没有诋毁这些活动的意思;他恰恰是想要表达,不管是对小型社会,还是对都市居民的政治生活而言,仪式都一样重要。鉴于以上原因,我们不应当将选举看做参与民主最高的甚至唯一的表达方式;通过巴特拉和科兹,我们应当把圣多明各人的选举参与度当做当地公民权的一项要素来考量。在罗姆尼茨(Lomnitz)、罗姆尼茨(Lomnitz)和阿德勒(Adler)关于1988年墨西哥总统选举的论文中,他们提出了"民主化仪式(de mocratic rituals)"的概念:

> 对民主形式的强调差不多弥散在竞选活动的每一个阶段。通常来说,这些形式都会被用来为已经做好的决定服务,让这些决定变得合法化,同时也是让传统的(指派/选择新的墨西哥总统的)程序合法化的必不可少的步骤。(1993,364-365)

1988年到2000年间,墨西哥选举经历了重大变革。变革既体现在革命制度党于各种选举中落败,也体现在九十年代初开始的减少弊选的努力——比方说,选民登记卡上需要附上照片。最为重要的变革可能就是将选举的不确定性变得仪式化,这样的话,革命制度党就不一定能赢

得选举了——这一事实已经基本确定了墨西哥民主的合法性。①

理解墨西哥大众政治的生成过程

我们必须看到，生成墨西哥城大众政治元素，是一个过程，这一过程根植于国家层面的广泛的不平等基础之上；在更加个体的层面上，其根基则是更为复杂和多样的男人与女人之间、男人之间、女人之间的关系。维维恩·班尼特(Vivienne Bennett)认为："在墨西哥，社会行动主义(social activism)已经成为城市贫困女性日常生活的一部分，她们每天都需要为之挣扎"(1998,129)，如果她说的是对的，那么要生成墨西哥大众政治文化，就远不止让女人少投保守选票这么简单。在关于圣多明各平民区新兴大众政治混乱特征的图表里面，可以看到，我们需要理解的核心问题是性别差异与互补性，而不能仅限于对已有投票数或选举调查的量化分析(参照 McDonald 1997)。② 2000 年，一个邻居跟我说，参与到任何政治当中去的女人都是从石头里蹦出来的逃犯(*las prófugas del metate*)，说这个的时候，他并没有对当选的官员和社区积极分子作出区分。

不管是对我们住在墨西哥的人，还是对那些住在拉丁美洲更遥远地方的人们来说，女性对非选举性政治活动的参与，可以说明和大众政治文化相关的很多问题。如萨拉·拉德克里夫(Sarah Radcliffe)和萨莉·韦斯特伍德(Sallie Westwood)所写：

---

① 关于总统选举的仪式性，尤其是关于 1988 年竞选，参见 Lomnitz, Lomnitz 和 Adler(1993)。更为个案的，关于"民主的独裁者"的转换，参见 Castañeda(2000)。更为宏观的，关于墨西哥复杂的正式政治力量，见 Smith(1979)。
② 一些政治科学家可能认为我在本书一些地方采用的数据和方法论有问题，尤其是这一章，处理的是那些社会科学里的神圣问题：选举。在某种程度上，这类异见在跨学科讨论中是不可避免的。这种学科争论涉及过程和结果相关的问题，当然了，从投票后民调或严格量化分析投票结果中，是不可能很好理解正在发展的趋势的。见 Kampwirth(1998)对尼加拉瓜和萨尔瓦多选举中这些问题的讨论。

拉丁美洲,通过大众文化和公民社会向我们展示了它巨大的多元性和韧性;也通过性别和族群性的讨论,让对民主概念的修正成为可能。而在世界其他地方,这种讨论才刚刚引起人们注意。(1996,44)

在圣多明各平民区家庭里,男人和女人会为了任何事情——从避孕措施到选举投票——发生争执和互相游说。这些对话听起来既简单又无关原则,但从中可以看到女人是如何挑战和改变男人的所思所想的,这揭示出了其中复杂的社会心理学元素。大家从来没有怀疑过男人对女人的影响,比方说在投票给谁和参与社区组织、社区抗争等方面。但是却鲜有人研究女人在政治事项上对男人的影响。圣多明各的这些对话或许为我们提供了一些案例,以了解男人女人们是怎样通过两性间的讨论完成对民主概念的修正——这些讨论包括选举价值、大众运动对社会的改造等。灾民委员会(Comité Unico de Damnificados)于1985年墨西哥城地震之后,就呼吁说:"城市里要民主,家里也要民主!"(¡Democracia en la ciudad y en la casa!)。

1988年到2000年之间,至少有三股历史潮流在时间上出现了重合。其一,是大众对包括总统选举在内的国家政治事件的参与,尽管人们的参与度因时、因社群而有着显著差异。其二,在圣多明各平民区,自治问题以及大众政治意愿问题,会在所有政治相关的讨论中反复出现。过去的三十年里,这里的男男女女只能自力更生,而无法指望政府提供任何帮助。其三,在大众政治文化、社会运动中草根女权主义的兴起、圣多明各之类平民区(colonias populares)的日常生活这三者之间存在着重要联系。① 尤其值得注意的是,圣多明各也好,其他地方也好,女性都越来越成为大众政治文化变革的催化剂;在工薪阶层聚集地区,女性对政治

---

① 借鉴了 Lynn Stephen(1997a),我用草根女权主义这个词来强调阶级与性别的整合,类似于西班牙语词汇 feminismo popular 的内在意涵。

生活的参与,使得诸如地方自治等问题变成了墨西哥社会民主需要面对的关键考验。事实上,墨西哥这些年来"关于女性政治参与及政治表达的态度已经发生了巨变"(Jaquette 1998,221)。

我们谈论性别与民主时,并不必然是要拿着女性地位来检验社会进步程度。需要被强调的,反而是过去几十年来,墨西哥城以及其他地方的女性们是否在有意识地引导重大社会变革,她们是如何实践的,她们的这些行动对更广泛的大众政治潮流而言意味着什么。

家庭并不总是可耻的父权及压迫的最终避难所。某些时候、某些情况下,家庭也是变革性别身份、性别关系和社会生活的孵化器。要理解这一点,我们有必要回到公私二分的概念上来。这种二分法在性别研究和拉丁美洲研究中可能已经被滥用到让人厌烦的程度了。[①] 把个体与日常引入政治学当中,意味着重新考量是什么组成了政治空间、政治论辩以及真正的政治生活——关于政治的政治学——人们是公然地? 隐蔽地? 有组织地? 自发地爆发出抵制? 怀疑? 反抗? 及至淡漠? 我们很难找到明确界线来进行区分。

亚历桑德罗·马索洛(Alejandra Massolo)是头脑最清醒的评论者之一。他记录了女性如何利用"他们最为熟悉的公共领域"——邻里社区,也记录了自1988年颇为戏剧化的总统选举以来,"女性活跃分子"如何"从都市大众运动及社区组织转战到选举领域"(1998,193)。在这一过程中,策略的及实用的性别利益总是以更为正式的方式将自己的声音传达到全国各个政治竞技场中去。对几乎全体墨西哥人来说,1988年选举让人看到了选择非革命制度党总统的可能性;对一些人来说,后1988时代政府机关或非政府机关都开始了竞选,这已经让人们看到了社会变革的新希望。然而,在如圣多明各这样的平民区,围绕某一恼人现象出

[①] 见 Lomnitz(1995)关于墨西哥公众环境的简要历史。除了 Lomnitz,关于公共/私人二分、城/乡空间概念的联结,见 Garcia Canclini(1989)以及 González(1987)关于假定的天主教的、保守的、冷漠的墨西哥内陆的"*matriotismo*"的创新性论文。

现了一股争议的暗流。在一篇关于墨西哥新自由主义及左翼政治的论文中,凯思林·布鲁恩(Kathleen Bruhn)写道:"卷入竞选的大众运动常会忧虑——合理地忧虑——人们对选举的激情可能会让运动领袖的注意力从运动的初始目标转移到细小的实际效果上,这样就太糟糕了"(1998,159)。①

人类活动往往太过轻易地被归入"公共"和"私人"的分类中去,尤其是那些明显具有"生成的"特性的活动。② "公共领域"因而总是被机械地视为"家庭"的对立面。而这种分类一般不会帮助我们走很远。卡珀(Kapur)在一篇关于女性之于墨西哥政治贡献的论文中,将"女性非正式地参与运动——比方说邻里厨房、公共请愿活动等,和正式地参与运动——比方说立法机构、政府机关以及政党组织等"进行了对照(1998,386-387),可以说这种"正式/非正式"二分的方法,对大众政治而言是有某些特定意义的。这又将我们引向玛利亚·路易莎·特莱斯(María Luisa Terrés)的研究:"过去二十年里,(女性对)社会及政治运动(的参与)向我们表明,她们不仅能够从自身性别出发来判断利弊,而且在汇聚资源、建设自己的组织及空间等方面也极富天赋"(1996,8)。至于男性——尤其那些在公共部门的男性——的情况如何,我们并不十分清楚。不过可以肯定的是,一些人曾经参与过或多或少受主要政党赞助的活动;而另一些人则一直对我抱怨,认为他们无力找到表达自己抱负、发挥自身能量的合适途径,他们为此感到十分沮丧。

我们仍需关注的一个关键问题是:女性对社会及政治运动的参与,对男性产生了什么影响;1988—2000年间墨西哥男人对选举政治时高时低的热情,是否有部分原因是受到女性参与的影响。

---

① 关于1960年代瓦哈卡州的胡奇坦(Juchitán),男人们在社会运动中的作用,以及在正式政治竞选中的作用,见 Royce(1975)。
② 关于拉丁美洲大众与私人互相融合的现实,见 Stephen(1997a,268-269)。

发声:选举、合法性和公共政治

到1994年8月21日的总统选举,加布里埃尔长久以来的弃选(*abstencionista*)策略会时不时地受到他的亲密朋友马科斯、马塞洛等人的贬斥。在这些朋友看来,就算不特别支持民主革命党的候选人(比方说,他们坚持认为他们投票给卡德纳斯,至少等于是给当权的革命制度党投了张反对票),放弃投票的行为也跟投票给革命制度党别无二致。朋友们说,加布里埃尔可能觉得自己的政治态度跟大多数人不一样,但实际上他跟革命制度党的支持者托尼奥一样糟糕,甚至要更糟——因为他这是在自欺欺人。

我的伙伴们正在积极面对这样一个古老却至今常常被忽略的政治课题:归根到底,选举对那些无依无靠的人们来说,有些什么价值?很多圣多明各平民区人的想法是,这取决于选举可以在多大程度上改变墨西哥的历史进程。这些男男女女都是墨西哥公民,他们一心一意地关注着公正、平等、社会福祉等等问题,关注着可以推动这些目标实现的选举——选举被认为既是一种权利也是一种责任——这些问题中的大部分都还尚未实现。确实,如赫克托·特赫拉(Héctor Tejera)注意到的那样,在墨西哥首都,越来越多地弥散着这样一种情绪:"通过选举,我们可以让生活条件有所改善"(1998,55),并且只有那些参与了选举的人才有资格被誉为社会变革的代理人。[①] 由此我们就可以理解雷纳托·罗萨尔多(Renato Rosaldo)对选举问题的微妙评价了:"选举是公民最神圣的权利/仪式"(1997,33)。

另外,对其他人来说,选举可能意味着一种"政治意愿的民主形式的替代品",从此就进入常规化的、无害的、陈腐的轨道,而不会给墨西哥民

---

① 对这一概念的说明,见1998年Sylvia Gómez-Tagle编辑的《新人类学》(Nueva Antropología)特刊,题为"公民意识和选举参与(Participación ciudadana y procesos electorales)"。

众带来任何实质性的政治变革。① 就墨西哥的情况而言，更切实际的是盼望可以有一两个或者更多有能力的政党参与选举——这也通常被认为是民主进程的基石，而不是期望墨西哥直接拥有更多民主。在墨西哥、智利、阿根廷、巴拿马、巴西以及秘鲁，人们认为仅这种形式上的政治生活元素已经足以支撑"*再*民主化（redemocratization）"的断论。对这些国家来说，"*再*民主化"即意味着重返民治。然而，在未产生严峻经济形式及社会危机的情况下，仅凭平稳运行的多党式自由民主似乎很难得出真正的参与式统治形式已经形成的结论。

在现代墨西哥，在国家、学校及媒体的推动下，投票变成了最高公民责任，也成为公民身份的真正标志。那些弃权的人很明显就不是纯粹的墨西哥人。所以当1994年5月我们在街头进行辩论的时候，托尼奥在人群里责骂了那些弃权的人和投反对票的人："我可不像你们，我以自己是墨西哥人而自豪！"托尼奥谈及自己对革命制度党的支持，说他做出这样的选择是经过充分考量的——那些未知的选择其实远远赶不上我们已经充分了解了的暴君。他的理由充分证明了墨西哥技术型（technocratic）统治者的成功。这些统治者一直在百姓中煽动"选择恐惧（fear of an alternative）"，也由此保证了民主不会威胁到墨西哥新自由主义的安全。

早在革命制度党2000年总统大选落败之前，迈克尔·希金斯（Michael Higgins）和坦尼雅·科恩（Tanya Coen）就抓住了民众忠诚度的核心要素。他们援引了玛利亚·埃琳娜·梭沙（María Elena de Sosa）（一位瓦哈卡居民）的政治观点：

> 没人告诉我该选谁；我爱选谁就选谁。虽然，其实，我这辈子一

---

① "政治意愿的民主形式替换品"这一措辞来自哈贝马斯（1991，36），是用来评论一项非常不同的政治历史情势，我认为还是可以用来讨论墨西哥民主及大众政治文化。哈贝马斯描述的是统一后德国政府操纵的竞选活动，虽然语境完全不同，但仍然具有相关性，因为每个国家的政党在刺激民众参与选举上的手段是相似的。

次票都没投过。为什么？因为管你投票不投票，你该干活还是得干活。而且不管怎么着，都是革命制度党赢……你要是不投票的话，等你想跟政府要点什么的时候，就得听一大堆屁话……我得养活这个政府，哪怕它是革命制度党在管，因为这个政府养活了我的儿子们。（2000，45）

在正式的政治过程中，弃选和其他类型参与度（或者缺席度）指标，揭示出这样一个事实：大多数选民并非在为他们自己发声。比方说选民登记，大多数的登记选民是女性。反而是弃选和登记这两种现象，必须引起我们的思考。我们可以由这两种现象理解性别因素在其中的重要性，也可以理解其他政治特质的意义所在。

至于新自由主义对墨西哥民众造成的破坏性影响，大众政治文化的显著特征仍然是沉默，而非直接地反抗和起义。① 然而我们需要看到，包括弃选在内的这种不作为，也是墨西哥城底层、边缘民众表达受挫感的一种温和方式。漠不关心和有意疏离是两种截然不同的状态，因而在讨论弃权问题的时候，我们需要极其谨慎地解释与政治观点相关的调查结果。奥本海默（Oppenheimer）报道说民意调查结果显示，1994 年的墨西哥城居民更灌注心思在交通拥堵问题上，而不关心萨帕塔起义（1998，152－154，348）。他可能有点太心急了。分析家们把大众关心的问题归拢到细枝末节里去，这是很危险的。在梭沙女士自相矛盾的话里，这一点已经得到明确证实了："爱选谁就选谁。虽然，其实，我这辈子一次票都没投过。"

菲力女士是圣多明各平民区的一位社区领袖，从 1970 年代当地土地被侵占的最初几天开始，她就成为了"基督教社区（Christian Base Community）"的活跃分子。谈到她那些把票投给革命制度党的邻居时，她跟我说：

---

① 见格莱德希尔（1995）就这一点所作的评论，以及他对起义及变革等问题的宏观监视。

"你瞧,我们想要变革但是……但是不要煽动群众。我们一直在说'我们想要变革,我们想要变革,'但情况只是越来越糟。因为,真的,实情就是这样。我个人认为教育(*educación*)①很重要。因为人民(*el pueblo*)是非常无知的。革命制度党统治了多少年了,实话实说,他们一直在贪腐!我们不是没来由地反对他们,而是因为已经太明显(*palpante*)了。你是可以感受到腐败的!

"而且,当然了,因为没有受过教育,我们把票投给革命制度党。有一些社区(*vecindades*)和胡同里的人们从来没有读过一份报纸、一本书,他们都一起跑去给革命制度党投票。如果你对他们说,'不要把票投给革命制度党,'他们会说,'不行,不然这些人会把我们的孩子扔出学校的。'他们很害怕。就是这么回事——恐惧。所以他们就把票投给了革命制度党,让革命制度党获胜。革命制度党会获胜是因为……是因为革命制度党会获胜!"

这种情感在多大程度上代表着新一轮的失望和幻灭,在多大程度上可以被视作墨西哥城边缘人群的声音,是值得关注的重要问题。大众的政治情绪和判断力发生了什么样的变化?或者让我们复述一次艾伦·奈特(Alan Knight)的疑问:在墨西哥的太阳底下,有任何新东西吗?(1990,87)。当然,墨西哥城的民众普遍醒悟了,不再迷醉于所谓的现代化的好处,或是制度化革命的国民迷思。同样可以肯定的是,存在着一种广泛的关切:人们关注在理想目标的民主和日常现实的民主之间存在着何种不同,这种关切更多地体现在言语上而非实践上(参照 Jaquette 1998,226)。

马塞洛在圣多明各的韦韦钦路上开过一家小商店(*tienda*),当时他经常跟顾客们讨论、争辩关于正式和非正式政治的问题。此外,马塞洛

---

① 前言里引用了加布里埃尔对教育的意见,跟他一样,菲力所说的教育不只是正规学校教育。她话里暗含的意思是,教育涉及社会意识及社会觉醒等问题,跟书本知识一样重要。

定期地在选举日为民主革命党当监票员(*vigilante del partido*),以帮助将平民区的弊选几率降到最低。当问及他参与民主革命党活动的情况时,他回应说:

"我参与他们的活动,是因为我感觉他们(民主革命党)更愿意把握我们的脉搏。现在我觉得尊重公民投票权比什么都重要。为了保证真正的民主,我认为需要对投票保持尊重态度。因为如果革命制度党继续在位的话,已经不是代表民意,而仅仅是替精英阶层或实权人物维护他们的既得利益而已。即便是(当时的总统)赛迪略(Zedillo)声称选举是清白无瑕的,那也是撒谎,因为所有人都看得到他们是如何操纵选举的。"

我问马塞洛,在圣多明各平民区大多数人倾向于投票给革命制度党还是给民主革命党。

"我该怎么说呢。都有一些。有革命制度主义者,有国家行动主义者,有环保主义者,有民主革命主义者。我们(民主革命主义者)可能在五个或者六个投票站占优势。在另一个投票站,国家行动党和革命制度党打个平手。再另一个投票站,国家行动党赢。再一个或者两个投票站里,革命制度党赢。不管怎么说,大多数人投票给反对党,无论如何他们都不想要革命制度党获胜。"

我跟马塞洛之前讨论过他家乡格雷罗州的游击活动,我请他比较这两种方法对政治变革的效用。

"好吧,你看……我觉得绝望的人们才会拿起武器来。我认为很有可能武器解决不了任何事情,但它是绝望的产物。我不是很确定,不过我觉得当那些朋友(*cuates*)抓起来复枪或机关枪的时候,就是因为绝望。大革命也是这么回事,不是吗?谁知道呢?这儿的新闻如此受人摆布,你能听到的都在说他们是骗子、叛乱者,给国家带来这么多损害。嗯,可能他们为之奋斗的是一项正义的事业,就算采用暴力是不对的,但是,嗯,是政府把他们逼到那一边去的。"

国家的和地区的土著(LUGAREÑOS)

关于1994年以后,墨西哥大众政治气质的变化,以及人们对"一如既往的官方政治"忍耐度的变化,菲力及马塞洛这些圣多明各平民区人是这样形容的:他们是些不安分的土著,是墨西哥城的本土居民,他们是不肯安于现状的。然而,当这些人面对一成不变的政治时,却又表现得格外顺从,仍倾向于用说的而不是用做的来进行反抗。①

1994年以后,我在圣多明各平民区的男性朋友好像比以前更愿意开关于政治家的玩笑了。比方说,1996年一个阳光灿烂的周日下午,在马塞洛的小店外面,我跟一堆人一边共用桃酒冷却器,一边聊天。我年轻的朋友小蒂莫(Timo Junior),早上刚刚参加了一场足球赛,身上还穿着球衣,他问我,"你知道他们为什么管赛迪略叫'鸽子'吗?因为他每走三步就拉一泡屎,每走三步他就拉一泡屎!"马塞洛也还记得1994年,当他听到国立大学学生朝正在竞选总统的赛迪略掷垃圾的新闻时候,心里的那份高兴感觉。有人补充说,那是三十年来头一回发生这样的事情。时代在变化,这个人跟我说。人们以后再也不会盲目地认可政治领导人了,就连总统也可以公开被媒体嘲弄了,其他人补充说。

然而在我看来,不是所有的变化都是一样的。1994年,人们深刻认识到了使墨西哥发生更多根本变革的可能性的存在。如社区活动家贝纳迪诺·拉莫斯在1994年大选前对我说的:

---

① 马隆写过"对非洲及拉丁美洲历史经验的区域性研究激增,这让原本统一的国家叙事、大陆叙事变得碎片化并成倍增长"(1993,372)。她继续写道,想要在碎片当中定义合适的范式,尤其是要"运用重新定义的概念,去再强调理解宏大叙事、结构及权力关系的重要性"。对理解地区认同与国家认同之间的关系来说,这些观点很重要,包括可以帮助理解 *lugareno* 这个词的多义运用。对我墨西哥城的朋友们来说,*lugareno* 主要指的是一个人作为墨西哥人的国族身份,虽然有时候也被用在更窄的意义上。不管怎样,它都是对社会团结的正面的、主观的表达。在这里,它的意义跟在其他场合的其他意义是不同的。可以参见,Radcliffe 和 Westwood(1996,xii,108),当中 *lugareno* 带有相当排外的乡土意涵。

"你看,马特奥,现在有这么四种可能。第一种,革命制度党的(选举)骗局,然后可能在十五个州……诱发起义。第二种,稍微没那么差的选择,是国家行动党通过合法的竞选过程获胜。第三种,打个平手,没人获胜,那就得再来一轮决选,这种情况算是平和的。第四种,武力制造平局,然后卡德纳斯获胜。"

对贝纳迪诺和我在圣多明各平民区的其他熟人们来说,很关键的一点就是可以明确感知到"国家图景",清楚知道平民区当地的活动如何才能对全国大事产生影响。这样的话,贝纳迪诺可能就会说,成为一名不安分的土著对地区、对国家都是有意义的。

结果是,1994年8月21日,总统选举、议会选举以及地方长官选举都十分地"合民心":符合选民资格的人有78%参与了投票,而且大家都说,这些选票相对干净、没有贿选。革命制度党以压倒性胜利赢得了总统选举,这跟1988年的情况十分不一样。而且,贝纳迪诺向我发表那番言论是在1994年,距离他被任命为派德莱格莱斯副代表(Subdelegado de los Pedregales)这样的地方要职还有三年。他这职位几乎无所不管,从下水道漏水到选举日为民主革命党发声拉票,都是他的职权范围。

贝纳在阿胡斯科(Ajusco)平民区长大,他甚至做了几年平民区主席;他改革社区、服务社区的声望是无可指摘的。然而,在我们1999年的交谈里,他却说他有点不适应政府政客这个新角色,得像胡同串子一样贩卖竞选承诺,这让他感到很不舒服。

1999年时,菲力女士也声明她强烈关注投票和选举,尤其强调教育需求这项在她看来至为根本的问题——通过教育才能改变人们的政治意识和政治行为。相较于她在圣多明各的邻居们,菲力往往能更为清楚地表达自己的忧虑。关于通过选举解决墨西哥社会病症的这一策略,菲力表示怀疑,有时是表示反对。按照她的回忆,1985年9月毁灭性的地震之后,整个首都市民的大众政治变得非常不一样。菲力与卡洛斯·蒙西法满富激情的结论产生了共鸣:"民众的团结实在是可以有力地对权力进行接管"(1987,17)。① 当政府在危机处理上彻底失败之后,成千上万的墨西哥居民自发形成小分队,承担起了灾难营救和灾后救济的责任。

1997年初一个清冷的早晨,我和菲力女士坐在她的厨房桌旁,喝着我从美国带来的礼物——雀巢咖啡,以此取暖。这时候她突然竹筒倒豆子般说起来:

"1979年我们成立了平民区人民联盟(Unión de Colonias Populares-UCP)。开始的时候我们很强大,因为我们为了教育问题、交通需求问题、健康问题等进行抗争。我们发现,一旦我们组织起来,他们就很难操控我们了,那些身穿西装的男人就很难随便把我们丢到身后了。"

"平民区人民联盟是由工人、家庭主妇和学生组成的。"

"学生们是平民区人民联盟的领袖吗?"我问道。

"当然了,对我们来说,学生是最厉害的(lo máximo),因为他们会把自己知道的东西传授给我们。他们告诉我们读什么书,因为我们墨西哥文化是非常伟大的,但是我们却不知道,因为我们只会看电视。我们一定要读胡安·鲁尔福(Juan Rulfo)和其他书。所以我们会说,'我们这些老年妇女爱这些学生就像爱自己的孩子,因为他们教我们学习。'有时候他们会推荐,比方说,我们读埃莱娜·波尼亚托夫斯卡(Elena Poniatowska)的一本书,读它就行。"

菲力有一次告诉我说,当1986年他们最小的儿子出生的时候,她和丈夫曾经想过用"毛(Mao)"来做他的中间名,不过最后他们选了埃内斯托(Ernesto)(因为切·格瓦拉)。菲力说他们最后没有用"毛",是因为这个名字对墨西哥城人来说太不常见了,而埃内斯托却是个常见的西班牙语名字。在我们谈论平民区人民联盟的那天,我问她为什么要给他们的

---

① 对"autoactividad"和"autorganización"的有趣讨论,参见 Monsiváis(1981)和 Gilly(1981),虽然是基于1982年以前的大众政治文化作出的讨论。

儿子取名"毛",又为什么没用。①

"因为关于毛有很多好的评价。我特别喜欢他提出要进行自我批评,因为有时候你会觉得你事情做的还行,那就可以了。'这就是我要说的,就这样!'我喜欢毛就是因为自我批评,还有其他一些东西。"

"比方说?"

"比方说他的纸老虎的说法,还有他不只是关心他自己的人民。我们不愿看到这么多不公正的存在,不仅不愿它存在于墨西哥,也不愿它存在于其他国家。"

菲力接着详细地向我讲述了她在圣多明各发起"大众教育(educación popular)"运动的经历。她告诉我说有一年的10月2号,她曾在第四十二初级中学外面贴"大字报"②,以缅怀1968年对"我们的学生的大屠杀"③。对菲力来说,社区(community)这个词既承载着地方,也承载着阶级的重量。鉴于这个原因,她认为,真正的不安分的墨西哥土著是永远都不会忘记那些具有分水岭意义的事件的,比如说1968年10月的墨西哥。

女性身影出现在大众社会运动浪潮中:比方说,作为独立公共卫生工作者,开设分娩培训课程及性教育课程;大受欢迎的周六晚间电视纪录片系列《我们生活在这里》(Aquí nos tocó vivir)中的单亲妈妈们。这些女性是墨西哥城出现的草根女权主义运动的一部分,也深刻影响了两性间对自己以及对对方的看法,某种程度上,也影响了男性和女性之间的关系。

尽管菲力永远都不可能使用这样粗俗的表达,但那些不以粗言秽语为亵渎的人,就直接称这些女性为 *las viejas chingonas*——是墨西哥城

---

① 更多关于平民区人民联盟的内容,见 Diaz Barriga(1998)。也参见 Bruhn(1997)对平民区人民联盟及民主革命党及选举政治之间关系的讨论。
② *Periódicos murale*(公告板),让人想起中国文化大革命中的大字报。
③ 见第三章对1968年的讨论。

里厚颜无耻的、放肆的、爱出风头的女人。*Las viejas chingonas* 这个词组约略可以被注解为"屁话不听的女人"。卡洛斯·贝莱斯-伊瓦涅斯(Carlos Vélez-Ibáñez)管她们叫"他妈的彪悍女人"(1983,121)。就这一意义而言,*vieja chingona* 恰恰表达了根植于墨西哥公民文化里的那种反抗精神。

如何理解圣多明各女性政治激进主义的源泉呢？我认为这一问题本身已经足够说明问题了,它提示了一种先入之见,认为女性并不具备这种战斗性(*militancia*)。别的先不谈,提出这一问题就证明了一种普遍存在的墨西哥(以及通常意义上的拉丁美洲)妇女形象,但这一形象是荒谬的——在就算没有一千年,也有几个世纪的时间里,她们都是具有自我牺牲精神的、奋不顾身的(*abnegadas*)、唯唯诺诺的、恭顺的(*sumisas*),只有进入二十世纪以后,她们才参与到政治生活中来。就好像谈到父亲带孩子会让人觉得不太寻常一样(见 Gutmann 1996,54-57),同样的,女性也被"公认"地栖居在家务世界里面。然而,即使是女性高度参与各种教会活动这一众所周知的现象,也只是被漫不经心地接受(以及被草率地解释)。该类趋势必须被看做是家庭内部就性别身份及性别关系问题产生的冲突,而不能简单地解释为传统与现代交接的阶级斗争。举例来说,就好像女性对公众组织的参与,是跟更广义的社会人口趋势分不开的。这种趋势可以是越来越多女性走出家门参加工作；相较于过去,2000 年时女性的受教育水平更高。男人们对这些活动的回应,也都是基于他们自身在现代文化经济中的角色变化而做出的。

如梅塞德斯·冈萨雷斯·罗恰(Mercedes González de la Rocha)(1994)及塞尔维亚·乾德(Sylvia Chant)(1991)等研究者谨慎提出的,过去三十年来发生的社会经济变革、民主变革真正地改变了墨西哥城市地区以及整个合众国的家庭结构和社会关系(也见 González de la Rocha 1999b)。比方说,生产关系和生育率的变化,强烈冲击了男人女人的忠诚感和陪伴度,不管是就家庭亲密生活而言,还是就更广泛意义上的公共政治生活及政治抗争而言。

举例来说,尽管发展专家已经在国际上为单亲妈妈扼腕——乾德讥讽地称之为单亲妈妈"问题",但实际上,对政府、国际机构以及男人而言,认为这是"问题"才更成为问题。发展机构的专家们在讨论女人当家问题时,频繁地使用统计资料、刻板印象和无聊的概念框架。然而,如乾德指出的,我们必须在特定语境中评估单亲妈妈问题(1999;也参见Chant 1997)。也就是说,我们不能通过女性是否单身、是否是母亲,来判断关于她们及她们家庭的生活信息。此外,今天一些分析家还会说,就连贫困也必须与权力、谁当家等主观问题联系起来讨论,而不能简单地拿官方收入报表当标准。我绝不是说贫穷只是人脑子里想出来的。再强调一次,数字跟现实一样,自己是不会说话的。

接着来说明这一观点。在广义上说,讨论家务劳动分工的时候,包括讨论家庭决策制定的时候,我们需要更好理解不平等基础上的性别关系、社会结构变化,以及两者之间的关系。为什么在研究中,一些女性表示在被丈夫遗弃之后,她们感到更加快乐,即使这种分离不是由她们造成的?为什么在特定历史环境里,女人希望也能够解除她们的婚姻?而这些跟女性、家庭面临的经济(或者物质的?)约束有什么样的关系,不管这种约束是真实的还是被感知到的?

选择:依附与自治

墨西哥城南部曾经是遍布火成岩的荒野,那些把荒野建设成为圣多明各平民区的男男女女们,一方面不得不一直自力更生建设家园——炸石造路、非法接入电力网路等;另一方面不得不依靠"外界"获取工作、食物、消费品、娱乐及其他类似东西。

谈到自力更生,我在平民区最具洞见的同事赫克托·希门尼斯(Héctor Jiménez)告诉我说,早期"这样做是危险的,因为土地所有权在法律上尚不明确。任何人都可以强行占据一块土地。"1974 年的时候，赫克托得到了一块地。地块毗邻两条街道，面积大概 410 平方米。这在圣多明各是相当大的地块了。

"买它花了我 3.5 万比索，"赫克托说，"总共就花了这么多！但是没有电、没有水、没有排水系统，什么都没有……两周之内我就封闭这整片地方，开始建设。当时只有我妈妈和我两个人。我们 1974 年前后来到这里。运气很好的是，这儿的邻居已经申请了让水管入户，申请了一个公共给水栓。"

接下来的二十五年里，类似的经验持续累积。尤其在 1992—1993 年时，圣多明各居民互相协商并与市政当局协调，要在街道上深挖渠以安装污水管道。跟墨西哥大多数农村地区一样，当要处理修路、居民安全等问题时，圣多明各

图 13　1997 年，赫克托·希门尼斯护理伤病脚踝。

平民区居民已经习惯于时不时地使用一下有限的自治，这一点与生活在首都的中产及上流阶层居民是截然不同的。另外，不同于生活在首都的大多数富人社区，圣多明各居民互相更加了解，也更多参与社区公共事业。

今天让平民区居民质疑的，是来一个政治家然后宣布说："我将统管所有事务。"(Yo voy a governar para todos)就像六十年前阿维拉·卡马乔(Avila Camacho)总统那样——这不是个容易回应的问题。当然，二十一世纪初始，当拉丽莎·罗姆尼茨(Larissa Lomnitz)(1977)的"边缘

化(*marginados*)"概念只沦为人口统计上的边缘时,很多墨西哥城平民区民众会将此种宣言看做一种承诺,同时也是一种威胁。他们可能会像对待米格尔·阿莱曼(Miguel Alemán)总统的承诺——"墨西哥一人一辆凯迪拉克"(*Un Cadilac para cada mexicano*) ——那样对这类宣言充满怀疑。

圣多明各朋友们也从洛佩兹·波蒂略总统执政六年(*sexenio*)(1976—1982)中汲取到很多教训。我的朋友亚历桑德罗提醒我说,洛佩兹·波蒂略把权力传给他的继任者米格尔·德拉马德里(Miguel de la Madrid)的时候,是眼中含泪的——该人解释说他离任时是没有任何个人财产的,也解释说1982年墨西哥灾难性的财政危机并不是他的错。安吉拉加入了我们的谈话,补充说洛佩兹·波蒂略离任以后在西班牙买了一间石化公司,他的钱有一部分可能是(安吉拉的丈夫胡安旋即补充道)通过工会头头菲德尔·委拉斯凯兹(Fidel Velásquez)得来的——他号召墨西哥工人联合会的所有成员都放弃一天的工资,拿出来帮助我们可怜的洛佩兹·波蒂略。

"然后那些蠢货就真给了!"安吉拉满心厌恶地喊了出来。

如果每个墨西哥人都能享有安全可靠的交通系统的话,那么可能那些关于奢华汽车的许诺就不会显得这么紧要了,更不用说统治管理和决策制定的问题了。事实上,圣多明各及其他地方的人们作出什么样的政治选择,通常与他们理解的墨西哥民主相关问题是联系在一起的。这完全不值得惊讶,我的圣多明各朋友们对民主概念特征的理解,即便不是那么清晰,也大多会直达大卫·赫尔德(David Held)关于民主和现代国家理论的核心:

> 民主观念的力量和影响力源自于……自决的观念;换言之,源自于这样的概念——政治社群的成员,即公民,应当可以自由选择他们自己的社团,而且能够通过他们的选择对社团形式和方向的最

终确立产生影响。(1995,145)①

如果说民主的核心与灵魂在于政治选择的有效性,那么众多圣多明各人只有极有限选择权的这项事实,应当会让人真切地感觉到困厄。过去的 1990 年代这十年里,尤其是赛迪略管理墨西哥这几年,日益增长的怀疑态度在全国范围内蔓延,也包括圣多明各在内——人们质疑自己在政治变革方面并没有真正的选择权。1970 年代有些研究者在巴西进行了访谈,我的邻居们得出了与当时巴西人相类似的结论。在那些早先的研究中,研究者发现:"占主导地位的态度,是对选票有效性的严重质疑"(Martinez-Alier 和 Boito Júnior 1977,156;也参见 Stolcke 1988,196 - 200)。毫无疑问,这种情绪几乎可以在任何时间、在近代拉丁美洲的任何地点听到回响。

20 世纪 90 年代后期,墨西哥某些地区出现这样一种认识,刚好与司多科(Stolcke)选举及大众政治研究的另一结论相吻合:那就是,人最多只能对当地环境的变迁产生影响。邻居们曾经告诉我,在他们周围环境里,自己更有可能成功实现他们想要的变革。这种观点与罗宾(Rubin)(1997)关于瓦哈卡州胡奇坦的"区域性民主"描述相类似。在那份研究里,罗宾记下来一种很普遍的认识:政治选择就算没在国家层面存在的话,也可能存在于地方层面;自由投票是一种表现形式,但政治选择并不囿于自由投票。圣多明各也是这样,人们一直更加相信,围绕当地需求而发起社区动员是可以达成目标的;而对经由不管什么手段变革墨西哥社会的信念则没那么强烈。

可以肯定的一点是,分析家们必须要很小心,不能制造出一种对自治、地方主义或者区域民主的迷信,并由此滑入肤浅的反联邦化或反组织化的偏见(见 Hellman 1992)。现代军事理论家们明白,都市里的自治区(或自由区)被更多强权势力包围着,能做的不过是把臭名声传播得更

---

① 关于更广泛地对拉丁美洲性别及国家历史的讨论,见 Dore(1996)、Dore 和 Molyneux(2000)。

远而已。但是,正如我圣多明各平民区的朋友和邻居们一直提醒我的那样,"不靠我们自己的话,我们又能依靠谁?"①这一态度正验证了罗格·巴特拉(1981)对墨西哥政治权力网络里形式代议民主(formal representative democracy)功能合法化的辛辣评论。普选制是这个世界出奇晚近的一项历史成就,形式公民自由(formal civil liberties)也一样。不同人群如何实践这些权益跟很多因素有关,其中一项即是关于女性及草根女权主义,与政治从属性和自治之间的关系。事实就是,在圣多明各,男人比女人更多地表达了对选举的巨大信任感,他们认为选举是社会变革的方法。对于这一事实,我们既不该感到惊讶,也不该简单将此解释为男人更政治化、男人更老于世故。②朱迪斯·阿德勒·赫尔曼坚持认为,我们不能夸大女性参与社会运动的意义。与这种观点相对应的,当然是严正警告不能夸大男性参与选举政治的意义(见 Diaz Barriga 1998)。

男人对投票选举更为忠诚,并以此为变革手段,多少反映出这样一个事实:直到 1953 年以后女人才被赋予了选举权。然而如果要把男性女性对选举政治的兴趣差异、信念差异归结到这个日期的话,那就大错特错了。首先,只有老奶奶们才经历过没有投票权的日子。其次,问题仍然在于:墨西哥的选举是"生成的"吗?虽然这一"生成论"观点还不普遍,但又是为什么不普遍呢? 这当然不只是简简单单地反映出女人对国家或地方政治生活缺少兴趣。

实际上,如伊丽莎白·杰林(Elizabeth Jelin)(1990)证明的那样,在拉丁美洲,通常来说女人比男人更多地参与跟生计相关的公共议题,比如家庭消费;通过这些活动,她们往往比男人更能从整体上了解公共政

---

① 关于 1990 年代末恰帕斯的民族志,以及当时对自治这个概念纲领性地运用,参见 Collier 和 Stephen(1997),及 Stephen(1997b)。
② 赫兹菲尔德(1985,第三章)为克里特(Crete)城市选举和自生的大众政治文化提供了一副精致的肖像画。从咖啡馆到投票箱,选举完全表现为男性活动,男人决定投什么选票,而妻子们、母亲们、女儿们则对选举普遍表现出"被动性"。

治事务。① 这片大陆上有很多女人都积极参与政治活动,这是一个公开的秘密,也从某些方面唤起了迈克尔·赫兹菲尔德(Michael Herzfeld)所说的"社会诗学(social poetics)"。赫兹菲尔德认为要认清社会诗学,可以通过研究刻板印象(在这里指的是女性政治实践)本身是如何在各种社会交往中被以多重目的运用的(1997,15)。

具体到眼前这个案例:尽管关于墨西哥女性的刻板印象是顺从的、消极的,但圣多明各女人们在着力改善恶劣的生存条件的同时,还经常公开宣扬这一刻板印象,借此对墨西哥民主政治和自治产生更大影响。很明显,不是所有圣多明各妇女在所有时间都是政治积极分子(*militantes*)。然而,在任何特定时间,都有足够多数量的女性保持着对政治的积极参与。因而她们始终可以是社区政治(或政治性)势力的重要代表。

人们在平民区街头可以看到,是什么人在组织什么人参与周末集体活动日(*faenas*),包括铺路、修祭坛,或分发哨子以监视潜入社区的外来嫌疑分子。亚历桑德罗·马索洛描述了近十年来墨西哥城女性的集体活动:"女性是推动社会参与项目进行的主要力量"(1992,73-74)。

女人们在家里也拿对她们的刻板印象开玩笑。安吉拉于1996年11月去世。去世之前,她在款待客人时候,会开心地向客人们描述一个偶尔前来平民区居住的人类学家的不讨巧的形象:"马特奥来墨西哥之前,还以为所有的墨西哥女人都是自我牺牲的。他请我把他介绍给更多的妇女,因为他很难自己跟她们会面,比他想象的还要难。"每当这个疑点重重的故事讲到我的时候,安吉拉都会转向我,催问说:"对吧,马特奥?"她这种关于美国佬好欺骗的爆料(*exposé*)从未失败过,朋友们都会对这故事报以一轮哄笑——拉美女权主义口号"城里要民主,家里也要民主"

---

① 这一分析与更为传统的解释相反,那种解释认为拉丁美洲女人参与社会运动及大众政治的主要模式就是强调自己的母亲身份。

在这里就得到了很好的运用。

我当然不是要说圣多明各平民区的男人全都选择通过投票箱表达政治意愿,而女人则统统寻求其他途径去解决社会不平等及其他问题。比方说,安吉拉在谈到"萨民解"的时候,就从来都没一句好话。①

不管怎么说,在安吉拉和其他圣多明各女人看来,七十年代、八十年代和九十年代的民主,除了选举以外,带来的都是坏事情。对她们而言,大众政治选择并不能被缩略成选举。恰帕斯发生的这种武装起义让安吉拉感到深深地焦虑。更加让她鄙视的是政府当局,但至于是否有任何办法可以改变当前境况,她却又非常矛盾。"萨帕塔人不遵守游戏规则,"在她家的一次争论中,她这样对加布里埃尔讲。加比反驳说:"但是,规则只是被设计来为富人的利益服务的。"安吉拉不得不同意;她太明白规矩都是彻底被操纵的,用来防备劳苦大众;在这点上她没办法反驳加布里埃尔。

我问在圣多明各有多少人"真的"支持萨帕塔,布兰卡(Blanca)一边看着她喜欢的动画片,一边应付我。动画片里有两个人:一个叫雷蒙娜(Ramona),是著名的萨帕塔领袖;另一个人代表革命制度党。雷蒙娜的画像很小,革命制度党的画像很大。然而他们影子的大小则刚好相反:雷蒙娜的影子又长又宽,革命制度党的则很小。与之类似,据说革命制度党在农村——所谓绿色选票——广泛的支持率也只是假象,其实根基很浅。

墨西哥城以及整个墨西哥的人们,是怎样又是何时开始在官方渠道之外寻求变革的?这个问题很久以来都是圣多明各平民区街头巷尾人们激烈争论的焦点。很多女人是通过她们在经济领域的经验来理解政治机遇的出现,或政治机遇的匮乏。梅塞德斯·冈萨雷斯·罗恰总结了

---

① 有一则报纸报道引用了一位萨民解叛逃者的话,说恰帕斯的主教萨米尔·鲁伊斯(Samuel Ruiz)是被萨帕塔人蒙骗了。尽管安吉拉的儿子诺伊(Noé)试图说服她鲁伊斯也是"他们一伙的",但安吉拉仍然相信了报纸报道。

墨西哥都市女性应对无休止危机时的特点：

> 都市穷人创造和掌控的资源，是国家和首都没有（可能也不会）占用的。穷人的资源是……无法测量的，也无法出现在国家统计数据里。它们属于私人事务，发生在家庭里。(1994,263)

在家庭领域，家户本身并非一定是保守主义和去政治化的中心，反而是不断因两性关系等问题而发生冲突和变革的地方。冈萨雷斯·罗恰(González de la Rocha)(1999a)及其他学者推动我们重新审视三项相关问题：(1)发生在家庭维度的问题不一定是狭隘的、无关政治的；(2)家庭事件可能不仅仅是在应对宏观社会事件，还可以对社会上更大的政治变革产生影响；(3)穷人受生计所迫而专注于生活必需品，以至无暇顾及民主、公民权等宏大问题，这类观点非常需要得到我们的重新审视(更多讨论见 Molyneux 的刊物 2001)。

很多学者讨论了穷人的兴趣和抱负，有些仅仅强调生存问题，有些强调"即使是穷人"也是有远大乌托邦理想的，还有一些学者则强调生存策略和乌托邦战略的共同作用。比如尼基·克拉斯科，谈到了瓜达拉哈拉(Guadalajara)平民区人，尤其是女人，提出的议题及需求。她指出这些议题的核心包括：基础设施（水、排水、道路、电力和路灯），社区服务（公共交通，学校及保健设施），以及克拉斯科称为"公民需求"的真正意义的代表权和责任制(1993,116)。

这种对女性研究视角的再审视有着深远的意义，它指出家庭事件在社会关系变迁上起到的作用，这超越了我们的常识，也可以帮助我们理解圣多明各这类社区人口中性别关系的变化。此外，同样重要的是：这种再审视让人们重新考量拉丁美洲女性的政治参与所产生的影响，包括对女性自己以及对该地区男性和男性身份的影响(见 Viveros 2001)。

实际上，很多女权主义研究已经向狭隘的拉美女性研究提出了挑战。狭隘研究只关注女性场所和女性工作，尤其是那些发展主义范式

(developmentalist paradigms),把女性简化为"地方的"(a)生产者(reproducers)(b)社区发展代理人(c)家庭危机管理人。①

这种关于墨西哥(及拉丁美洲)"女性场所"的描述性框架,与过去二十年圣多明各男男女女的日常生活,只有部分共享特征。自1970年代以来,在圣多明各及墨西哥其他很多社区、地区里,当政治、经济及社会文化中的性别身份和性别关系发生变化的时候,女性往往最先受到影响。男人则常是被他们身边的女人拖进性别观念实践变迁的漩涡里。

因此,在平民区,打老婆已不再总是"家务事"(意思是私密的、隐蔽的)。这一转变是通过女人自己(个人和集体)的努力实现的。不管是通过流言还是公开谴责,家庭暴力、家庭凌虐等话题常常出现在邻里之间,也成为当地女性群体(如活跃在这一地区的公共健康小组成员们)广泛关注的问题。当然,还是有一些受虐待的妇女保持沉默,默默承受苦难。同样可以肯定的是,当社区越来越广泛地对打老婆现象进行谴责时,平民区的一些男人是不屑一顾的。重点不在于圣多明各是否完全不同于首都其他社区,或整个国家的其他社区。重点在于,这种"家务"冲突已经不再仅限于家宅,人们更依赖南希·弗雷泽(Nancy Fraser)(1989)所说的"社会专业人士(specialized publics)"(如社会工作者、警察)来解决这种"家庭"纠纷。

我在圣多明各的邻居卢尔德(Lourdes)给我举了一个她经历过的"公共社区插手"谴责虐妻行为的案例。那天她到一个邻居家的后门,喊邻居一起去看一个街头节庆活动:"快来啊罗莎(Rosa),跟我们走啊。你可以出来的。他说你不能出门吗?就快出来吧。"但是罗莎没挪窝。卢尔德轻蔑地说,过了这么多年,罗莎还是没有要结束自己炼狱般家庭生活的愿望(见 Gutmann 1996,214)。

我们并不能按照积极还是消极参与社会变革,来把男人和女人明确

---

① 对这些范式的批判,可以参见 Radcliffe 和 Westwood(1996),及 Stephen(1997a)。

划分成两大类别。我所关注的恰是要避开这种死板的"两军"分类。我希望按照社会影响力,强调近年来圣多明各女性在家庭和社会运动中重要的、通常是意想不到的、变革性的作用。①

杂音:游行,街头革命委员会及变革

考虑到对家庭生活新的意义重构——既关乎参与和抗争,也关乎顺从与被动——我们需要更进一步探讨圣多明各平民区这样的工薪阶层聚居区里人们的公民权和自治问题。举例来说,与很多早期分析不同,弗朗西丝卡·利马(Francisca Lima)(1992)就有力地指出了墨西哥研究中的内在问题,即将住宅(*casa*)与街头(*calle*)视为原生且普适的二元存在。一天里的所有事情都跟谁"控制"街头有关,正如"控制房子"这个不精确的概念没能妨碍对墨西哥父权制的过度概括或过度简化。在墨西哥很多地区,一天中的很多时间,比起男人来,女人更常在街上碰面,因此在一天中的某段时间,她们完全可以声称街头是"她们的"地盘。

再来举另外一个跟"街道"和大众政治有关的例子。1996年12月当我又回到圣多明各的时候,朋友和街坊们正充满怨气地讨论另一种街头冲突。似乎那一年里有好几个月的时间,市中心都会有集会,这些集会定期地导致交通瘫痪。电视转播传达的信息里,这些由工会、农民、学生和原住民群体发起的集会除了一事无成以外,还给城市带来了污染和交通堵塞。我在平民区的很多熟人都持相同意见;也还有一些人坚称这些集会代表着绝望,因此不管多么事倍功半、事与愿违,它们都自有它们的道理和用处。

马塞洛当时就跟我说:"你瞧,我知道有很多家伙不喜欢这些游行。但是这些抗议者……是受到伤害的人。他们是被忽视的。所以,他们没

---

① 我用意想不到(*unheralded*)这个词来进行政治的、政治经济的分析。当然女权主义已经引起了女性们的注意,然而其更专注于女性之于女性群体内部的影响,而较少关注对男性及女性共同体(即社会)的影响。

有任何选择,而只能这样吵吵闹闹的集会,因为政府并没在倾听人民的需求。"

你不能总是用效率来衡量别人行为的价值,加布里埃尔曾经在另外的场合提醒我。毕竟,难道他没有把一周"额外"收入的一大半用在买胶卷上,用在他从二手市场买到的那架老奥林巴斯相机上?萨帕塔支持者在索卡洛市中心发起了一次占领(plantón)示威,他告诉我,那比那个星期发生的任何事情都重要。

如果他不拍照片的话,这些集会的新闻要怎样才能传播开呢?加比问我。我回答说那年(1994年)美国报道的关于墨西哥的新闻比往常年都要多:恰帕斯,克罗修(Colosio)以及总统选举。"好吧,这里什么都没报道,"加比旋即断言说。然而,在一份关于理性选择的生动评论里,加布里埃尔和他的同伴们也意识到,他们正是通过自己拍摄的照片,创造出了一种"大众"新闻;也正是由他们在圣多明各范围内帮助进行宣传。这些人的收入仅仅是最低工资的两到三倍,却会把他们仅有的可支配收入拿出来支持大众政治文化浪潮,助其成为现实。

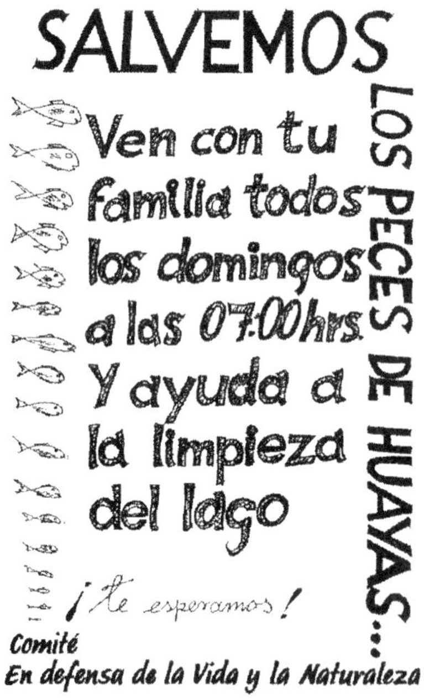

在平民区附近的华亚米帕斯湖(Huayamilpas)公园,会有另一些人于周日集会,偶尔在周六。他们集会是为了清理湖里的野草和杂物。这一区域的前毛派活动家选择这样一个工程,是为了动员当地居民继续为改善社会问题而努力,也是为了保持在那里的存在感。附近国立大学的

图 14 号召圣多明各及周边居民帮助清理华亚米帕斯湖的传单,1993 年。(贝纳迪诺·拉莫斯授权)

一个看门人牵了狗过来参加大扫除。① 我问她狗的名字,她微笑着回答,"Tovarich！你知道是什么意思吗,马特洛?"她以为美国佬没人知道这个俄语单词的"同志"。她和她的同胞们正在热切地寻求大众的支持——在这里,是通过生态保护的方式——尽管事实证明这些支持往往是易变的。

1994年整个五月,圣多明各平民区的韦韦钦路上一直出现街头集会(juntas)。市政府协助控制了局势。我的邻居阿梅利亚(Amelia)向所有听她说话的人解释说,这一提案跟选举年的承诺没什么两样,无非是让人们心满意足少点反抗罢了。其他人不同意这一结论,反驳说作为穷人,能得到什么就得拿什么。又有人补充说自己对债权人联盟(El Barzón)及公民联盟(Alianza Cívica)这样的组织印象深刻——这是些主要由中产阶层组成的组织,致力于抵制政府财政及政治政策。圣多明各人可以从债权人联盟及公民联盟的抗争策略中学到很多东西,这位邻居坚持说;这些组织的重要性也在于它们声明"现在我们都是穷人。"最后这一观点现在被很多人认同。没人会为了别人的苦难而幸灾乐祸,反而却会有一种共同的苦难感,分享同一目标。跨阶级的联结似乎预示着在当前危机下,圣多明各平民区的居民之间也没有那么隔绝了。

我的朋友和邻居们所讨论的问题,正是困扰了墨西哥主要社会理论家很久的问题。正如卡洛斯·蒙西法和罗格·巴特拉之前所争辩的:平民区的男人和女人们不清楚问题到底出在他们没作出有效利用当前危机的方案;还是刚好相反,计划太多了,反而在决定到底选择哪一计划时,人们无法达成一致,最终导致危机来临时,没人知道该怎么做了。一些人认为对同一问题——如何、何时以及为何墨西哥发生了变革,最终还是会不可避免地出现不同看法。

墨西哥大众政治文化被圣多明各平民区的一些评论家理解为原生

---

① 在墨西哥牵着狗本身就是不常见的。

墨西哥化(*mexicanidad*)(à la Bonfil Batalla[1987]),尽管这些评论家并没打算控制平民区的舆论。鉴于同样原因,要定义自己是"墨西哥人",就需要再三把自己跟流行的"墨西哥化"的刻板印象联系起来:有一位老妈妈正在给她孙子做粽子(*tamales*),一共要做150个。我感叹说这工作量很大。她却回答说:"对墨西哥女人来说,不多"(*No tanto para una mexicana*)。孩子的妈妈这时还嘴说:"那我肯定不是墨西哥人喽!"

蒙西法特别谈到了1920年代到50年代(可参见1976)墨西哥存在的一种"国民文化"。然而1960年代开始,从国家、地区到地方层面的政治潮流都变得跟*墨西哥化*联系在一起了,不管是符号标识还是实践方面。最近蒙西法写道:一种共享的墨西哥性,以及共同的民族主义,通常"依赖于集体的和个体的记忆,*并且在最低限度的信任感上运行*"(1992b,71;斜体强调标记为本书作者所加)。① 缺乏信任感的话,毫无疑问,国族认同感及其他认同都会变得松散。变得松散的一个后果就是会发展出各种类型的民族主义——比方说,一种是更为精英的民族主义,另一种则更为大众化。

这将导致,或已经导致了圣多明各人民的反墨西哥主义立场,更挑战了政治家领导并代表国家的这一默认信条。当信任感(文化的及经济的)被撼动时,墨西哥认同的内涵也被撼动了。1994年时,托尼奥在担忧一旦革命制度党总统选举落选的话,可能会出些什么乱子;担忧一旦这样的情形发生,其他党派将无力掌控——他的担忧正附和了罗格·巴特拉的观点:

> 一旦大部分(墨西哥)人通过某种方式确认了墨西哥性实则是由他们怪异的政体操控的,那么无需惊讶,将有很多墨西哥人感受到国族真实性的坍塌,和由此带来的政治危机。(1999,20)

---

① "大众(民俗)文化"这个概念作为国家文化资源,对墨西哥观察家来说并没什么特别。当然,如爱德华多·加莱阿诺(Eduardo Galeano)指出的,他发现拉丁美洲国家文化最常见的错误或者说谎言里,每十个就有一个是说"大众文化保存在特定传统里"(1982)。

结论:墨西哥万岁！人民乱去吧！

在讨论墨西哥"大众政治文化"的意义时,吉列尔莫·德拉佩那(Guillermo de la Peña)指出该概念意指穷人的调适和反抗,他们否定并探索解决遇到的政治问题的方法;该概念并非仅用来指代世代相传的惰性,或对霸权文化的荒诞效仿(1990,87)。九十年代,圣多明各平民区的老人们表示,在平民区"安顿下来"之前,虽然需要从很远的地方拖水回家,虽然住的是煤渣建的煤渣房,日子虽然很苦,但却更加快乐。从老人们的感触里,我们可以很明确地看到这种调适和反抗,否定和探索。赫克托满怀钦佩地谈起 1974 年邻居们联合起来安装水管和公用水龙头时,就表明了以上观点。菲力女士喜欢提醒我说她有多怀念以前平民区的团结——1970 年代初的时候,虽然过得很艰苦,但邻里间都会互相照应。跟刚来这片土地那让人兴奋的时光形成了鲜明对比,到 1998 年时人们时常连周围邻居都不认识。"跟个中产社区似的,"菲力女士带着鄙夷神情补充道,刚好诠释了德拉佩那的观点——"我们一定不能忘了,要去理解那种共同寻求社会服务而带来的社群(communitarian)幸福感,甚或那种由家户共同求生存而衍生出的幸福感"(1990,105)。

我请马塞洛讲讲他在格雷罗的童年生活。他不少次提到,尽管他家里一共十个孩子,"就算我们很穷,也从来没断过食。"到了 2000 年,对于能否一直供得起他自己的五个孩子,他却远没有那么乐观了。墨西哥城上一代人在经济发展方面的匮乏,令很多人感到错愕惊讶。马塞洛曾经是一位旗手(abanderado),五年级时就因卓越的功课表现被选为国旗手,他甚至见过当时的总统埃切维里亚(Echeverría);到 2000 年,他却完全不再是墨西哥政治、墨西哥政治未来的支持者了。

有观点认为通过族群和性别透镜,可以看到民主的再现。这一观点很重要。然而,追寻 1994 年圣多明各大众政治的轨迹——从五月的街头辩论到接下来的犬儒主义、万念俱灰——我们必须明白,一旦人们无力在些许方面完成他们梦想着的变革,也就不会把希望一直抱持下去了。① 到1999年,加布里埃尔已经不怎么提副总司令马科斯了;反而是带着一种假惺惺的悲悯笑容,提醒我,"在墨西哥,锅里总得出现颗老鼠屎"(*En México nunca falta una mosca en la sopa*)。

1994年春天的圣多明各平民区,谈到总统选举的时候,人们争论起了自己将如何影响关乎国家未来的决定:其中一些人关注的主要是穷人、弱势群体受教育问题,而对选举竞赛的结果不太关心;另一些人则特别担心选举结果会不会颠覆设定好了的权力分配;还有很多人好像在焦虑新闻里墨西哥军方从美国增量采购"防爆车"的报道,跟动荡的政治之间是什么样的关系。②

1994年平民区男人们的政治争论里面,有一种想要抓住机会的感觉,也有一种担心因为越矩而受到国际惩罚的胁迫感。奇怪的是,每当涉及1994年墨西哥政治变迁前景时——通过选举、萨帕塔主义或者其他途径——美国的干涉及其危险性总是反复被提到,一般会直接被联系到新的自由贸易协定(见第四章)上去。"你知道怎么吓唬这儿的小孩儿吗?"那年开始流行这么个笑话,"你就喊,'布——什——。'"那声音是在模仿火箭呼啸升空,还能让人想起下令轰炸伊拉克的美国总统布什。③

从那时起,尤其是1995年财务危机加重了经济萧条之后,我圣多明

---

① 结合当时背景,对1994年总统选举的优秀"尸检"报告,参见 Centeno(1997,247-262)。
② 见 La Jornada,1994年6月6日。显然这种交易还在继续进行(见 La Jornada,1998年3月15日)。也参见 Aguaya Quezada(1998)关于美国对墨西哥选举过程一直以来的关注(及干预)的档案研究。
③ 1993年的时候,我圣多明各的邻居们都关注比尔·克林顿(Bill Clinton)的首次国情咨文,这让我吃了一惊。朋友们问我,我那天晚上会不会也看电视转播;讲话后第二天,人们又拿着克林顿报告中的某些要点来问我。我想不出在美国除了学者或政策分析家以外,将会有任何人如此关注一位外国领袖的年度报告。另一让我印象深刻的,是一些邻居如此密切地关注美国政治,并默默希望能由此更好地理解他们自己的政治未来。在全球化时代,显然不是每个人都在同样意义上成为了全球公民:墨西哥大众政治文化无法避免不受到强权外国势力的干涉,而美国公民们则可以无视这一点。

各平民区朋友们的政治心态变得益发清醒。人们感到自己被从主流政治规划里面剔除出去了,也被剔除了拥抱更美好未来的希望。就此而言,平民区男人们的大众政治文化历程跟墨西哥整体政治发展过程是一致的,克劳迪奥·罗姆尼茨(Claudio Lomnitz)曾将其描述为:"政治仪式正在替代讨论和辩论竞技场,正在创造一种统一(文化的和政治的)多元观点的霸权风格"(1995,42;也见Lomnitz 1998)。

今天平民区人对墨西哥政治变革可能性的敏感度超乎以往的强烈,对理想幻灭——于相当一些人来说,照旧是漠不关心——的敏感度也强烈过以往。可能是巧合,也可能不是,也正是在1995年以后,墨西哥城街头抢劫案件以及其他案件也明显增多了。这种情绪在我的男性朋友和女性朋友中的强度是不同的,男性情绪明显强烈过女性。似乎相较于女性,他们在投票和选举改革方面倾注了更多的政治理想。

有鉴于这个社区本就建立在众多女性成员独立的政治意愿及实践基础之上,且长久以来皆依赖于此,出现上文提到的差别也就不值得奇怪了。在墨西哥其他以女性作为社区领袖及武装力量的社区里,对政治及做政治的标准化定义往往轻慢了女性的"非正式"努力,但其实正是通过这些努力,公共领域得以拓宽,也更为多样化(见Massolo 1994,35)。

于此相类似,阿伊达·赫南德兹(Aida Hernández)最近写道,在考量恰帕斯土著居民抗争活动的时候,我们不能再忽略土著女性了:"这些新的政治参与者不仅仅在影响她们自己社群的文化变迁,也改变了**整个州、整个国家的政治场域**"(1998a,166)。

1994年由起义和选举运动所代表的历史,和更具持久性的女性社会运动历史,在短暂汇流之后即分道扬镳。其原因在于,至1995年初前者就已经基本消解了。尽管如此,首都不安分的女痞子(*viejas chingonas*)通过在街头、家内各种活动对大众政治文化产生的影响,也将对墨西哥民主的生成产生关键影响。

2000 年总统大选后续

2000 年 7 月总统大选,革命制度党败选,国家行动党的比森特·福克斯当选。墨西哥以至国际社会的媒体和政治精英们大多都为这一结果欢呼,认为这是一种精彩而平和的权力过渡。现在是反对党执政,边缘政党变成了权力支点。中产阶级专业人士对合众国将要发生的经济、政治及社会巨变作出了乐观估计,似乎只稍稍带了一点戒备而已。先不提福克斯和他国家行动党的同僚们推行的政策,甚至也不提他们对墨西哥未来作出的特别规划,墨西哥的政治场域已经发生了不可逆转的变革,自由投票选举也永远地被引入进来。对福克斯及国家行动党的批评似乎深受一种舞台理论影响:先通过选举,把革命制度党及其民选的独裁踢出去,然后再操心具体是什么人什么组织取代了他们的位置。

在圣多明各,2000 年 8 月及其以后,我交谈过的人们都对这次选举秉持一种审慎态度。其中一些人希望墨西哥是真正地跨越了自己的卢比孔河(Rubicon)①,他们更愿意继续保持"等等看再说"的姿态。他们的观点也是长久以来在拉丁美洲很普遍的一种观点:因为既不能指望政府发生任何重大改变,但这种过渡有时还会带来对社会弊病的一些短暂关注,所以大家可能也不该完全丧失希望。

2000 年比森特·福克斯竞选时,确实曾许诺要给墨西哥所有社会阶层的人民都带来深刻变革,"尤其"是为国家的那些穷人们带来变革。第一步——取代革命制度党——已经完成了,但平民区一些人推断说,结果可能只是赶走了原先的恐龙,却换来一群更冷漠的技术专家(tecnócratas)。

---

① 卢比孔河(Rubicon)是意大利东北的一条浅河,是高卢和意大利的分界线。凯撒和他的军队曾跨越了这条当时被认为不许跨越的河流,并最终统治了罗马。故跨越卢比孔河用来比喻达到了决定性的转折点,没有退路了。——译者注

第九章 墨国大（UNAM）罢工

> 你得跟所有人一样，甘愿当历史的受害者，因为没人能幸免于此。
>
> 托尼·库什纳（Tony Kushner）

1999年4月20日，墨西哥国立自治大学（Universidad Nacional Autónoma de México，缩写UNAM，以下简称"墨国大"），发起了一次学生罢课活动以抗议学费上涨。墨国大有将近30万名学生，是世界上最大的大学之一。本来是一所免学费的公立大学，从20世纪40年代开始，学生每年只需要象征性支付几个便士的学费而已。几代墨西哥及拉丁美洲政治、科学和知识界领袖都曾经在墨国大接受过教育；实际上，之前六任墨西哥总统中有四任在墨国大就读过①，显然副总司令马科斯也是。

尽管大学管理层默许了学生的要求，迅速宣布学费上涨是"自愿的"。学生们还是投票决定继续罢课，并要求更多参与学校事务管理，以及永久叫停任何强征学费的提案。大概可以猜到，维护墨西哥国立自治

---

① 其中几位墨西哥总统后来又读了哈佛和耶鲁的研究生项目。

大学的自治权成为 1999 年罢课活动的主要目标,且已经是整个二十世纪师生政治斗争的焦点。跟拉丁美洲其他主要公立大学一样,墨国大一直宣称其智识主权(intellectual sovereignty)不受政府任何形式的控制。当然,这种学术独立性通常只是说说而已,实情未必如此。然而,这种宣言在二十一世纪的墨西哥还是带有不容置疑的道德力量。①

需要特别提到的是,墨国大学生将自己的罢课运动视为对高等教育领域新自由主义政策的一种反抗;他们有时也成功地把这次罢课描绘为另一前沿阵地,针对的是世界银行要将墨西哥国家石油公司 PEMEX、电力行业及墨国大私有化的秘密提案。1999 年夏天的圣多明各,数不清多少邻居熟人问我是否懂得这个那个,是否知道学生罢课不仅是学费上涨这么简单,问我是否知晓学生封锁墨国大校园背后真正的意义是什么。

起初罢课活动得到了教授们的支持,他们中的很多人曾是 68 年事件的参与者。然而来自老师们的支持并未持续很久。一整个夏天,我常常从大学的同事们那里听到"过激分子(ultras)"这个词,他们认为这些"过激分子"跟 1960 年代的激进分子一点共性都没有。而他们忽略了的,也是颇具讽刺意味的一点:正是他们自己,在六十年代和七十年代也曾被贴上过疯狂极端分子的标签,跟现在的学生们其实没什么两样。1999 年春天,媒体报道说有将近 70% 的学生在校园外面跟教授见面补课。根据官方数据,那年秋天,虽然先锋们(paristas)——对罢课者的称呼——继续占领着校园里几乎所有的教室和行政大楼,仍有约 85% 的学生注册了课程。

罢课持续了九个月之后,终于在 2000 年 2 月 6 日,一个周日的大清早,新成立的联邦防御警局派部队进入校园,逮捕了 600 多名罢课者,并以联邦当局的名义宣布收回墨国大。媒体把被逮捕的人群描绘为一种

---

① 墨国大罢课的基本信息大多来自 La Jornada 的全球咨询网(http://www.jornada.unam.mx)及 Proceso(http://www.proceso.com.mx)。

大杂烩：里面有无政府主义者、有刑满释放人员、有毒贩、有激进分子——这些激进分子是1999年12月破坏华盛顿州西雅图举办的世贸组织会议的同一批人。尽管部队进入墨国大校园的举动受到了谴责——对1968年的回忆最终还是压过了其他顾虑——但我的教授朋友们都还是集体松了一口气，至少在私下里是这样的。

圣多明各平民区的情形则不同。出乎我意料的是，那里的很多朋友都支持罢课，支持年轻罢课者，尽管多是口头支持，没什么实际行动。我的教授朋友们和圣多明各朋友们在同一政治问题上的观点居然如此不同，这是我在这之前从未遇到过的。当然，这两个群体内部也不是仅有一种声音；但每一群体中有普遍共识这点却是不会错的。这可能跟平民区离墨国大很近有关系——仅隔着一条地铁轨道——而且圣多明各很多居民或者他们的家人在墨国大做清洁工。① 因为这种特殊性，我听到了人们对媒体罢课报道真实性的很多质疑，而这类质疑在恰帕斯等事件中则要少很多——那时候我的邻居朋友大多只会精准复述电视评论员们的分析。

我的一些朋友倾向于怪罪校园维护工人（sindicato）的工会STUNAM，他们认为该工会的开销，是墨国大所有骚乱发生的真正根源，因为这些人总是要太多钱了——这也可能是嫉妒的表现，因为那里的工人工薪要比平民区人的平均工资高很多，但他们对学生或者教授却都没什么批评意见。就学生而言，很多学生被认为也是来自于穷苦家庭，因而为了他们自己也为了他们的下一代，他们会努力保证自己接受到高等教育。更出乎我预料的是，罢课期间圣多明各没有人对我说过任何关于墨国大教授的坏话，而只是对他们充满钦佩和尊敬，认为他们是在为教育墨西哥年轻人而献身。

---

① 1999年夏天前往瓦哈卡和瓜达拉哈拉途中，不管是主要媒体还是我的朋友们，对罢课的兴趣和了解都很少。

受教育是权利还是特权

罢课和占领墨国大行动与圣多明各平民区近在咫尺，这是平民区人们支持罢课的一项可能原因。除此以外，我很快发现圣多明各人广泛支持墨国大罢课运动的主要原因在于，罢课一定程度上表达了人们想掌控未来的社会需求。人们普遍认为教育是实现阶级向上流动的根本方式，而根据不少平民区人的说法，理想状况是政府负责为人民提供免费教育，帮助那些有求学意愿的人。人们都认为在卡洛斯·萨利纳斯（1988—1994 在任）和埃内斯托·赛迪略（1994—2000 在任）总统在位期间，曾以相当快的速度变卖国有资产；而现在墨国大学生罢课就是一次反击，既是为了维护学生自己向上流动的可能性，也是为了抗议新自由主义者的一派胡言。

我跟贝纳迪诺讨论了这次罢课，他是一位由社区活动家升任的官员代表。我问他："对墨国大的这次罢工，你怎么看？"

"我觉得最基本的问题还是政府应该对教育负起责任来。也就是说，如果我们想要人民有教养，想要人民有能力建立一个公正的社会，一个平等的社会，一个由人民领导的社会。我认为教育私有化的概念跟这一体系的重商主义视角有关。那是个底线问题，跟学费（*cuotas*）①是否合理没多大关系。毕竟教育的开销是不菲的，我们社会当中的所有人都应当为此做出贡献（*cooperáramos*），不是吗？问题就在于我们拿什么眼光看待变革。如果我们让社会更知道做出贡献的重要性，如果形成一种社会参与机制，那么社会当然会参与，会做后盾，会支援。教育市场化的问题并不在于让国民共同承担，其问题在于会让一大部分人失去受教育机会，尤其是那些最为弱势的群体。"

---

① *cuotas* 这个词（字面意思"定额"）指的是最初由墨国大管理层提议的学费制度，其中能负起学费的学生将被收学费。

跟圣多明各地区很多人一样,贝纳迪诺坚定认为所有人都有权利接受公共教育一直到大学毕业。他尤其强调穷人不该被从高等教育中排挤出去。他注意到七十年代和八十年代,墨国大实际上已经成功接收了很多不同阶级背景的年轻人,这无疑让他感到值得庆祝和推广。

但是这样支持学生,支持学生的免学费要求,并不能解决问题,因为最初导致这场危机的问题还不能得到解决。诺玛向我发表意见说,她觉得"解决办法将是(政府)停止付钱给墨国大校园维护工人,因为他们虽然也在罢工,但还是每两周就可以收到钱"。

"所以他们还在工作吗?"我问诺玛。

"没有,他们没在工作。有一些在工作,但不是所有人。比方说,管理者就没在工作,因为他们进不去学校。保安是可以进的,我想维修工也可以。"

"教授在领工资但也没在教课,"我说——显然说这话的时候我还不知道有些教授正在校园外面开课。

"所以问题越来越多,没有办法解决。墨国大从来没像现在这样过。从来没有!"

我听到过很多谣言指斥罢课群体的构成,于是我问诺玛:"参与这次运动的都是些什么学生?"

"都是些老顽固(*fósiles*)。① 比方说那个故意破坏壁画的,我觉得他得有五十多岁了,但那人活着就只是为了制造麻烦和辱骂别人。② 那些跟墨国大一点关系都没有的愤青都聚在这里了,这是些纯粹献身给抢劫、斗殴和抢公交等事业的人。我跟墨国大的学生们聊过。马特奥,你

---

① 被普遍认为是 *fósiles*(老顽固)的,人们说这些学生已经在大学里呆了很多年,重修了很多课程,却从来都达不到拿学士学位的资格。
② 大学里一幅著名壁画嵌入了一份列表,记录墨西哥历史上的重要日期。最后被加入列表的是一个问号("?")。考虑到这幅壁画被当作爱国文化的一部分,媒体强调说任何损坏壁画原初设计的行为,都是对国家的蓄意攻击。要指认抗议的画家很容易,因为他在涂抹壁画的时候就已被录了下来。

觉得呢？他们拿学费的事情当借口，但实际上他们一点儿也不关心这事。"

"我听到的情况是，"我插嘴说，"学费问题可能只是个导火索，引来了更多人参加。所以现在学生们觉得参与的人不能再增多了。"

"他们也是这么说的。他们说按照（墨西哥宪法）条款……我不记得了，大概是说'教育必须是免费的。'因而他们要捍卫这一条款。学生们只是拼命地希望撑过这个学期。很多人在说，'我们已经弄没了一个学期了'。不能再把下一个弄丢了。"

"这个局面得怎么解决？"我问道。

"我认为很难，非常难。我觉得解决的关键要看校园维护工人。如果停掉他们的工资，他们就不会再支持学生了。"

"就是说校园维护工人工会是支持罢课的？"

"是的。他们说他们无论如何都将支持学生。就让政府断掉工人工资，之后他们就得想办法解决吃饭问题了！我觉得必须得有个解决办法，但他们找不着办法，或者说他们不愿意找。我不知道。现在情况很艰难，因为学生已经无法继续忍受了。他们也是在向我们做示范，示范给我们所有这些墨西哥混蛋们看，告诉我们再也不该让政府控制我们的生活（mangonear）了。"

"你似乎在一些问题上反对学生，在另一些方面则赞同他们？"我嘲笑诺玛说。她承认了自己对罢课所持的态度是矛盾的，如果不涉及罢课申明的那些目标的话。

"从另一方面说，同意！就让他们闹吧！就让他们捍卫他们的权利吧！但是他们也给很多人的生活带来了麻烦，那就一点也不好了。"

简言之，诺玛跟很多人一样，深深地被罢课感动，同时又或多或少地会在争论的时候选边站。然而她做不到，因为最终她还是没办法调和既希望罢课和平解决又希望学生能实现最基本需求这两种互相对立的愿望。

大学自治

整个二十世纪,拉丁美洲公立大学意识形态的核心准则一直是知识分子自治,不受世俗的、有害无益的国家事务控制。自治可以最大程度地降低政治对其的干预,而被当作实现学术严谨性、客观性的一种手段;自治也被拉美社会更为保守的势力描述成抵御左派恶棍的终极避难所。诚然,自治概念本身绝不意味着拉丁美洲学界要脱离实际的政治议题及政策。如果说有什么区别的话,相较于包括美国在内的很多国家,这儿的人类学和很多其他学科里,学者们的研究课题更加关注社会不平等、社会不公正等紧要问题。

不管怎样,只有理解了这一自治教条,美国读者才能彻底了解缘何墨西哥当局会允许这样一群乌合之众占据国家最负盛名的大学长达九个月之久。坦白说,绝对无法想象一场历时如此长久、封闭整个校园的罢课运动会发生在美国的任何主要大学里,更不用说发生在哪个声名卓著的高等教育机构了。而在墨西哥,表现出来的是学生、教授以及大众都赋予了大学以更多期待,对大学教育的权利、机会等较少有偏激观点,也能更加直率地发出自己的声音,表达自己的信念。[1]

我的朋友邻居们受够了当局和政府找出的种种借口。原则上,好像任何反对当局的行为都能得到人们的支持。1999 年 7 月一个傍晚,菲力女士陪我从她位于圣多明各平民区西南角的家走去玫瑰大道(Las Rosas),我要在那搭小巴回家——我住在平民区的另外一边。她告诉我她曾经领导过阿维尼达阿兹特克复活教会(Iglesia de la Resurrección on Avenida Aztecas)。她们的教会为基督教社区提供房子。当时,她和教会的其他成员正准备会见一些电工和罢课者,了解墨国大的情况。学生

---

[1] 关于墨西哥学生运动,见 Mabry(1982)。

们似乎需要电工的一些特别技术,所以菲力和其他基础社区积极分子就把他们聚在了一起。

图 15　以一美元纸币和两百墨西哥比索的形式做成的传单,1999 年。是墨国大学生罢课宣传的组成部分。美币背面的大标题是抗议变卖墨西哥资产给外国人,以及对持反对意见学生的镇压。(马科斯·鲁瓦卡巴[Marcos Ruvalcaba]授权)

就在我们要离开她家之前，菲力把我叫到厨房。她拉开一个抽屉，抽出一个马尼拉纸信封给我，说是留给我的。里面是罢课学生在圣多明各发放的各种传单，还有一些剪报，以及一些仿制纸币（一张是美元，其他的是比索），纸币一面印着墨西哥总统赛迪略和墨国大管理者的头像。在另一张纸币的背面，印着著名的加尔默罗（Carmelite）修女和诗人索尔·胡安娜·德拉·克鲁兹（Sor Juana de la Cruz）(1651—1695)的肖像，和这样的话："比这张钞票更假的，是他们在广播电视报纸里面说的话，是他们野蛮威胁大学生罢课运动时说的话！"一些朋友把这些纸币攒下来留给我看，他们也很想让菲力把这些纸币副本送给我。

两年前，1997年的冬天，菲力女士曾告诉我墨国大对她个人意味着什么。它的意义不仅是象征性的："我有次读了毛的一本小书。当时我们是在墨国大经济学院参加一个务农者的聚会。他们在读马克思——嗯，他们以前读他，但现在不读了。那儿还有列宁的一些小书，不过现在也没了。我们在那个学院，读了列宁和马克思。我们学到的那点东西，嗯……基本等于零，等于什么都不知道，然后再一点、一点地学……我们那样其实可以学到很多东西！但是我们只学到了一点点。不过即使只学到了一点点，已经足够帮助我们把我们自己组织起来了。而且，嗯，我们不希望有这么多不公正，这也是他们抗争的原因。毛、列宁、马克思，所有他们这些人。不光是在墨西哥，在其他国家也是这样的。"

先锋们(THE PARISTAS)①

1999年，罢课者们提出了正规的书本学习和大学学位等问题。在跟圣多明各邻居聊天的时候，菲力发现她所维护的学生们也都参与了罢课。她邻居提出的一个首要观点，即认为这些学生不过是些无政府主义

---

① 指参加了1999—2000年墨国大罢课的学生。

的小阿飞，他们是决心要搞破坏但却并非真心要得到教育，他们对解决社会问题也没什么兴趣。

"显然，我们也没打算叫这些罢课学生是阳光甜心，对吧？他们也有他们的缺点，因为，嗯，他们是年轻人。而我们也知道年轻人就是不安分的，也不可能控制他们每个人。但是不能因此就谴责他们。我们也该谴责政府啊。你看看政府给我们带来多少伤害。那么为什么他们不提这些呢？他们说这些学生是假学生，说他们是这个，他们是那个。但他们自己是什么东西！他们自己犯了这么多错误，洗劫了全国人民，他们还胆敢说这些话。我举个例子吧，有个叫玛莎·亚历桑德罗（Martha Alejandra）的学生死了，是当他们计划抢占巴士的时候，巴士司机把他们拖走并碾过了五名年轻人，其中玛莎·亚历桑德罗死了。政府对此事不发一言。他们绑架了一个年轻人，拿弹簧刀刺他的胸口。还有个年轻姑娘被强奸了。因为他们已经受到过威胁，他们已经接到过打到他们家里的电话。然而媒体对所有这些都只字不提。"

1999年7月我和加布里埃尔讨论罢课事件时，他也表达了同样的想法，忧虑媒体报道和对罢课者的不实描述：

"你想知道关于墨国大的什么，马特奥？我不可能知道太多，因为我没在那上过学。不过你想知道关于墨国大的什么呢？"

"墨国大罢课将会怎么样呢？"

"如果人们不支持学生运动，他们将会被教育抛弃。你看，我没能参加（学生们）全部游行，因为我得工作。但只要我可以，我就去参加。而且当我有点多余的钱，我就能给他们买些吃的，嗯，我也是那样做的。这不光是空谈的事儿；你得为了他们到那里去，你得能靠得住。有很多人说学生的坏话，但其实他们从来没跟学生们交谈过，一场游行都没参加过。*Falta mucha preparación*（大意为，'有太多的蒙昧无知了'）。

有位同志，是位歌手、音乐家，为学生运动做出了很多贡献，曾经告诉我说，在运动最开始的时候，一些学生有相机，他们一些人就到了兽医研究所，发现学校职员已经在里面了，而且正在宰杀动物——要以此栽赃给学生！学生照了些照片就迅速离开了，他们打算前往科匹克(Copilco)地铁站冲洗照片。那些暴徒就跟踪学生，把他们打得屁滚尿流，然后抢走了他们的相机和胶卷。这事对我有多震撼，感觉像是幻觉，简直是可笑。要是你打算参与到这运动，你最好 *pies de plomo*('脚底灌铅'，意思是把脚扎扎实实地踩在地上)，并且彻底把事情想清楚。这就是为什么会有那么多的蒙昧无知！"

"罢课者很年轻吧，对吗？他们是不是特别幼稚，没什么经验呢？还是说他们是被其他什么人操控的呢？"

里卡多(Ricardo)，一位年长的邻居加入了我们的谈话，插嘴说，"他们大多数都是被其他人操控的。"

"我觉得不是，"加布里埃尔回应道。

里卡多接着说，"是，他们大多数都是。我敢肯定。我跟我女儿谈过，也跟其中一个(学生)谈过，他们在做的事情并不是应该做的。不然你怎么解释这一点——他们其实大多数都不赞成罢课？"

"如果大多数学生都不赞成的话，罢课早就停滞了，"加布里埃尔对他的朋友说道。

"他们现在就是有分歧的，"里卡多坚持说。

这时加比微笑着摇头说："不。不。不，我不觉得有分歧，因为如果有的话，应该已经停滞了。而实际情形是，很多家伙，甚至在那儿工作的人，每个人都试图妖魔化这场运动。每一个人！该死的大学(服务)工人，该死的(STUNAM维修工人)工会。"他直接对里卡多说，"你不跟他们交谈的话，就什么都不可能知道。去墨国大，去学校。跟他们谈谈。"

"我去过了，"里卡多说，"我跟他们聊过，然后意识到一些问题。我女儿和我老婆都说参加这个没什么好处。"

"不是这样的。为什么不参加？"加布里埃尔奚落里卡多说，"斗争最激烈的时候，都有女人在场。这跟过去不一样了。娜查·格瓦拉(Nacha

Guevara)有首很美的歌是这么唱的:'在路上,肩并肩,我们人很多,不止你两个。'我不说他们坏话,因为他们在做的事情是好事。至于说他们是否是被操控的,嗯,这个问题比较难答。你知道为什么这场运动一直没停吗?因为他们想要公开谈话,但政府却不答应。"

这个时候,里卡多转向我,煞有介事地问道,"为何要公开对话?他们是要拿相机记录这整个东西。因为他们不肯让政府操控他们。"

加比尽他最大努力,像学校老师一样,耐心解释说,"你知道为什么吗?因为公开谈话并不是要让这场运动被政府操控。领袖们聚在一起封闭谈话的时候才更容易实现操控。对不对?你是怎么想的,马特奥?"

我闪避了,只说,"美国对这次罢课的报道极少。我来这以后一直在跟大家聊天,试着了解到底是怎么回事。我还在努力揣摩中。"

"但你是怎么想的?"加比坚持问,不肯接受我的借口和托辞。

"我听说过很多完全对立的观点,"我回答,继续试着躲开这个问题。

加比接着扩大了他的攻击面:"因为那些人就活在电视前面,他们知道的任何事情都是从电视上来的。那是什么该死的媒体啊!彻头彻尾地操控着人民。"

全球化及世界银行

1968年,虽然墨西哥要承办奥运会,但当时人们却普遍存在这么一种感觉:觉得10月2日特拉特洛尔科大屠杀只是孤立事件,将会免于国际舆论法庭的审判。与之形成鲜明对比的是,1999年,人们都深信墨国大危机背后是有国际势力支持的,而事件的解决也将在全世界的注目下进行。正如我反复听到的,世界银行以及国际货币基金组织要求墨国大私有化,墨西哥政府紧接着就再次屈从了。学费上调仅仅是向新自由主义私有化悬崖坠落的第一步。

我跟马科斯谈过这些事情,也谈及他自己在墨国大的清洁工工作,以及他作为校园维护工人工会积极分子的事情。我首先想要弄清楚的是,清洁工到底有没有收到工资,他们到底有没有在工作。

"大学在付我们工资。大家早上必须得打卡。"

"一周六天,跟以前一样?"我问他。

"跟以前一样,"他回答说,"如果没什么活可做,你稍微呆一会然后就回家。"

"你觉得之后将会怎样?"

"如果不拖拉不延长的话,我们是没问题的。如果确实延长了,可能连工会的未来都开始不牢靠了。因为现在工会执行委员会已经撤回对学生的经济援助了。"

"他们不再给钱了?"

图16 1999年墨国大罢课海报,呼吁"还墨国大政治囚犯以自由!"(菲力·费尔南德兹授权)

"大学(行政部门)跟工会有协议,所以我们不会卷入到冲突里面。所以如果我们继续支持的话,嗯,他们将停掉我们的工资。如果他们停了我们的工资,我们就得发起罢工,那样的话工会的未来就实在堪忧了。因为(大学)行政部门会说,'我们不会付钱给你们的!这样你们就爱干什么干什么去,说不定我们还要解雇你们呢!'"

"大学有可能会永远关停么?"我半开玩笑半认真地问道,已经有一些人在担心这种可能性的存在了。

"他们绝不可能把大学永远关停下去。但将会出现一次改革,他们将分裂我们工会。以后不会只有一个工会了,而是,比方说,二十七个工会。"

"权力就变小了,是吧?"

"权力就变小了。教育部(SEP)的情况就是这样的。[1] 同样的事情也可能在大学发生。这样墨国大就有权力说,'你,你有用你留下。你要没用就走人。'"

"你是怎么看这次学生罢课的?"我继续问。

"已经变得很政治了,罢课的政治性目标已经大过教育性目标了。很多政治家已经插手进来了。"

"左翼群体?"

"比方说民主革命党。库奥特莫克·卡德纳斯已经介入了非常多了。"

"但是卡德纳斯并不支持他们,对吧?"

"不支持,因为学生太极端了。所以他说,'如果你们想这么干,好,你们继续。那乱子是你们的,不是吗?'有一天他们甚至还可能会派军队

---

[1] 在教育出版社办公室(Secretaria de Educación)的教育工作者全国联盟(SNTE)被认为是全拉丁美洲最强大的工会之一。任何时间它的注册会员都有 25 万之多;会员被区分成部门(*secciones*),围绕体育教育、高中教育和技术行政教育等展开工作。1990 年代末,成立了一个叫做国家教育工作者协调委员会(Coordinadora Nacional de Trabajadores de la Educación)的反对组织。

进墨国大。"

"会吗?跟68年那样?"

"不完全像68年。我不记得是1980还是1981年,我们罢工,他们派来了军队。同样的事情可以再发生。当局已经准备这样考虑了,但因为事情闹得太大了,对政府来说也是难事。因为其他的、更大的问题也就跟进来了。人民可能也得卷入冲突中,那时就不光是学生问题了,而是工人、农民运动了。冲突将变得大得多。考虑到2000年的总统大选,这个问题对政府来说是很棘手的。

就像学生们说的,'他们涨学费对我个人来说倒是无所谓,但对我之后来的人来说就有所谓了。因为还是有人是没钱的。'有钱的人交钱,但他们也没说他们都会交钱。来念书的人里头还有一些连吃饭的钱都没有。大家从全国各地来到这里学习,家长给他们钱,让他们来这,但是一些人连饭都吃不起。他们不得不乞讨!我在墨国大做清洁工,发现很多学生甚至连买块糖果的零钱都没有。所以学生们说,'我们不希望他们向在我们之后来的人收钱。'而且,现在的经济形势也变得越来越糟了。"

"对于你个人来说,情况更艰难了吗?"我问马科斯。

"对,是的。你习惯了这个工资,这种生活。但价格却持续往上走,你的生活就不得不往下走。你就得受更多苦。你就得寻找其他收入来源。举个例子:在堤坡左特兰(Tepozotlán)①,一个苦力一天挣十个比索,从早上八点干到下午五点。你觉得就靠这十个比索,他能过活?你最近搭过地铁吗?"②

"甚至比最低工资还要低,"我回应他。

"少多了。最低工资是大概三十四比索(当时相当于一天3.40美

---

① 堤坡左特兰是墨西哥城北郊的一个小城。马科斯有姻亲住在那里。几年以前,我们一起拜访过那些亲戚。
② 1999年夏天进行这次访谈的时候,一比索大概值十美分。一张地铁单程票要花费一个半比索。

元)。现在这儿来了一些北部务农者,从协拉普埃布拉(Sierra de Puebla)来的,来这儿求助,因为他们一天只能挣到十比索。我们就说,'这是怎么了?人民这是怎么了?政府这是怎么了?'很多酋长(caciques),有钱的人,从没钱的人那里抢钱。为了什么?为了建他们的大厦,建他们的庄园、别墅。人们正在认清我们要变成什么样的国家。想象一下人民正在经历什么!政府处处试图压榨我们的钱。他们到处伸手,又在试着把电力、石油和教育都私有化。"

"墨国大?"我刻意问道。

"把墨国大私有化了,剩下的就容易了。因为墨国大是整个国家的化身,是人民的化身。"

"不光是墨西哥,是整个拉丁美洲。墨国大是整个拉丁美洲领导人的摇篮。"

"如果他们把墨国大私有化了,会怎样?政府将会说,'你得每月付两千比索(大约200美元)的学费。你想不想付?不想付?你猜怎么着?滚出去!'你想象一下一个月掏出两千比索。实在太多了!政府想从任何地方榨出钱来。为什么?这样等他们退休的时候,他们就有钱留给自己和自己家人,甚至他们的孙子辈。就是如此的公正,多么美妙!举个例子,有个叫瑞欧·萨利纳斯(Rual Salinas)的案子,该人是前总统的兄弟。他们把他关在监狱里。你喜欢也好不喜欢也好,他是没在享受的了。他不打算归还他偷的那些钱,但他被关起来了,至少他还受了四年牢狱之灾。你可以说,'这至少也说明了些什么吧。'但那只是他们之间的事情,并不是应人民的要求,而是这个政府内部正在分裂。"

"你担心你在墨国大以后的日子吗?"

"对,是的。因为如果他们跟我说,'你猜怎么着?你已经不用在这工作了,'我要怎么办?"

"自己在这儿开个小铺?"我指了指我们的朋友马塞洛以前开铺子的地方。他最近在库埃纳瓦卡(Cuernavaca)有更好的发财机会,已经离开墨西哥城了。

"其实我们确实想要在这做个小买卖,卖卖吃的。大家已经都在这么干了。在墨西哥,我们什么都卖。"

"是啊,不过你永远不知道什么时候才能休息。这活很累。"

"可以谋生啊。卖吃的永远不会赔本,因为你卖不掉的东西还可以自己吃!"

对我圣多明各的朋友们来说,要应对全球化和世界银行等对墨西哥的影响,很现实的就是一些短期的、个体的办法——比如开小食摊。部队重新控制墨国大之后六个月,平民区的一些熟人判断说,联邦政府和大学当局*允许*罢课持续那么久,是因为相信罢课组织内部会出现分裂,这样他们善后的时候就更容易处理。在无孔不入的新自由主义风气之下,他们能做的最多就是沉住气、祈祷自己的家庭能幸免于难。学生们的反独裁主义(anti-authoritarianism)一时间给了很多人以鼓舞,但圣多明各人对罢课的最终结果并没有表现出太多惊讶,反而是知识分子们,曾以为有 1968 年教训在先,政府不会动用军事力量来结束罢课。

第十章　政治幻象

今天,除了现实,还有什么?

卡洛斯·蒙西法(Carlos Monsiváis)

顺从的暗示,反抗的标识

2000年7月总统大选之后几周,我对加布里埃尔说到我要去书店买新版的《缺席的民主》(*La democracia ausente*),他喊道:"好啊,它现在出版啦!但它就是一坨屎啊!"①当然了,这只是他的一种说法。然而革命制度党2000年夏季总统大选落败之后,不仅仅加布里埃尔,人们都并未为此结果而兴高采烈,反而是对墨西哥穷人的未来感到忧虑。截然不同于媒体在7月2日总统大选之后的一片欢呼之声,圣多明各人们对国家行动党候选人的当选表现得很沉默。大选未能给平民区人们带来关于未来的乐观预期,人们对国家行动党领导下是否会有正向的社会变革不抱持乐观态度。

更明显的情绪则是,政治上得保持消极才不会感到失望。一个人的

---

① 见巴特拉2000。

政治预期越低，选举这样的政治事件带来的伤害就越小。虽然我们不应该假装那些放弃投票的人都已经形成了一套完整且一致的政治程序，但我们也不应由此认为弃权主义（abstencionismo）仅仅是政治冷漠的后果，且带着一种倨傲态度将其摒弃。2000年总统竞选前后，是我们更为哲思的时刻：马科斯、马塞洛、加比、托尼奥和我聊天时，谈到一种被不受我们控制的力量困住的感受，同时又奇怪为何我们花了那么多时间去幻想一些不可能的事情。我们是蠢到要浪漫地把社会变回我们出生时候的样子吗？我们知道我们没办法掌控自己出生的世界，然而却丝毫弄不清楚我们究竟是否有能力、何时会有能力改变我们现在生活的这个社会。

像其他合理的社会评论一样，我的朋友们向我强调说社会文化因素不仅对他们的观念产生影响，也影响了他们的行为。他们无数次告诉我，文化、社会和组织帮助架构起了我们对世界在意识形态上和实践上的理解。有一次，我提到了安东尼奥·葛兰西（Antonio Gramsci）以及他的矛盾意识（contradictory consciousness）概念——即，我们从上一代那里继承来的意识理解（consciousness-understanding），同只能从改造社会的实践活动中得到的意识理解，这两者之间的矛盾——马塞洛评论说葛兰西方程式的前一部分要比后一部分更直白。九十年代末的这段历史并未让我的朋友们感到需要庆祝世界发生了重大变革，也没有让他们感到自己就是这一变革的推动者。

时代在改变，现在对墨西哥大众政治作太多总结还太冒险，甚至也不能对墨西哥都市的大众政治作出太多总结。吉列尔莫·德拉佩那有一篇文章，关于八十年代瓜达拉哈拉地区人口（sectores populares）中男性与女性的经历和社会关系，尤其是他们对社会及政治的看法。在文章里，德拉佩那清楚地说明了，对于他访谈过的很多人而言，参与志愿组织及社会动员的重要性。然而德拉佩那也指出，在瓜达拉哈拉，"谈大众文化就是在谈宗教"（1990，85）。因而，德拉佩那的这些参与大众活动的受访者告诉他，在公民参与之外，他们的政治关怀还包括家庭问题和宗教生活问题。

我把八十年代瓜达拉哈拉地区人们关心的政治问题，跟九十年代墨西哥城圣多明各平民区人们思考的问题进行了比较，发现有着显著的相似性和差异性。最大的不同在于，德拉佩那在瓜达拉哈拉的受访者极少表达对富人的敌意。而九十年代的圣多明各情形则不同，对富人的敌意实在是很普遍。至少从这一方面说，墨西哥城社区更能代表当前的墨西哥。近些年来，争取土地、社会服务及不同程度本土自治的大众运动已经在墨西哥风行。

在墨西哥的不同时期，不同城市人群的政治关怀有着明显且重大的不同。仍然是德拉佩那，说明了即使是八十年代瓜达拉哈拉的地区民众，也会使用不公正这样的语言表达他们的政治不满和渴求。不管人们是否全心关注收入、健康、房屋等眼前问题，或者他们还有能力思考家庭及宗教等抽象问题，在八十年代的瓜达拉哈拉和九十年代的圣多明各，人们都感知到有种更强大的社会力量在决定着人们的命运，决定着日常及社会生活中相互关联着的不公正。在瓜达拉哈拉，如德拉佩那所说，盛行的意识形态是保守主义和官方天主教，寻求以独立方式解决不公正问题对这里的市民来说还不太寻常；而圣多明各平民区这样的地方则不同，在这些地方，自力更生已经成了社区身份认同、社区文化的一部分了。至少在圣多明各，尽管实际上大多数人的日常政治生活也局限于个人的、家庭的，以及形式有限的社区集体活动，但时不时的，人们还是会浮现出更根本、更激进地挑战社会不公正的梦想。尤其是七十年代和八十年代，按照社区活动家的回忆，那时候甚至能从不经意路过的房子里听到人们在讨论社会主义。

圣多明各的人们盼望激烈的社会变革，1988年的总统大选给了他们以安慰。很多人以为左翼候选人已是稳操胜券，但随后却被革命制度党以骗选的方式给否决了。接下来的年头里，从选举政治中吸取到的教训，尤其再加上前苏联的解体，很是让当代墨西哥人制造重大社会变革的梦想破灭。

就全球范围来说,在某种程度上,很多人在九十年代都

> 也受到社会主义实验失败的困扰:"理性"有序的经济和社会最后变成了官僚主义的、灭绝人性的噩梦。(当)没有了历史"在进步"的概念,甚至要面对人类历史上最可怕的情形,我们经历的这场即时的"世界祛魅",要比韦伯和马克思的想象要生动得多。(Brown 1995,24,26)

历史进步的观点,甚至社会主义的概念,也不再仅被左派人士们关注了。在一篇关于千禧年主义的文章里,卡洛斯·蒙西法讨论了二十世纪墨西哥历史中意识形态的特殊性:

> 上一个世纪,革命和移民已经成为摧毁人民精神资源的重要因素;基督战争(Cristeros)和共同统治联盟(Sinarquistas)的失败又说明了,在一个被进步教(cult of Progress)践踏在脚下的世界里,纯洁之岛(islands of purity)根本不可能存在……柏林墙倒塌,冷战正式结束,"自由市场"的概念仿佛图腾一般,开始被灌输,似乎要掌控住永恒的社会体系。(1997,134-135)[1]

至九十年代,在墨西哥或者其他地方,在圣多明各这样的社区或在高学历的大本营里,大家基本已经停止讨论社会主义这种话题了,甚至也不再考虑其中寓含的建设新社会的理念了。民主作为新自由主义的口号,对墨西哥政治的政治学来说已是毫不陌生。"社会主义"已经被从国际舞台可以接受的话语领域彻底清除,民主则益发成为社会斗争的唯一伦理终点和唯一目标。在当代墨西哥,每每讨论到政治时,民主这个概念都还是在缺乏明确定义的同时,继续被过度使用着。

---

[1] 基督战争一系列叛乱(1926—1929)的参与者,大多是反对墨西哥政府反教权主义的务农者(见 Purnell 1997)。共同统治(Sinarquism)(对应无政府主义—anarchismo)是由天主教教会领导的社会运动,于1929年基督战争的失败之后发展起来。

贫困文化之真

国立大学 1999 年初开始的罢课行动进行了几个月之后,圣多明各人对运动的支持超过了教授们的,而这些教授还一直都被定位为左派。实际上,按平民区几位朋友的说法,1999 年末罢课将要结束时,墨国大校长曾公然抨击说圣多明各是无知暴民的家园。菲力女士等人当然是位于这些叛乱行列中的。所以 1999 年 8 月的时候,她跟我说:"在平民区这里,我们支持罢课学生。他们是在维护教育,这给我们上了一课。"她接着说的时候,带着些怨念语气,说到她和其他人对这次罢课以及墨西哥经济问题的总体看法:

"这就是为什么我们应该反对银行(1982 年)、铁路、电话(的私有化)。他们跟我们说银行私有化是为了改善问题,这是在撒谎。他们不断进行私有化,一次又一次地告诉我们很多东西将会得到改善。等到变成私有化了以后,我们去交电费,他们却说,'你们得再多交五比索。'我们就说,'¡Ay, chihuahua!① 这哪里是改善情况。刚好相反吧;受到损失的是我们。'

"再往后,比方说我们存了 100 或者 200 比索(这是在还没抹零之前)②,好,就算没多少,但那也是钱啊。但等我们拿回来的时候,这钱就只剩下八九十比索了,因为就连存这么点钱他们都要收费。现在学生们说,'我们应该自卫!'因为我们觉得那些能付得起钱的,嗯,他们应该到那些收费的地方去——去拉萨尔(Lasalle)(大学),去伊比利亚(Ibero-americana)(美洲大学),去德瓦里(del Valle)(大学)。因为那种地方是有钱人去的,而不是随随便便谁都能去。有一些孩子晃来晃去,肚子里

---

① ¡Ay, chihuahua! 直译过来就是:啊,吉娃娃! 即产自墨西哥的著名的小狗。也是墨西哥地名奇瓦瓦。在墨西哥,人们遇到吃惊、不满等情形会说"啊,吉娃娃!"——译者注
② 1993 年 1 月墨西哥引进了"新比索"。新比索跟旧比索价值一样,除了"去掉三个〇"——也就是说,新比索的面值是旧比索的千分之一。

却只有小小一块三明治——这说的是工人们的孩子。这就是为什么我们要支持罢课学生：他们想改变学费，更想改变这整个教育系统。而政府对所有这些进行重组的计划，从来都不会告诉我们。"

正规教育的整体架构的改变，以及大众对此事和其他新自由主义重组事宜的反应，显然得到了费力女士和她圣多明各平民区同伴们的极大关注。奥斯卡·路易斯(Oscar Lewis)的批评者认为，他那无耻的贫穷文化公式造成的一项不幸的后果，就是它暗示着所有穷人都自动共享同一种文化，而这是由他们的贫困状态、贫困经验的本质决定的；贫穷状态里面的人们，感受到的贫穷也都没有差别。这是一项可悲的论断，尤其考虑到路易斯一直关注的似乎是恰好相反的问题——他关注菲力女士这样的人在公众领域的所想所为，亦强调不能否认他们对意义、理想及梦想等进行定义与改造的能力(能动性)——简言之，改变他们世界的其中一项就是改变其气质。而且在路易斯看来，变革并不总是会往好的方向发展，我圣多明各平民区的朋友们也这样认为。如果说路易斯的基本命题是认为在解决贫困问题上，我们往往不能信任政府——或者至少说在这一方面，政府是靠不住的——那么路易斯的民族志应当还是有其价值和功用的。特别是路易斯及他的同代人所定义的文化气质，同政治经济学之间的关系，在今天看来仍是有意义的。

有人指责说路易斯变态地关注信息提供者生活的淫秽方面。针对这一指责，路易斯将自己的研究同罗伯特·拉德菲尔德(Robert Redfield)的进行了比较，以此为自己辩护："我最感兴趣的是经济(不是性!)"(1967，499)。实际上，路易斯强调他的贫困研究是"宏大的资本主义文化的一部分，这一文化中的社会和经济体系会将财富输送到一小部分人手里，进而造成更严峻的阶级区隔"。对路易斯来说，对我们来说，当前需要面对的挑战，是要将严格的政治经济框架同敏感的主观观念及实践进行结合。

当像菲力女士一样的人们发现自己被他人织就的网困住时，我们是没有办法指责他们的。当人们意识到社会经济及人口变迁最终是全球性的,且越来越强势地控制着他们的生活时,菲力女士和她圣多明各的邻居们对变迁不报什么希望,还有何值得奇怪的呢?社会问题是全球化改组的产物——譬如北美自由贸易协定——似乎是十分合理的论断。从某些方面看,把原因归结为自己不可控的势力,总是比较容易;更为困难的,无疑在于认识人们对新自由主义全球化既挑衅仇恨、满怀敌对情绪,同时却又有意共谋、参与其中的现象。

要理解媒体分析所称的人们对全球重组的"接纳",首先得记住圣多明各平民区对北美自由贸易协定、恰帕斯、墨国大罢课以及跨境问题的观点是远远没有达成一致的。菲力会很快承认她的"在平民区这里,我们支持罢课学生"的断论,是夸张了不止一点点。在圣多明各,政治并非严格由阶级决定的。实际上,尤其当涉及大的社会问题时,社区内部经验和判断出现的差异极大。以至于看起来是人们自诩的工人阶级身份决定了政治,而不是反过来,由政治决定这种身份。

不同经验导致不同的语言倾向,正如 *mayate* 这个词被不同程度地用来指称与男人发生性关系的男人,或者同非裔美国人发生性关系的男人。这种差异部分地源于墨西哥工薪阶层内部的跨国分类:比方说,源自于生活工作在美国的几百万墨西哥人所面对的文化挑战;或是源自于同样复杂的墨西哥本土的女权主义挑战,以及日益开放的同性恋身份表达。

即使我在圣多明各生活了多年,一直与那里的人们交谈相处,对很多人来说,我仍然只是"韦韦钦街上的美国佬"。或许正因如此,多年以来一些邻居、熟人都会直接向我发表关于非裔美国人的种族主义言论。对平民区内部清晰的政治分类,没有比这更适合的说明了。1990 年代中期的某个下午,我爬上一辆 45 路小巴,发现是庞秋(Poncho)在开车。庞秋曾在洛杉矶地区做了三年的建筑工作。我们只是顺便互相认识,因而当我们刹车躲避一条横过街道的狗时,我问庞秋他在洛杉矶工作的时候遭遇过些什么。

第十章 政治幻象

一开始,庞秋就给我讲他曾经在那里买汽车,偷运回墨西哥,再以不错的价格卖掉。他也这样运回一些热门的音响设备,由此赚了一大笔钱。美国佬跟墨西哥之间的贸易是不平衡的,在说明自己对纠正这一不平衡所作的贡献时,庞秋侧肩大声喊道,他最讨厌洛杉矶的一件事情就是那里的黑人:"干一天的活,十个里面有八个坚持不下来",他告诉我和小巴里的其他乘客说。"而且,他们就是一群贼,"他补充道,好像怕我们没明白他的意思。然后他就从我这里寻求认同。我回答庞秋说,感觉他听起来很像我认识的那些白人种族主义者。值得赞赏的是,庞秋退了一步,很快解释道:"嗯,什么人里都有好人有坏人。"他这是在自我辩护,因为不愿意被标为白人种族主义者——很显然他不认为自己是,也没有料到我这样一个美国佬会如此暗讽他。庞秋没料到一个从美国来的白人居然不说非裔美国人的坏话。

真实的文化,譬如把世界截然区分为富人(*los ricos*)和穷人(*los pobres*)的二元对立,是圣多明各众多的庞秋们空想的概念武器库的一部分。而当种族主义成为潮流,就是在跟真正无差别的团结唱反调了;意识到这一点,当然还不足以说服我们将阶级概念也一并抛弃掉。然而,与那些有意利用他人的不幸来谋求自身利益的人相比,像庞秋这样幼稚的种族主义论断其实也没那么可憎。

跟自诩"真正工作着的穷人"一样,在我圣多明各平民区的朋友和熟人们看来,本真性(authenticity)也是标识反抗姿态的关键要素。谁想要被当做懒惰的吃白食者呢?在阶级、族群及性别等分类的交叉地带,很多平民区人尤其是男人,向他人展示的自我形象都是在工作、挣钱方面勤劳的、有责任感的;正如,在另一种似乎全然不同的展示方式里,男人女人都会强调自己"原初开拓者(original invader)"的身份,以此赋予自己比邻居更多的本真性。毫无疑问,那些表明参与了圣多明各地区最初开发的人们,相较于建设平民区的艰苦工作完成之后才搬来的人,是拥有某种政治优越感的。

图17　1992年圣诞节庆祝活动中,圣多明各韦韦钦大街的黑脸糖果罐(piñata)。

　　一天傍晚,一位经选举上任的长官在接见街区队长之后,与我聊天时承认说,他实际上从1971年开始就不住在平民区了,但却不能告诉他的邻居和选民们。这位被选举出来的长官(显然在这里应当隐去名字),并没有经历过最初的那些艰苦岁月——那些确权土地、为地权抗争,以及一砖一瓦砌起住所来的艰苦岁月。对他的声望和政治权威更有损害的,是这位长官及其家人曾经买下了一位开拓者的房产。他比平民区的投机冒险家和新来者都好不了多少。我能够发掘到这位先生的个人历史,只是因为我对他故事里的矛盾之处提出了点质疑。他就向我坦白了,并恳请我不要向他的选民们透露此事。

从这一方面说，本真性所具有的政治潜能，源自于它宣示的与权威对立、对抗的立场。在这位官员的邻居们看来，是否参与到开发圣多明各这样的事件，显然是至关重要的。他的这种担心也不仅是地方性的。文化人类学以对类似问题的考察而著称：民族志学者在那里并且（通过某种方式）体验过了他们所描述、所讨论的生活。1994年9月，当民族政治家鲁伊斯·马西欧（Ruiz Massieu）在墨西哥城街道上被枪杀的时候，我就*在*圣多明各平民区。我也参与了人们的讨论，话题涉及该地近几个月连续发生的两场暗杀行动将意味着什么，这些事件对墨西哥国家政治及未来将意味着什么，其对革命制度党政权稳定将意味着什么，这件事是否体现了美国臭名昭著的暴力政治的影响，以及接下来将会发生些什么。

的确，我在圣多明各居住和工作的年头里，错过的事情比见证过的要多得多。部分原因在于我并没有一直呆在平民区。更重要的原因在于，没有任何关于圣多明各大众政治的研究可以断言说完成了对其政治生活的完整描绘。因此我转而专注于我的朋友邻居们对自身"政治"活动的体验，他们在其中感受到的改变、被改变。他们的政治观点及实践的细节极少得到学术研究或媒体的关注。然而他们绝非不值得关注。在当代墨西哥相关的著作里，应当要关注墨西哥城某一社区的某些男人女人们代表性的观点和实践是什么。墨西哥没有任何社区可以体现所有的政治走向与变革。我的圣多明各邻居们对众多政治行动——从选举到抗议到辩论——的观点、参与以及放弃，实则都是当代墨西哥无声的抗争（compliant defiance）研究的根本兴趣所在。因为他们也是墨西哥公民，他们政治生活跟任何统计样本里的人们一样重要。

本研究也是对当代墨西哥抗争与屈从的一种描绘，对顺从掩饰下的抗争，和以顺从作为抗争潜质的两个时代进行区别。如此一来，本研究也是对当下发展的一种描绘。蒙西法（2002）将当下的这种发展定义为"大众版本（versions of the popular）"，意指贱民弱旅们的历史。

作为一种有影响力的"大众版本"个案,女权主义评论家已经成功发声,说明工人阶级女性是社区的政治激进分子。她们也证明了很多女性在忍受两班倒——她们需要出门工作挣钱,回家以后还要做家务和照顾孩子。这些女性嘲讽那些认为墨西哥女人都是顺从和自我牺牲的陈旧(以及不是那么常见的美国佬的)观点,并以此为乐。除此之外,最近圣多明各女性们的公众版本,是她们决心把自己从男性社会分类中区别出来,把那些依附于自己的丈夫、父亲、兄弟和儿子的女人们从这一社会类别中区别出来。跟男人形成鲜明对比的是,圣多明各的女人们对我说起她们家里的男人时,往往会持很正面的态度——男人们愿意帮助做家务,以及男人们对女人激进行为的态度和行为也是正面的。

不止一位老太太告诉我她自己"很现代(*muy moderna*)",并接着说明自己的观念、态度以及信念从她自己的年代到她女儿的年代已经发生了剧烈转变,到她孙女们的年代转变则更为剧烈。与此同时,一些女人还提到了,每一代男人的观念和行为也是发生了变化的。一位邻居嘴上带着温和的微笑说道:"马特奥,你发现了这些女人是怎么改变她们男人的吗?"

谁改变了谁,又是如何改变的,确实是一个问题。民主究竟是*怎样*被实现的?如果说民主的推动力产生于议会两院之外的话,我们必须要检视人民主权如何才能继续刺激和推动变革。这些通常被认为是只有政治家和政策学究们才需要回答的问题,但圣多明各的人们照旧对政治当局持不尊重、不信任的态度,因而继续自己寻找途径去理解和推动变革。他们通常以个体、家庭成员、邻里成员或工作小组的形式完成这项任务——对他们来说,这正是挫败不断的来源,因为他们从中感受不到有成功的机会。在更为浪漫的版本里,民主应该是扎根于圣多明各居民这样的普通人群当中。但存在的问题仍然是,除了等着下一次选举,民主如何才能被他们实现,而不是仅以高高在上救世主的名义为他们实现呢?

再见了恐龙政治？

"嘿，马特奥！"佩德罗（Pedro）跟我打招呼。当时是 2000 年 8 月初，大概在总统选举一个月之后。"你猜怎么着？我们墨西哥现在也有民主了！我们开始从一堆蠢货里面选人了！"新自由主义政治结出的果实显然是烂在了藤上。墨西哥"真正的民主"成就，就是多年以来，尤其是 1988 年总统大选以来，人们不断地被告知，应当有超出一个政党（革命制度党）的候选人供选民选择。然而，2000 年大选出现了三个主要候选人——或者说两个半候选人，因为卡德纳斯从没认真参与竞选，他的选票就是用来给大家表达抗议选举之情的——很莫名其妙的是，我圣多明各的熟人们却一致地没什么热情。① 2000 年夏末时很多人这样对我说：照旧还是恐龙政治，主要的差别就是现在一些新物种得以入驻侏罗纪公园——那儿一直是墨西哥的政治竞技场。

关于民主看起来、感觉起来、运作起来应该是怎样的辩论，被媒体奋力压缩成了选举问题，且其关键在于革命制度党候选人能否被击败。如果他落选，那就可以宣布民主的胜利了。同时，如果革命制度党胜选，那么民主也未必就是被打败了，至少我们可以分辩说已经进行过了一场真正的选举马赛。深埋在这些分析预测当中的，是一些未经验证的问题：*公民* 这一概念指的是共和政体居民与其政府之间的真实关系，还是仅仅指称那些赢得公职的人们的身份？

这并不是在质疑有所选择这一非常合理的选举目标；关键在于，给圣多明各人们以更多发声机会去提出问题，在于人们是否满足于有所选

---

① 我的大学同事们则相反，他们普遍为此感到兴奋。比森特·福克斯当选总统以后，迅速针对一系列社会问题筹备了大量资金和委员会，并任命大批政治视野广阔的杰出知识分子就任这些职位。我想知道的是，革命制度党落败之后，我的同事们如此兴高采烈是否有一部分原因是在于此。对我的大学友人来说，福克斯早期的这些任命似乎预示着，他将建立二战后墨西哥历史上最具政治包容性的政权。很多圣多明各平民区居民则可能不这么看。

择这一表象。因为事实证明,一直以来,从政治家到邮差到妓女,每个人对选举中的欺诈和不公正行为都再清楚不过了——也就是说,他们很清楚什么不是民主——相较于他们对彻底的人民主权应如何运作的了解而言。然而,与政治家不同,邮差、妓女及其他劳动人民更没有维护民主伪装的压力。"西方民主"与(各种)"香蕉共和国(banana republic)"①、"东方专制主义"、及"穆斯林狂热主义"等名词暗示的差距,使得国家官僚比社区居民们背负了更加沉重的自圆其说的负担。②

2000年墨西哥当选国家级公职的女性数量,超过了该国历史上的任何时期。在墨西哥参众两院里,女性成员所占比例超过了美国。诚然,这些成员并不是代表她们自己;多党选举的意义,以及女性公职人员数量增加的意义,都还有待解释。杰夫·罗宾(Jeff Rubin)曾经从广义上对拉丁美洲民主化进程进行了评论:"要评估权力关系的民主特征,就不应仅仅检视竞选活动,而应关注民众在选举以外的权力体验与选举之间的关系"(1997,162)。但这些数字应该给了我们警示,警告我们不要太快就掉进那个老掉牙的比较里——比较的一边是美国这样的民主老手,另一边则是南半球的新人们。

通过近来发生的政治斗争,特别是恰帕斯争议地区,泽齐特尔·莱瓦·素拉诺(Xóchitl Leyva Solano)写道:

> 不能把奥科辛戈(Ocosingo)和卡纳达斯(Las Cañadas)描述成人们安静地为这个那个政党投票的地方,那将会造成误导。这些地方的社会、政治组织跟政党及其他利益群体之间,是一种脆弱的联盟关系。政党领袖试图与当地领袖们合作;而先前牢靠的政治派系开始出现问题,旧有的忠诚被质疑,如有需要,他们就会转投向提供

---

① 香蕉共和国(banana republic):该词出自美国作家欧·亨利1904年的小说,喻指香蕉原产国洪都拉斯,用来影射美国对其政治、经济上的控制。此后,在政治领域,香蕉共和国被用来贬称以单一经济作物为经济支撑、腐败横行且有强大外国势力介入的国家。——译者注
② 见赫兹菲尔德(1992)关于西方民主体系根源的相关讨论。

更好筹码的对立党派。卡纳达斯的民主既不等义于公民权的增强，也不等义于多元主义，却显然寓示着大众组织更多地参与到了大众事务的决策过程中来。

如果民主要保持其效用，那么就必须回应民众参与中更为普遍的问题。论及政治文化时，约翰·格莱德希尔（John Gledhill）(2000)指出，我们有必要区分出那种认为应当由人民直接统治的民主，和根植于公民自由问题的自由民主。在一个人人奉民主为圣物的年代，在一个反动政权被定义为无赖民主或无效民主的时代，要问的问题可能该是：专家权威们的政治类型在拜占庭年代的威权主义—极权主义（authoritarian-totalitarian）分类基础上，有了多少新的进展。

正如古希腊常被想象成民主的源泉，拉丁语也总在需要透彻解析某一问题的时候被召唤出来。本着挪用旧词以服务新目标的精神，我在这里引入三个滑稽的概念，来帮助我们理解民主参与（democratic participation）及民主权利（democratic rights）之间的区别。我想到的三种说法是：*modus vivendi*（两厢权宜），*quod erat demonstrandum*（缩写Q. E. D. 意为有待证明），以及，最精彩的，*cui bono*（利益于谁）。

Modus vivendi：如果民主是一种生活方式，如果民主可以使得一种有活力的大众协议具体化，以保证社会运作及变革，那么大概我们可以断论说，墨西哥仅仅是从一个候选人的选举发展成为多个蠢货（multi-imbécil）的选举。尽管 2000 年革命制度党选举落败引起了一瞬间的兴奋，在众多墨西哥人观念里，仍然明确认识到参与的权利与能够改变墨西哥的真实参与之间的区别。

Quod erat demonstrandum：Q. E. D.，在这里指的是倒读历史的渴求，并宣称当前的现实只是再次证实早已被证实过的事情。如果民主被草率地（甚至只是暗地里）认为是一串权利和机会，那么那些不太被所谓的民主（例如，选举被认为是顶峰，甚至是民主公民权的总和）所吸引的人，理所当然地会自己选择不要民主，也由此失去他们的参与权和机会。

Cui bono：最后，厨房里、街角旁的男男女女们关于墨西哥政治争论的决定性问题，无疑是：从近来墨西哥政治财富的变革中获益的，是什么人？该说的说了，该做的做了之后，是谁获益，是谁受损失，又是谁大概还维持着原样，没受到任何政治事件的影响？这类问题也不仅事关圣多明各居民做好人、做务实的、脚踏实地的人，它们更与人们所关注的问题有关——也就是除去那些政客、政治专家以及党派元老们拿来伪装自身动机的词汇，而揭露真实的、鲜活的经验和利益所在。

全球化与美国化

二战之后，美式现代化及资本主义发展被美国官员学者宣扬为最能够消除贫困、苦难、不平等及不发达的经济模式，尤其对广大南半球地区而言。1960 年代末该范式走向消亡，美国在越南战场的失败只是其中一项原因。在某种意义上，发展范式本身就是其扭曲逻辑膨胀的受害者（见 Escobar 1995；Kearney 1996；Gupta 1998）。二十一世纪初，随着苏联解体，以惊人相似的形式，美式民主被狂热地拿来当做广大南半球地区贫困、苦难、不平等及不发达问题的政治答案（见 Frank 1993）。推行美式民主以为公民救赎的路径，这当然没什么新鲜。不是有这样一条实用主义的妙语么——"我们赢了，那就证明我们是对的。"冷战之后美国成为唯一的超级大国，墨西哥等国公民只能从他们的北方邻居这里取经，这一观念基本畅通无阻地成为了主导。

《北美自由贸易协定》（NAFTA）于 1994 年 1 月 1 日生效。某些墨西哥领导者断言，墨西哥将从第三世界一跃进入第一世界。毋庸置疑，在准备 NAFTA 条款时，墨西哥管理阶级上层人士们在极短时间内，就充实了他们疯狂的美梦。要么是因为新自由主义政策大杂烩，让国家产业可以被以极低价格卖给一堆政府官员（以及他们的兄弟们……）；要么是因为 NAFTA 的实施本身；或者是像一些人说的那样，自由贸易协定不过是三国领导层之间的新自由主义协定——总的来说,事实仍然是大多数墨西哥人继续踽踽踉跄着前行,而没能跳跃到新的经济高度。如此说来,美国—拉美关系萌芽时期情势就已如此,NAFTA不过是一种新的安排罢了。写到"昭昭天命"(Manifest Destiny),十九世纪中叶的教义认为,美国有权利和义务干涉、占领及控制整个北美洲的土地和人民,也包括属于墨西哥的领土。德波拉·珀尔(Deborah Pool)点明了从二十世纪到二十一世纪,美国—拉美关系中政治、经济政策的延续性:"'昭昭天命'相关的意识形态及政治事业,所依仗的就是可以把真实空间里的地界(以及地契)消除掉"(1998,116)。甚至在两百年以前,"无边界"地理学关涉的就不光是帝国意识形态上的扩张;当他们重新描画消失了的帝国界线之时,"昭昭天命"这样的信条追求地就不是消除所有边界了。

在某些以神化文化弹性为专业的人类学家和文人沙龙里,一直以来都存在的一些敏感问题:混血(*mestizaje*)这一概念和土著精华的概念,是否应当以及如何将美国囊括进拉丁美洲历史当中。有一种观念认为,这一区域的文化是原生的、不受时间限制的,罗格·巴特拉对此提出质疑:"在拉丁美洲文化里,存在着历史悠久的延续性吗?"他加强语气回答这一问题:"没有!……西班牙以前的社会生活迹象都被连根去除了。今天的拉丁美洲只是西方的扩展罢了"(1995,147)。鉴于此类原因,美国作为墨西哥民主的典范,跟希腊作为社会平等理论的起源一样神秘莫测,或者更甚。世界很多地区都在一些方面受到留存下来的这一超级大国的困扰——然而却只有墨西哥和加拿大跟这个想要成为超人的国家共享着几千英里的边境线。并且,仅仅是这一势力的存在本身,就借给了整个拉丁美洲的精英们以野心——他们野心勃勃地要将自己的政权及国家机构"美国化"。

此外,如比尔·罗斯伯里(Bill Roseberry)所写:"对拉丁美洲感兴趣的人类学家应该谈一谈美国化问题,"尤其是文化遗产及变迁问题。罗斯伯里继续写道:"他或她应该有能力丢弃同质化的刻板印象,而又不至于偷懒地退回到同样刻板的他或她'自己人民'的独特性上去"(1989，82；也见 Roseberry 1998；及 Stern 1993)。从更世俗的层面上来看，对今天的很多墨西哥人来说，美国化(americanización)概念让人联想到的是共同的青少年偶像，比方说小甜甜布莱尼(Britney Spears)和安立奎·伊格莱希亚斯(Enrique Iglesias)。同时美国化还代表着经济变迁，石化产业私有化的传言，以及沿格兰德河(Río Bravo)国界线散布下来的边境加工厂。边境加工厂为模棱两可的美国化提供了生动说明，因为他们代表着比墨西哥工厂装配工普遍要高的薪资，同时也明显体现了美国及其他外国商人对墨西哥国家经济命运的管控。

让很多在美国的墨西哥人同样忿恨的，是廉价的移民劳动力作为关键要素，为美国提供了广泛的财富；按照定义，边境加工厂是在墨西哥国土上的装配工厂，其产品可以零关税出口。墨西哥人的身份内涵，以及"购买吧墨西哥！"运动等相关活动，都受到这样一个事实的限制：全球化并未赋予全球各个地方同样的职责，更别提当今世界各地人们共享同一民主潮流的说法了。与此同时，费尔南多·克罗尼尔(Fernando Coronil)特别指出了最近后殖民研究中对不确定性(uncertainty)的顽固迷恋。他警告说："碎片化(fragmentation)、歧义化(ambiguity)以及断裂(disjuncture)是复杂体系的特征，而不是它们的反义词"(1998, xi)。将不确定性作为社会分析的目标，这没什么好称颂的；它也有可能是结果，往往也只是好的分析的起点。但是，如克罗尼尔所说，它总是该嵌入在一个更大的结构当中。

在其他举世闻名的地方也是如此。比如考古遗址，当成千上万游客从世界各地朝圣般来到阿尔班山(Monte Albán)时，住在瓦哈卡的很多工人阶级居民却一辈子都没参观过那著名的萨巴特克(Zapotec)遗迹，而这些遗迹离市中心还不到三十分钟车程。在墨西哥城，多少年来我一直邀请加布里埃尔参加我在那边大学做的演讲。他通常都表示想要去，但最后总是会出现一些问题，使他没办法跟我一同前往。实际上差不多花了快七年时间,加布里埃尔才跟我参加了一次学术活动。他和他圣多明各平民区的其他朋友很快就要穿过美墨边境——就算冒着恐惧和风险,也比穿过由大学讲演所代表的阶级界限要容易。

图 18　为庆祝墨西哥独立日待售的国旗(1992 年 9 月 16 日)

全球化未能消除地缘政治学,却从根本上同质化了不同阶级、地区、族群、性别或性向的人们的经验。最多是国际事务,或国际事务的一些方面,可能变得为更多人所了解。毫无疑问,与其他地方一样,全球化在墨西哥也被民族主义修饰过,这在历史上并不罕见:民族主义不过是意识形态景观的一项永恒特性,跟民主一样。全球化概念想要有任何重要、新鲜意义的话,就必须得被视为一项可以整合跨国和本土活动者的当代现象。随着文化亲和关系的去领土化,仍将存在对生活某些方面进行自治的可能性,在圣多明各即表现在当地人兴修沟渠、排水系统的努力上。在其他临近社区,居民需要支付挖渠、铺设管道的费用,而圣多明各邻里们却可以集体要求市里为此掏钱。圣多明各人并未抛弃自治的梦想;某种程度上,全球化让这种想法变得更简单了,因为人们可以试着

"本土化思维,全球化运作(think locally and act globally)"(见 Varese 1991;及 Vargas-Cetina 和 Ayora-Diaz 1998)。

教育及能动性

educación 这个词对很多圣多明各平民区人来说仍然只是指称正规的学校教育体系。他们和他们的孩子们都不同程度地进入过这一体系。然而对其他人,对菲力女士及加布里埃尔这些人来说,教育这个词从最广义上来说,是一个更宽泛的概念,指的是人们如何理解世界,以及理解世界所必需的准备和训练①,而不仅仅是从国家操控的教育系统里正式地学习。关于唯意志论和宿命论的抽象辩论,在菲力女士的厨房里,在她复活教会的基础社区里,在她的平民区人民联盟里,都在被预演和修正着;也在加比跟他所修汽车、卡车及小巴车的车主们的街边讨论中被探索着。

基督教社区的一些女歌者(*animadores*)(组织者/推动者)确实宣称要理解他们的社会,并且在该理解的基础上去改造它。而加布里埃尔的一些老顾客——有着老旧汽车,又从来不够钱维修的人们——确实感觉受到了经济强制力的束缚。圣多明各的人们形容自己被不受自己掌控的事件所推动或是阻碍着。然而他们都说,因为他们有信仰,所以他们可以制造变革。至20世纪90年代末,那些所谓的社会国家、社会主义运动作出的实现民主的承诺、消除社会不平等的承诺统统失败,这让那些曾经相信激进变革的人们常常对我说,关于社会变革有几成胜算这样的问题,他们已宁愿不再想太多。

当问及过去几十年墨西哥发生的变化时,激进的男人女人们,同我

---

① 巴西历史学家 Paolo Freire 杜撰了一个词 *conscientização*。他是这样定义的:"*conscientização* 这个词指的是学着理解社会的、政治的及经济的矛盾,并行动起来反抗现实压迫"(Freire 1968,19 n. I)。同样的,*educación* 这一概念也可以代表一个孩子如何被养育大,跟英语的"一个孩子的长成(a child's *formation*)寓意相似"。

在圣多明各认识的很多人一样，常常指出今天最不同于以往的例子就是性别关系。女人们走出家门工作挣钱，女人（以及男人）不要太多孩子，有时候男人做更多家务活，这些例子都被用来说明性别关系的变化。尽管只有大学的女权主义者曾对我提及，比起以前，有更多女性当选了公职；但在九十年代的圣多明各却常常听人们提起，平民区建立以后女性对斗争活动的参与，在女性能动性这一点上，也与墨西哥女人家里恭顺、家外被动的陈词滥调形成了对比。

先不管这种历史观察是否准确——事实依然是，在墨西哥，女性很久以来都被列入政治活跃的行列里——一些人以此为傲，另一些人则是表示怀疑。这些情绪被注入到"抗争"等概念里，就形成了抗争会成功的谎言，被称为人类埋藏最深的一项生存技能——据说在二十一世纪初叶，只有抗争才是一无所依的人们唯一的出路。1994年末、1995年初比索灾难性地贬值，引发了墨西哥城的犯罪狂潮。学者圈里私下议论说这是穷人们在彰显自己的力量，以抵制当局严苛的紧缩措施：抢劫乘客的出租车司机，此时被视为了政治抗争的先锋。虽说经济危机的后果被首都大多数人承担着，偷窃的出租车司机现在却变成了标识：并非标识危机的不可测性，也不是标识那些受贬值影响最深的人们，而是体现了这样一个无情的现实——强制宏观管控带来的后果，往往得由穷人来承受。与出租车司机的绝望形成对照的，不是他们随意选择的受害者，而是这个城市日益失控的治安管理。

九十年代的政治理论，日益被束缚在了实现民主这种表面文章上面。在圣多明各以及墨西哥共和国的其他地方，很多男人女人都为犯罪率增长、永远没有悬念的选举、墨西哥工业爽快卖给外国高价竞拍者而感到沮丧；他们转而投向宗教领域，期待在那里能找到理解世界、理解生命意义的有效新途径。恰帕斯无疑是近年来墨西哥福音传道大发展的最广为人知的例子，新教徒的观念、时间及禁忌也深刻传播影响到了其他地方。九十年代我在墨西哥城参加了不止一场天主教洗礼，神父们都设法抛出一些没来由的言论数落耶和华见证人(Jehovah's Witnesses)①的坏影响。如果剧烈变革最终不可能发生在正式的政治领域,那么正式宗教与官方天主教的决裂,或许体现了全新的、更大的潜力的开始。

宗教派别的竞争在某种程度上提供了一个贴切案例,说明圣多明各人如何将自己的所想与所为直接结合在一起。在我平民区朋友邻居里很常见的现象,就是他们认为自己及他人的行为与各种信仰体系都是相呼应的,首要的就是他们所认同的宗教信条。与之类似的,还是这些人会毫不内疚地指责自己和他人的失败,指责对社会政治活动的不作为。尽管可能跟统一的公共政治的自我意识概念不完全一致,这种神学争论也并非与九十年代的墨西哥政治图景毫无关联。官方天主教长久以来被认为与墨西哥社会及文化是同义的,但二十世纪末在这个国家的很多地区,它无疑陷入了精神与实践的双重危机。在当代墨西哥,传统也在不断地变化着。发展到了这么一种程度:我的朋友邻居自视为"传统"文化延续革新的专业代理,且表现出对参与当代墨西哥政治文化或热情或犹豫的态度。

民主的秘方

如果说2000年革命制度党的失败和国家行动党的胜利,以及后来很多中产阶级的欢愉情绪不足以代表墨西哥政治图景的话,我们还是可以好好问一下,剧烈地改变墨西哥政治局势将要付出什么代价。一个巨变的更加民主的墨西哥看起来将是如何? 感觉起来将是如何? 在雷纳托·罗萨尔多(Renato Rosaldo)(1993,181)提出的问题之上,我们要从涵盖更广的层面发问:在墨西哥,人的解放要怎样才真正能成为政治可能?

可以想象,有些观察家会辩驳说,考虑到墨西哥人从1988年才真正

---

① 耶和华见证人(Jehovah's Witnesses)是19世纪70年代末在美国兴起的独立的国际性宗教团体,强调信仰应严格依据《圣经》。因不相信传统基督教派的一些主要信条,被传统教派视为异端。在政治、军事及社会事件上均持中立态度,拒绝效忠任何政党或国家,拒绝服兵役。其拒绝输血的信条,也曾引起广泛医学争议。——译者注

开始有权选总统,质询选举权对墨西哥穷苦人的政治及经济意义是不公平的。借鉴舞台理论,毕竟在拥有对不同党派候选人的选择权之前,人们是无法想象真正的选择是怎样的。

对很多人来说,民主似乎就栖居在这些互相雷同的陈词滥调上面。这个事实让我感到沮丧。2000年8月,我花了一个星期,邀请我在圣多明各的朋友们参加墨西哥学院(Colegio de México)举办的一次学术聚会。我想为我的书的西语版本(2000)发布会加入一些社会听众。这本书的内容是基于我早期对平民区性别关系、育儿及大男子主义的研究。发布会也展示了我个人的一种政治幻想:为我在墨西哥城两个社会场域的朋友同事们架起桥梁。很明显不管是我平民区的邻居,还是大学同事,都对性别及大男子主义相关问题感兴趣,但我完全没把握他们是否会跟对方聊这些问题。

圣多明各有十到十五个人跟我说他们愿意、也将去参加图书发布会。二十四日下午,发布会前几小时,我的朋友们遇到了一大堆问题。一个人告诉我说突然需要加班,另一个说有亲戚突然造访,又一个人说孩子突然病了;很遗憾地,他们都不能参加发布会了。

加布里埃尔坚持说他会去,而且会带着他十几岁的女儿加布里艾拉(Gabriela)一起去。但是排在街上等着加比维修的汽车面包车排成了长龙,我也开始怀疑他能不能去了。如果他去了,将意味着实实在在的财务损失,和一大堆发怒的顾客。我们需要去赶小巴前的一个半小时,马科斯提早下班回来了。他在街上喊着得先吃几口饭,他之后会赶上我们。他闪进自己家,又迅速出现,来到街上。考虑到他其他的一些职务,我假定他也不会跟我们去。

五点以后,加布里埃尔从家里回来,洗了澡换了干净衣服。加布里艾拉正在街区中段跟朋友聊天,加比向她吹了吹口哨。然后他敲了马科斯的门。马科斯从门里伸出头来(他已经回来了,我没看到),一只手举着塔可,另一只手拿着可口可乐,一边往嘴里塞着。他回房里抓件毛衣。

加布里埃尔、加布里艾拉、马科斯和我,我们四个人,出发前往玫瑰大道。

这些朋友想办法跟我去墨西哥学院,让我很感激。我提出我们坐出租车去,不用坐需要换两程的小巴了。我们得要辆大出租——到处都是的大众甲壳虫出租不太能装得下三个大人和一个少年。当我们顺着路走,想找辆大点的出租车时,哈维尔(Javier)开着他的大众面包车突然转向我们。"加布里埃尔,我到处找你,"他喊道。我猜测是哈维尔引擎出了问题要加比修;他开的是45路,在圣安琪儿(San Angel)高档社区和阿胡斯科平民区之间转。哈维尔总是很友善,但他一边大笑一边含混不清地慢吞吞地说话的方式,让我总是很难听懂他的话。然而当他停车以后,哈维尔却打开了车门请我们上车。我们上了。加布里埃尔告诉过他新书发布的事情,哈维尔就开着他的两厢车,时髦地来接送我们了。

我们开往墨西哥学院的路上没什么话,好像是要前往一个墨西哥学术圣殿。当我们到了入口的时候,马科斯说他路过这里很多次,但没有一次进到这所门禁森严的大学里面。我以为停车会遇到问题,因为学校不常见到脏脏的面包车,但当我们出示了活动邀请函以后,警卫还是放行了。从圣多明各出发时,我们预留了换两程小巴的时间,因而到得很早。我们就决定先去咖啡厅。加布里艾拉和马科斯点了卡布奇诺,加布里埃尔和哈维尔点了咖啡。

二十分钟以后,我们走到礼堂坐下。另外两位圣多明各来的人,菲力女士和玛利亚·埃琳娜,六点左右出现了。她们坐了两程小巴来——而且提着一些袋子。① 我请她们坐在加比和马科斯附近,这样就在其他学术界参与者中间,形成了一个圣多明各代表团。我圣多明各朋友们前

---

① 其中一个袋子装的是一大块希特尔(Xitle)火山熔岩,她们在会后送给了我。希特尔是一座死火山,两千年前它的岩浆覆盖了今天的圣多明各平民区及派德莱格周边地区。这些岩浆在今天圣多明各平民区所处位置形成了20—30尺的坚固岩石。火山岩现在已经成了这一地区的象征,既代表着创建社区之艰难,也代表着平民区人建房子时需要打通的实实在在的岩石。菲力和玛利亚·埃琳娜那晚送我的石头,现在正骄傲地立在我们普罗维登斯(Providence)的前院里。

面一排坐的是乌拉圭、智利和巴西来的流亡者群体；他们正在讨论墨西哥针对 1970 年代因各种独裁政权而逃亡人群的新的签证要求。这六位圣多明各人已经改变了一点房间里的气氛了。人们在偷偷地瞄看他们，猜他们是什么人。没人指指点点，但有一种好奇的气氛。

在对这本书两个小时的评论发表之后，轮到我发言了。我是这样开始的，"首先，我要特别感谢今晚加入我们的几位圣多明各朋友。加布里埃尔、马科斯，菲力女士……"我提到她名字的时候，菲力女士十分迅速地站了起来，环顾四周并开始讲演。我被弄糊涂了，只能把时间让给她，听她讲。

菲力首先感谢大家邀请她来。她说她没有像其他发言者那么多华丽的头衔——实际上，我知道，她只接受过一年正式教育。我不知我的学界朋友们会怎么看待这种另类的"观众参与"。菲力的语气里听得出针对知识界的热切鞭策，也有对阶级分化的敏感触及。她说了好几分钟，反复强调一个主要观点：我们谈到大男子主义的时候，如果仅仅把讨论局限在家庭家族范围内的话，那就是错误的。比方说从革命制度党的角度来谈，菲力想要知道，革命制度党的警察、政客不就是大男子主义的绝佳案例么？的确，圣多明各女人们已经做了长期而艰苦的抗争，而且她们需要克服来自平民区男人们的很多反对意见。并不是她和其他人不欣赏学者写这些女人，然而，菲力坚持说，至少也要写相当一部分男人对他们的女人的支持，以及他们在家里及更广泛社会中对性别关系变革的积极探索。菲力向观众们说，狭隘地把男女权力关系从广泛的社会力量、社会要素中脱离开来，让他们好像住在真空里一样，这种讨论是没有任何意义的。她呼吁发言者和其他出席者都走出大学，下到像圣多明各这样的社区，坐在人行道上，跟那里的人们分享他们的知识——在那里极少有人接触过文化、历史方面的书籍，更没有教授会教给他们这些东西。①

---

① 图书发布会之后，菲力确实跟丹尼尔·卡兹（Daniel Cazés）做了点安排，请他从墨国大带些书给圣多明各居民。

菲力讲完，为占用太多时间向大家致歉。礼堂里响起热烈持久的掌声，大家都愿意继续听她说下去。

加布里埃尔、加布里艾拉、马科斯、哈维尔、菲力、玛利亚·埃琳娜和我，我们七个是最晚离开现场的。我们离开后，全部塞进了哈维尔的面包车，返回圣多明各。那是一场探险，然而也已经过去了。自此之后，我知道我将继续去大学，像往常一样，一个人，离开一个世界进入另一个世界。我告诉他们说，发布会结束了我也松了一口气，又说了一些关于我的新课题的想法，是一本关于民主的书。说完很快我们就到了菲力家门口。菲力下车之前看着我说，"你知道吗马特奥，我们谈论墨西哥民主的时候，我们可不只是对选举感兴趣。"对于菲力而言，也正如对其他圣多明各人而言，如果民主跟他们的生活要发生任何关联的话，就必须脱离开好几年只发生几分钟的选举活动的限制。

我们剩下的人往韦韦钦街开去，途中让加布里艾拉在她妈妈家门口下车。我们决定去马科斯家度过这一晚。但我们得先停车买八瓶莫德罗黑啤（Negra Modelo），一人两瓶。我们一到家，马科斯的老婆迪莉娅就开始做塔可，附上野蘑和奶酪，一人好几个。有人说不管是因为什么，塔可在墨西哥吃起来要比美国好吃很多。事实是，我没有说过这话，而房间里其他人又都没有去过美国，但这似乎都不要紧。这没什么好争论的，所以没人发表反对意见。

加布里埃尔不知为何开始谈论巴洛克建筑和音乐。我做了个鬼脸，抱怨说我听不懂他在说什么，说我听过巴洛克这个词但是不知道它到底什么意思。马科斯插话进来帮加布里埃尔向这个蠢教授解释巴洛克的意思，解释为什么它对他们来说很重要，说我至少该对这一时代和建筑形式有一点了解。我承认我对它的设计有感觉——"它不就是很华丽，有很多装饰的么？"——这是我当时能够想到的全部。对于可以教我一些艺术史这一事实，加比或者马科斯都没有表现出哪怕一点惊讶。

我们从巴洛克历史莫名其妙地谈到了生物本能和动物习性。可能是因为时间很晚,可能是因为塔可,也可能是因为啤酒的缘故,我觉得当时更像是朋友间的闲聊,想到什么就聊什么。为什么动物不会收养其他动物的孩子?马科斯问道。为什么一些动物吃其他动物的孩子?他接着问:什么是天性什么是理性,什么赠予是必须接受的,什么能经得起选择和渴求?

我不清楚我们对巴洛克的简短讨论引向了什么更有意义的话题,除了对弱势群体切实地关怀——罕有地把社会的受压迫者们归纳成一堆生存本能。我们关于动物本能的对话,特别是生物本能与育儿、收养的关系,什么是真正的自然行为等问题,再次让我意识到指责抱怨是我平民区朋友邻居们生活的中心。虽然多夹杂了一些通用术语,马科斯和加布里埃尔又一次开始了已进行过多少次的辩论,争论起什么样的观念行为是注定会普及的,又是什么样的观念行为更需要靠人类的意愿和能动性才行。

在我们让菲力女士下车之前,她再一次提醒了我,我一定不能满足于对民主的简单定义,也不能接受对选举的狭隘理解,认为那就是民主生活的全部,虽然这些观点在当前墨西哥社会很是流行。毕竟,如果每个人都是民主主义者,那么民主也就没什么了不起的了。要让民主对菲力和圣多明各其他人产生意义,就不能仅停留在陈词滥调或者强制命令的层面上。就菲力来说,她现在也比较少谈到从根本上重组墨西哥社会了;以前她不是这样,那时候社会主义还没变成谈话的禁忌,还被当做最理想的未来景象。然而甚至在一个沉默战胜了抗争的时代,就算当前墨西哥大众政治被扭曲被反转,菲力的内心深处仍然怀有一种最美好的政治浪漫想象。

菲力尽可能地努力争取任何微小的胜利,她从未放弃以微小胜利实现剧烈变革的梦想。不知为何菲力仍然相信她和其他人对社会上发生了什么、没发生什么是有发言权的。菲力和其他圣多明各人能够在多大程度上掌控自己的生活,这个问题也无法仅仅通过梦想就得到解决;最终,还是要靠他们实际的努力,让一个更加美好的世界变成现实。

参考书目

Abélès, Marc
1988 "Modern Political Ritual: Ethnography of an Inauguration and a Pilgrimage by President Mitterrand." *Current Anthropology* 29(3):391-399.
1991 *Quiet Days in Burgundy: A Study of Local Politics*. Translated by Annella McDermott, trans. Cambridge: Cambridge University Press.
1997 "Political Anthropology: New Challenges, New Aims." *International Social Science Journal* 49(3):319-332.

Abu-Lughod, Lila
1990 "The Romance of Resistance: Tracing Transformations of Power through Bedouin Women." *American Ethnologist* 17(1):41-55.

Aguayo Quezada, Sergio
1998 *1968: Archivos de la violencia*. Mexico City: Grijalbo/Reforma.

Aguilar Camín, Héctor, ed.
[1976]1989 *En torno a la cultura nacional*. Mexico City: Consejo Nacional para la Cultura y las Artes/Instituto Nacional Indigenista.

Aguirre Beltrán, Gonzalo
1986 *Antropología médica*. Mexico City: Centro de Investigaciones y Estudios Superiores en Antropología Social.

Alatorre, Javier, and Rafael Luna
2000 "Significados y prácticas de la paternidad en la ciudad de México." In *Paternidades en América Latina*. Norma Fuller, ed. pp. 241-275. Lima: Pontificia Universidad Católica del Perú.

Alvarez, Sonia E.

1998 "Latin American Feminisms 'Go Global': Trends of the 1990s and Challenges for the New Millennium." In *Cultures of Politics/Politics of Cultures: Revisioning Latin American Social Movements*. Sonia E. Alvarez, Evelina Dagnino, and Arturo Escobar, eds. pp. 293–324. Boulder, CO: Westview.

Alvarez, Sonia E., Evelina Dagnino, and Arturo Escobar, eds.

1998 *Cultures of Politics/Politics of Cultures: Revisioning Latin American Social Movements*. Boulder, CO: Westview.

Amin, Samir

1993 "The Issue of Democracy in the Contemporary Third World." In *Low Intensity Democracy: Political Power in the New World Order*. Barry Gills, Joel Rocamora, and Richard Wilson, eds. pp. 59–79. London: Pluto Press.

Amnesty International

1998 *United States of America: Human Rights Concerns in the Border Region with Mexico*. New York: Amnesty International.

Andreas, Peter

1999 "Borderless Economy, Barricaded Border." *NACLA Report on the Americas* 33(3):14–21.

Arizpe, Lourdes

1973 *Parentesco y economía en una sociedad nahua*. Mexico City: Instituto Nacional Indigenista/Secretaría de Educación Pública.

1989 *Cultura y desarrollo: Una etnografía de las creencias de una comunidad mexicana*. Mexico City: Universidad Nacional Autónoma de México/El Colegio de México/Porrúa.

1996 "Chiapas: The Basic Problems." *Identities* 3(1–2):219–233.

Augé, Marc

1999 *An Anthropology for Contemporaneous Worlds*. Stanford, CA: Stanford University Press.

Azuela, Manuel

1938 *Los de abajo: Novela de la revolución mexicana*. Mexico City: Pedro Robredo.

1939 *Los fracasados*. Mexico City: Ediciones Botas.

Bailey, John

1994 *The 1994 Mexican Presidential Election: Post-Election Report*. Washington, D.C.: Center for Strategic and International Studies.

Barbieri, Teresita de

1992 "Sobre la categoría género: Una introducción teórico-metodológica." In *Fin de siglo: Género y cambio civilizatorio* 17, 111–128. Santiago de Chile:

Ediciones de las Mujeres, ISIS Internacional.

Barkin, David
1991 *Un desarrollo distorsionado: La integración de México a la economía mundial*. Mexico City: Siglo Veintiuno.

Barrett, Michèle, and Mary McIntosh
1982 *The Anti-social Family*. London: Verso.

Bartra, Roger
1981 *Las redes imaginarias del poder político*. Mexico City: Era.
1987 *La jaula de la melancolía: Identidad y metamorfosis del mexicano*. Mexico City: Grijalbo.
1989 "Culture and Political Power in Mexico." *Latin American Perspectives* 16 (2):61-69.
1992 *The Cage of Melancholy: Identity and Metamorphosis in the Mexican Character*, Christopher J. Hall, trans. New Brunswick: Rutgers University Press.
1993 *Oficio mexicano*. Mexico City: Grijalbo.
1995 "South of the Border: Mexican Reflections on Distorted Images." *Telos* 103: 143-148.
1999 *La sangre y la tinta: Ensayos sobre la condición postmexicana*. Mexico City: Oceano.
2000 *La democracia ausente*. Mexico City: Grijalbo.

Beck, Allen J.
2000 "Prison and Jail Inmates at Midyear 1999." *U. S. Bureau of Justice Statistics Bulletin*[http://www.ojp.usdoj.gov/bjs/pub/pdf/pjim99.pdf]

Benería, Lourdes
1992 "The Mexican Debt Crisis: Restructuring the Economy and the Household." In *Unequal Burden: Economic Crises, Persistent Poverty, and Women's Work*, Lourdes Benería and Shelley Feldman, eds. pp. 83-104. Boulder, CO: Westview.

Bennett, Vivienne
1992 "The Evolution of Urban Popular Movements in Mexico Between 1968 and 1988." In *The Making of Social Movements in Latin America: Identity, Strategy, and Democracy*. Arturo Escobar and Sonia E. Alvarez, eds. pp. 240-259. Boulder, CO: Westview.
1998 "Everyday Struggles: Women in Urban Popular Movements and Territorially Based Protests in Mexico." In *Women's Participation in Mexican Political Life*. Victoria E. Rodríguez, ed. pp. 116-130. Boulder, CO: Westview.

Besserer, Federico
2000 "Sentimientos (in) apropriados de las mujeres migrantes: Hacia una nueva

ciudadanía." In *Migración y relaciones de género en México*. Dalia Barrera Bassols and Cristina Oehmichen Bazán, eds. pp. 371 – 388. Mexico City: Gimtrap/IIA/UNAM.

Bilello, Suzanne
1997 "Massacre of Tlatelolco." In *Encyclopedia of Mexico: History, Society, Culture*. Michael S. Werner, ed. pp. 782 – 785. Chicago, IL: Fitzroy Dearborn.

Bliss, Katherine
1999 "Paternity Tests: Fatherhood on Trial in Mexico's Revolution of the Family." *Journal of Family History* 24(3):330 – 350.

Bonfil Batalla, Guillermo
1987 *México profundo: Una civilización negada*. Mexico City: Grijalbo.
1988 "Los conceptos de diferencia y subordinación en el estudio de las culturas populares." In *Teoría e investigación en la antropología social mexicana*. pp. 97 – 108. Mexico City: Cuadernos de la Casa Chata, Centro de Investigaciones y Estudios Superiores en Antropología Social/Universidad Autónoma Metropolitana – Iztapalapa.
1992 "Dimensiones culturales del Tratado de Libre Comercio." In *La educación y la cultura ante el Tratado de Libre Comercio*, Gilberto Guevara Niebla and Néstor García Canclini, eds. pp. 157 – 178. Mexico City: Nexos/Nueva Imagen.

Brandes, Stanley
1988 *Power and Persuasion: Fiestas and Social Control in Rural Mexico*. Philadelphia: University of Pennsylvania Press.

Brook, Peter
1998 *Threads of Time: Recollections*. Washington, D.C.: Counterpoint.

Brown, Wendy
1995 *States of Injury: Power and Freedom in Late Modernity*. Princeton, NJ: Princeton University Press.
1998 "Democracy's Lack." *Public Culture* 10(2):425 – 429.

Bruhn, Kathleen
1997 "The Seven-Month Itch? Neoliberal Politics, Popular Movements, and the Left in Mexico." In *The New Politics of Inequality in Latin America: Rethinking Participation and Representation*. Douglas A. Chalmers et al., eds. pp. 144 – 169. Oxford: Oxford University Press.

Brusco, Elizabeth
1995 *The Reformation of Machismo: Evangelical Conversion and Gender in Colombia*. Austin: University of Texas Press.

California Chamber of Commerce and California Trade and Commerce Agency
1993 *North American Free Trade Guide: The Emerging Mexican Market and Opportunities in Canada under NAFTA: Creating Jobs Through Trade.* La Jolla: Center for U. S.-Mexico Studies, University of California, San Diego.

Capellán, Angel
1985 *Hemingway and the Hispanic World.* Ann Arbor, MI: UMI Research Press.

Carrier, James
1995 *De los otros: Intimacy and Homosexuality among Mexican Men.* New York: Columbia University Press.

Castañeda, Jorge G.
1993 *Utopia Unarmed: The Latin American Left after the Cold War.* New York: Vintage.
1995 *The Mexican Shock: Its Meaning for the U. S.* New York: The New Press.
2000 *Perpetuating Power: How Mexican Presidents Were Chosen.* New York: The New Press.

Castellanos, Rosario
1965 "Cultura y violencia." *Excelsior*, 20 February, pp. 6A, 8A.

Cazés, Daniel
1993 *Memorial del 68: Relato a muchas voces.* Mexico City: La Jornada Ediciones.

Centeno, Miguel
1997 *Democracy within Reason: Technocratic Revolution in Mexico.* 2nd ed. University Park, PA: Pennsylvania State University Press.

Chant, Sylvia
1991 *Women and Survival in Mexican Cities: Perspectives on Gender, Labour Markets and Low-income Households.* Manchester, UK: Manchester University Press.
1997 *Women-Headed Households: Diversity and Dynamics in the Developing World.* Houndmills, Basingstoke, England: Macmillan.
1999 "Las unidades domésticas encabezadas por mujeres en México y Costa Rica: Perspectivas populares y globales sobre las madres sin pareja." In *Divergencias del modelo tradicional: Hogares de jefatura femenina en América Latina.* Mercedes Golzález de la Rocha, ed. pp. 97–124. Mexico City: Centro de Investigaciones y Estudios Superiores en la Antropología Social/Plaza y Valdés.

Chodorow, Nancy J.
1999 *The Power of Feelings.* New Haven, CT: Yale University Press.

Colegio de México
1996 *Diccionario del español usual en México.* Mexico City: El Colegio de México.

Collier, George A., with Elizabeth L. Quaratiello
1994 *Basta! Land and the Zapatista Rebellion in Chiapas*. Oakland, CA: Food First.

Collier, George A., and Lynn Stephen, eds.
1997 "Ethnicity, Identity and Citizenship in the Wake of the Zapatista Rebellion." *Journal of Latin American Anthropology* 3(1).

Collier, Ruth B.
1999 *Paths Toward Democracy: The Working Class and Elites in Western Europe and South America*. Cambridge: Cambridge University Press.

Colombres, Adolfo, ed.
1982 *La cultura popular*. Tlahuapan, Puebla, Mexico: Premiá Editores.

Comaroff, Jean, and John Comaroff
1999 "Occult Economies and the Violence of Abstraction: Notes from the South African Postcolony." *American Ethnologist* 26(2):279–303.

Cook, Maria Lorena
1997 "Regional Integration and Transnational Politics: Popular Sector Strategies in the NAFTA Era." In *The New Politics of Inequality in Latin America: Rethinking Participation and Representation*. Douglas A. Chalmers et al., eds. pp. 516–540. Oxford: Oxford University Press.

Cornelius, Wayne A.
1975 *Politics and the Migrant Poor in Mexico City*. Stanford, CA: Stanford University Press.

Cornelius, Wayne A., Ann L. Craig, and Jonathan Fox
1994 "Mexico's National Solidarity Program: An Overview." In *Transforming State-Society Relations in Mexico: The National Solidarity Strategy*, Wayne A. Cornelius, Ann L. Craig, and Jonathan Fox, eds. pp. 3–26. La Jolla: Center for U. S.-Mexico Studies, University of California, San Diego.

Coronado Malagón, Marcela
2000 "Los apodos de la resistencia: Estereotipos gentilicios zapotecas en el Ismo de Tehuantepec: Procesos de identidad, movimiento social y producción discursiva." *Alteridades* 19:79–88.

Coronil, Fernando
1997 *The Magical State: Nature, Money, and Modernity in Venezuela*. Chicago, IL: University of Chicago Press.
1998 Foreword to *Close Encounters of Empire: Writing the Cultural History of U. S.-Latin American Relations*. Gilbert M. Joseph, Catherine C. LeGrand, and Ricardo D. Salvatore, eds. pp. ix–xii. Durham, NC: Duke University Press.

Craske, Nikki
1993 "Women's Political Participation in *Colonias Populares* in Guadalajara, Mexico." In *'Viva': Women and Popular Protest in Latin America*. Sarah A. Radcliffe and Sallie Westwood, eds. pp. 112–135. London: Routledge.
1998 "Mexican Women's Inclusion into Political Life: A Latin American Perspective." In *Women's Participation in Mexican Political Life*. Victoria E. Rodríguez, ed. pp. 41–62. Boulder, CO: Westview.
1999 *Women and Politics in Latin America*. New Brunswick, NJ: Rutgers University Press.

Crossette, Barbara
2000 "When Democracy Runs Off the Rails." "Week in Review," *New York Times* 4 June, p. 1.

Davis, Charles L.
1998 "Mass Support for Regional Economic Integration: The Case of NAFTA and theMexican Public." *Mexican Studies/Estudios Mexicanos* 14(1):105–130.

Davis, Mike
1992 *City of Quartz: Excavating the Future in Los Angeles*. New York: Vintage.

de Barbieri, Teresita
1999 "Territorio y ciudadanía étnica en la nación globalizada." *Desacatos* 1:13–27.

Dennis, Philip A.
1979 "The Role of the Drunk in a Oaxacan Village." In *Beliefs, Behaviors, and Alcoholic Beverages: A Cross-Cultural Survey*. Mac Marshall, ed. pp. 54–64. Ann Arbor: University of Michigan Press.

Díaz-Barriga, Miguel
1994 "El relajo de la cultura de la pobreza." *Alteridades* 4:21–26.
1998 "Beyond the Domestic and the Public: *Colonas* Participation in Urban Movements in Mexico City." In *Cultures of Politics, Politics of Cultures: Re-Visioning Latin American Social Movements*, Sonia E. Alvarez, Evelina Dagnino, and Arturo Escobar, eds. pp. 252–277. Boulder, CO: Westview.

Dietz, Mary
1992 "Context Is All: Feminism and Theories of Citizenship." In *Dimensions of Radical Democracy*. Chantal Mouffe, ed. London: Verso.

Di Leonardo, Micaela
1998 *Exotics at Home: Anthropologies, Others, American Modernity*. Chicago, IL: University of Chicago Press.

Dillon, Sam
1996 "Free Trade? Don't Sell Us That." *New York Times* 4 August, p. E-6.

Dore, Elizabeth, ed.
1996 *Gender Politics in Latin America: Debates in Theory and Practice*. New

York: Monthly Review Press.

Dore, Elizabeth, and Maxine Molyneux, eds.
2000 *The Hidden History of Gender and the State in Latin America*. Durham, NC: Duke University Press.

Dresser, Denise
1994 "Bringing the Poor Back In: National Solidarity as a Strategy of Regime Legitimation." In *Transforming State-Society Relations in Mexico: The National Solidarity Strategy*. Wayne A. Cornelius, Ann L. Craig, and Jonathan Fox, eds. pp. 143–165. La Jolla: Center for U.S.-Mexico Studies, University of California, San Diego.

Du Bois, W. E. B.
[1903]1995 *The Souls of Black Folk*. New York: Signet.

Dunn, Timothy J.
1996 *The Militarization of the U.S.-Mexico Border, 1978–1992: Low Intensity Conflict Doctrine Comes Home*. Austin: University of Texas Press.

Eckstein, Susan
1989a "Power and Popular Protest in Latin America." *Power and Popular Protest: Latin American Social Movements*. Susan Eckstein, ed. pp. 1–60. Berkeley: University of California Press.

Eckstein, Susan, ed.
1989b *Power and Popular Protest: Latin American Social Movements*. Berkeley: University of California Press.

Edmonds, Mira
2000 "Venceremos! The 1968 Mexican Student Movement: A Domestic Crisis in International Context." Senior Honor's Thesis, History Department, Brown University.

Eschbach, Karl, Jacqueline Hagan, and Nestor Rodriguez
2001 "Causes and Trends in Migrant Deaths along the U.S.-Mexico Border, 1985–1998." Center for Immigration Research, University of Houston. [http://www.uh.Edu/cir/death/htm.]

Escobar, Arturo
1995 *Encountering Development: The Making and Unmaking of the Third World*. Princeton, NJ: Princeton University Press.

Escobar, Arturo, and Sonia E. Alvarez, eds.
1992 *The Making of Social Movements in Latin America: Identity, Strategy, and Democracy*. Boulder, CO: Westview.

EZLN(Ejército Zapatista de Liberación Nacional)
1994 *EZLN Documentos y comunicados*. Mexico City: Era.

Fanon, Frantz
1963 *The Wretched of the Earth*. Constance Farrington, trans. New York: Grove.
1967 *Black Skin, White Masks*. Charles Lam Markmann, trans. New York: Grove.

Fernández Poncela, Anna. M.
1996 "The Political Participation of Women in Mexico Today." In *The Changing Structure of Mexico: Political, Social, and Economic Prospects*. Laura Randall, ed. pp. 307–314. Armonk, NY: M. E. Sharpe.

Figueroa Perea, Juan Guillermo
1998 "La presencia de los varones en los procesos reproductivos: Algunas reflexiones." In *Varones, sexualidad y reproducción: Diversas perspectivas teórico-metodológicas y hallazgos de investigación*. Susana Lerner, ed. pp. 163–189. Mexico City: El Colegio de México.

Foster, George
1967 *Tzintzuntzan: Mexican Peasants in a Changing World*. Boston, MA: Little, Brown.

Foweraker, Joe, and Ann Craig, eds.
1990 *Popular Movements and Political Change in Mexico*. Boulder, CO: Lynne Rienner.

Fox, Jonathan
1997 "The Difficult Transition from Clientelism to Citizenship: Lessons from Mexico." In *The New Politics of Inequality in Latin America: Rethinking Participation and Representation*. Douglas A. Chalmers et al., eds. pp. 391–420. Oxford: Oxford University Press.

Franco, Jean
1992 "Going Public: Reinhabiting the Private." In *On Edge: The Crisis in Contemporary Latin American Culture*. George Yúdice, Jean Franco, and Juan Flores, eds. pp. 65–83. Minneapolis: University of Minnesota Press.

Frank, Andre G.
1993 "Marketing Democracy in an Undemocratic Market." In *Low Intensity Democracy: Political Power in the New World Order*. Barry Gills, Joel Rocamora, and Richard Wilson, eds. pp. 35–58. London: Pluto Press.

Fraser, Nancy
1989 *Unruly Practices: Power, Discourse, and Gender in Contemporary Social Theory*. Minneapolis: University of Minnesota Press.
1997 *Justice Interruptus: Critical Reflections on the "Postsocialist" Condition*. New York: Routledge.

Freire, Paulo
1968 *Pedagogy of the Oppressed*. Myra Bergman Ramos, trans. New York: Seabury Press.

Fried, Morton
1967 *The Evolution of Political Society: An Essay in Political Anthropology*. New York: Random House.

Fuentes, Carlos
1996 *A New Time for Mexico*. Berkeley: University of California Press.

Fuentes, Dagoberto, and José A. López
1974 *Barrio Language Dictionary: First Dictionary of Caló*. La Puente, CA: Sunburst Enterprises.

Fuller, Norma
1998 "Reflexiones sobre el machismo en América Latina." In *Masculinidades y equidad de género en América Latina*. Teresa Valdés and José Olavarría, eds. pp. 258–266. Santiago: FLACSO.

Fuson, Robert H.
1961 "The Origin of the Word *Gringo*." In *Singers and Storytellers*. Mody C. Boatright, Wilson M. Hudson, and Allen Maxwell, eds. pp. 282–284. Dallas, TX: Southern Methodist University Press.

Galeano, Eduardo
1982 "Literatura y cultura popular en América Latina: Diez errores o mentiras frecuentes." In *La cultura popular*. Adolfo Colombres, ed. pp. 93–109. Tlahuapan, Puebla: Dirección General de Culturas Populares and Premia Editora de Libros.

Gamio, Manuel
[1916]1982 "El metalismo yanqui y el mexicano". In *Forjando patria*. 3rd ed. Mexico City: Porrúa.

Garcia, Brigida, and Orlandina de Oliveira
1994 *Trabajo feminino y vida familiar en México*. Mexico City: El Colegio de México.

García Canclini, Néstor
1982 *Las culturas populares en el capitalismo*. Mexico City: Nueva Imagen.
1988 "La crisis teórica en la investigación sobre cultura popular." In *Teoría e investigación en la antropología social mexicana*. pp. 67–96. Mexico City: Cuadernos de la Casa Chata, Centro de Investigaciones y Estudios Superiores en Antropología Social/Universidad Autónoma Metropolitana – Iztapalapa.
1989 *Culturas híbridas: Estrategias para entrar y salir de la modernidad*. Mexico City: Grijalbo.

1992 "Prehistoria económica y cultural del Tratado de Libre Comercio." In *La educación y la cultura ante el Tratado de Libre Comercio*, Gilberto Guevara Niebla and Néstor García Canclini, eds. pp. 3 - 14. Mexico City: Nexos/ Nueva Imagen.

1995 *Consumidores y ciudadanos : Conflictos multiculturales de la globalización*. Mexico City: Grijalbo.

1999 *La globalización imaginada*. Mexico City: Paidós.

Gills, Barry, Joel Rocamora, and Richard Wilson

1993 "Low Intensity Democracy." In *Low Intensity Democracy : Political Power in the New World Order*. Barry Gills, Joel Rocamora, and Richard Wilson, eds. pp. 3 - 34. London: Pluto Press.

Gilly, Adolfo

1981 "La acre resistencia a la opresión: Cultura nacional, identidad de clase y cultura popular." *Cuadernos Políticos* 30:45 - 52.

Gilmore, David D.

1990 *Manhood in the Making : Cultural Concepts of Masculinity*. New Haven, CT: Yale University Press.

Gledhill, John

1995 *Neoliberalism, Transnationalization and Rural Poverty : A Case Study of Michoacán, Mexico*. Boulder, CO: Westview.

1997 "Liberalism, Socio-economic Rights and the Politics of Identity: From Moral Economy to Indegenous Rights." In *Human Rights, Culture and Context : Anthropological Perspectives*. Richard A. Wilson, ed. pp. 70 - 110. London: Pluto Press.

2000 *Power and Its Disguises : Anthropological Perspectives on Politics*. 2nd ed. London: Pluto.

Gluckman, Max

1960 "Rituals of Rebellion in South-East Arica." In *Order and Rebellion in Tribal Africa : Collected Essays with an Autobiographical Introduction*. Glencoe, IL: Free Press.

Gómez-Tagle, Sylvia

1986 "Democracia y poder en México: El significado de los fraudes electorales en 1979, 1982 y 1985." *Nueva Antropología* 9(3):127 - 157.

Gómez-Tagle, Sylvia, ed.

1998 "Participación ciudadana y procesos electorales." *Nueva Antropología* 54.

Gómez de Silva, Guido

1988 *Breve diccionario etimológico de la lengua española*. Mexico City: El Colegio de México/Fondo de Cultura Económica.

González, Luis
1987 "Suave matria: Patriotismo y matriotismo." *Nexos* 108:51-59.
González Casanova, Pablo
[1965]1970 *Democracy in Mexico*. Danielle Salti, trans. Oxford: Oxford University Press.
González Montes, Soledad, and Julia Tuñón, eds.
1997 *Familias y mujeres en México*. Mexico City: El Colegio de México.
González de la Rocha, Mercedes
1991 "Family Well-Being, Food Consumption, and Survival Strategies during Mexico's Economic Crisis." In *Social Responses to Mexico's Economic Crisis of the 1980s*, Mercedes González de la Rocha and Agustín Escobar Latapí, eds. pp. 115-127. La Jolla: Center for U. S.-Mexican Studies, University of California, San Diego.
1994 *The Resources of Poverty: Women and Survival in a Mexican City*. Oxford: Blackwell.
1999a "Hogares de jefatura femenina en México: Patrones y formas de vida." In *Divergencias del modelo tradicional: Hogares de jefatura femenina en América Latina*. Mercedes Golzález de la Rocha, ed. pp. 125-153. Mexico City: Centro de Investigaciones y Estudios Superiores en la Antropología Social/Plaza y Valdés.
González de la Rocha, Mercedes, ed.
1999b *Divergencias del modelo tradicional: Hogares de jefatura femenina en América Latina*. Mexico City: Centro de Investigaciones y Estudios Superiores en la Antropología Social/Plaza y Valdés.
Gordon, Lewis R.
1997 *Her Majesty's Other Children: Sketches of Racism from a Neocolonial Age*. Lantham, MD: Rowman & Littlefield.
Gramsci, Antonio
1929—1935(1971) *Selections from the Prison Notebooks*. New York: International.
Greenberg, James B.
1989 *Blood Ties: Life and Violence in Rural Mexico*. Tucson: University of Arizona Press.
Greene, Graham
[1940]1962 *The Power and the Glory*. New York: Viking.
Gupta, Akhil
1998 *Postcolonial Developments: Agriculture in the Making of Modern India*. Durham, NC: Duke University Press.

Gutmann, Matthew C.
1993 "Rituals of Resistance: A Critique of the Theory of Everyday Forms of Resistance." *Latin American Perspectives* 20(2):74–92.
1994 "Los hijos de Lewis: La sensibilidad antropológica y el caso de los pobres machos." *Alteridades* 4(7):9–19.
1996 *The Meanings of Macho: Being a Man in Mexico City*. Berkeley: University of California Press.
1997 "The Ethnographic(G)Ambit: Women and the Negotiation of Masculinity in Mexico City." *American Ethnologist* 24(4):833–855.
1998 "*Mamitis* and the Traumas of Development in a *Colonia Popular* of Mexico City." In *Small Wars: The Cultural Politics of Childhood*. Nancy Scheper-Hughes and Carolyn Sargent, eds. pp. 130–148. Berkeley: University of California Press.
1999 "Ethnicity, Alcohol, and Acculturation." *Social Science and Medicine* 48(2):173–184.
2000 *Ser hombre de verdad en la ciudad de México: Ni macho ni mandilón*. Mexico City: El Colegio de México.
2002 "Dystopian Travels in Gringolandia: Engendering Ethnicity among Mexican Migrants to the United States." *Ethnic and Racial Studies*.

Haber, Paul L.
1997 "Neoliberalism." In *Encyclopedia of Mexico: History, Society, Culture*. Michael S. Werner, ed. pp. 1014–1019. Chicago, IL: Fitzroy Dearborn.

Habermas, Jürgen
1991 "What Does Socialism Mean Today? The Revolutions of Recuperation and the Need for New Thinking." In *After the Fall: The Failure of Communism and the Future of Socialism*. Robin Blackburn, ed. pp. 25–46. London: Verso.
1998 "The European Nation-State: On the Past and Future of Sovereignty and Citizenship." *Public Culture* 10(2):397–416.

Hale, Charles R.
1998 "Cultural Politics of Identity in Latin America." *Annual Review of Anthropology* 26:567–590.

Halvorson, James, and Chris L. Moser
1965 *Mesoamerican Notes* (Mexico City) 6.

Hannerz, Ulf
1969 *Soulside: Inquiries into Ghetto Culture and Community*. New York: Columbia University Press.

Hansen, Karen V., and Anita I. Garey, eds.
1998 *Families in the U. S.: Kinship and Domestic Politics*. Philadelphia, PA:

Temple University Press.

Harrington, Michael

1962 *The Other America: Poverty in the United States*. New York: Macmillan.

Harvey, David, and Michael H. Reed

1996 "The Culture of Poverty: An Ideological Analysis." *Sociological Perspectives* 39(4):465–495.

Harvey, Neil

1998 *The Chiapas Rebellion: The Struggle for Land and Democracy*. Durham, NC: Duke University Press.

Held, David

1995 *Democracy and the Global Order: From the Modern State to Cosmopolitan Governance*. Stanford, CA: Stanford University Press.

Hellman, Judith Adler

1992 "The Study of New Social Movements in Latin America and the Question of Autonomy." In *The Making of Social Movements in Latin America: Identity, Strategy, and Democracy*. Arturo Escobar and Sonia E. Alvarez, eds. pp. 52–61. Boulder, CO: Westview.

1993 "Mexican Perceptions of Free Trade: Support and Opposition to NAFTA." In *The Political Economy of North American Free Trade*. Ricardo Grinspun and Maxwell A. Cameron, eds. pp. 193–204. New York: St. Martin's.

1994a "Mexican Popular Movements, Clientelism, and the Process of Democratization." *Latin American Perspectives* 21(2):124–142.

1994b *Mexican Lives*. New York: New Press.

2000 "Opting for Fox." *NACLA Report on the Americas*. 34(2):6–10.

Hernández Castillo, Rosalva Aida

1998b "Between Hope and Adversity: The Struggle of Organized Women in Chiapas since the Zapatista Rebellion." *Journal of Latin American Anthropology* 3(1):102–120.

Hernández Castillo, Rosalva Aida, ed.

1998a *La otra palabra: Mujeres y violencia en Chiapas, antes y después de Acteal*. Mexico City: CIESAS.

Herzfeld, Michael

1985 *The Poetics of Manhood: Contest and Identity in a Cretan Mountain Village*. Princeton, NJ: Princeton University Press.

1992 *The Social Production of Indifference: Exploring the Symbolic Roots of Western Bureaucracy*. Chicago, IL: University of Chicago Press.

1997 *Cultural Intimacy: Social Poetics in the Nation State*. New York: Routledge.

Heyman, Josiah McC.
1995 "Putting Power in the Anthropology of Bureaucracy: The Immigration and Naturalization Service at the Mexico – United States Border." *Current Anthropology* 36(2):261–287.
2001 "Class and Classification at the U. S.-Mexico Border." *Human Organization* 60(2):128–140.

Higgins, Michael J.
1974 "Somos Gente Humilde: An Ethnography of a Poor Urban Colonia." Doctoral dissertation, Department of Anthropology, University of Illinois at Champaign-Urbana.

Higgins, Michael, and Tanya Coen
2000 *Streets, Bedrooms & and Patios: The Ordinariness of Diversity in Urban Oaxaca: Ethnographic Portraits of Street kids, Urban poor, Transvestites, Discapacitados, and other Popular Cultures*. Austin: University of Texas Press.

Hodges, Donald C.
1986 *Intellectual Foundations of the Nicaraguan Revolution*. Austin: University of Texas Press.

Huspek, Michael, Roberto Martinez, and Leticia Jimenez
1998 "Violations of Human and Civil Rights on the U. S.-Mexican Border, 1995 to 1997: A Report." *Social Justice* 25(2):110–121.

Jameson, Fredric
1998 "Notes on Globalization as a Philosophical Issue." In *The Cultures of Globalization*. Fredric Jameson and Masao Miyoshi, eds. pp. 54–77. Durham, NC: Duke University Press.

Jaquette, Jane S.
1998 "Conclusion: Haciendo Política—The Mexican Case in Perspective." In *Women's Participation in Mexican Political Life*. Victoria E. Rodríguez, ed. pp. 219–227. Boulder, CO: Westview.

Jelin, Elizabeth
1990 "Citizenship and Identity: Final Reflections." In *Women and Social Change in Latin America*. Elizabeth Jelin, ed. pp. 184–207. London: Zed Books.

Jiménez, Armando
1976 *Vocabulario prohibido de la picardía mexicana*. Mexico City: Editorial Posada.

Joseph, Gilbert M.
1998 "Close Encounters: Toward a New Cultural History of U. S.-Latin American Relations." In *Close Encounters of Empire: Writing the Cultural History of*

U. S. -Latin American Relations. Gilbert M. Joseph, Catherine C. LeGrand, and Ricardo D. Salvatore, eds. pp. 3 – 46. Durham, NC: Duke University Press.

Kampwirth, Karen

1998 "Feminism, Antifeminism, and Electoral Poltics in Postwar Nicaragua and El Salvador." *Political Science Quarterly* 113(2):259 – 279.

Kaplan, Temma

1982 "Female Consciousness and Collective Action: The Case of Barcelona, 1910—1918." *Signs* 7(3):545 – 560.

Kapur, Vatsala

1998 "Women's Contribution to the Democratization of Mexican Politics: An Exploration of their Formal Participation in the National Action Party and the Party of the Democratic Revolution." *Mexican Studies/Estudios Mexicanos* 14(2):363 – 388.

Kearney, Michael

1995 "The Local and the Global: The Anthropology of Globalization and Transnationalism." *Annual Review of Anthropology* 24:547 – 565.

1996 *Reconceptualizing the Peasantry: Anthropology in Global Perspective.* Boulder, CO: Westview.

Kertzer, David I.

1988 *Ritual, Politics and Power.* New Haven, CT: Yale University Press.

Knight, Alan

1990 "Historical Continuities in Social Movements." In *Popular Movements and Political Change in Mexico.* Joe Foweraker and Ann L. Craig, eds. pp. 78 – 102. Boulder, CO: Lynne Rienner.

1997 "Latin America." In *Companion to Historiography.* Michael Bentley, ed. pp. 728 – 758. London: Routledge.

Krotz, Esteban

1990 "Antropología, elecciones y cultura política." *Nueva Antropología* Vol. 11, No. 38, pp. 9 – 19.

Kushner, Tony

1997 *Tony Kushner in Conversation.* Robert Vorlicky, ed. Ann Arbor: University of Michigan Press.

Lafaye, Jacques

1976 *Quetzalcóatl and Guadalupe: The Formation of Mexican National Consciousness, 1531—1813.* Benjamin Keen, trans. Chicago, IL: University of Chicago Press.

Lancaster, Roger N.

1988 *Thanks to God and the Revolution.* New York: Columbia University Press.

1992 *Life Is Hard: Machismo, Danger, and the Intimacy of Power in Nicaragua*. Berkeley: University of California Press.

1999 "Rigoberta's Testimonio." *NACLA Report on the Americas* 32(6):4-7.

Leacock, Eleanor B., ed.

1971 "Introduction." *The Culture of Poverty: A Critique*. Eleanor B. Leacock, ed. pp. 9-37. New York: Simon and Schuster.

1972 "Introduction." *The Origin of the Family, Private Property, and the State*, by Frederick Engels. pp. 7-67. New York: International Publishers.

Leon, Magdalena, ed.

1994 *Mujeres y participación política: Avances y desafios en América Latina*. Bogotá: Tercer Mundo Editores.

Lerner, Susana, ed.

1998 *Varones, sexualidad y reproducción: Diversas perspectivas teórico-metodológicas y hallazgos de investigación*. Mexico City: El Colegio de México.

Lewis, Oscar

1949 "Husbands and Wives in a Mexican Village: A Study of Role Conflict." *American Anthropologist* 51:602-610.

[1951]1963 *Life in a Mexican Village: Tepoztlán Restudied*. Urbana: University of Illinois Press.

1959 *Five Families: Mexican Case Studies in the Culture of Poverty*. New York: Basic Books.

1960 *Tepotzlán: Village in Mexico*. New York: Holt, Rinehart and Winston.

1961 *The Children of Sánchez: Autobiography of a Mexican Family*. New York: Viking.

1964a *Los hijos de Sánchez*. Mexico City: Joaquín Mortiz.

1964b *Pedro Martínez: A Mexican Peasant and His Family*. New York: Vintage.

1965 *La Vida: A Puerto Rican Family in the Culture of Poverty—San Juan and New York*. New York: Vintage.

1966 "A Thursday with Manuel." *New Left Review* 38:3-21.

1967 "The Children of Sánchez, Pedro Martínez, *and* La Vida" and "Reply." *Current Anthropology* 8(5):480-500.

1969 "A Puerto Rican Boy." In *Culture Change, Mental Health, and Poverty*. Joseph C. Finney, ed. pp. 149-154. Lexington: University of Kentucky Press.

Leyva Solano, Xóchitl

2001 "Regional, Communal, and Organizational Transformations in Las Cañadas."

Latin American Perspectives 28(2):20-44.

Lima, Francisca
1992 *Familia popular, sus prácticas y la conformación de una cultura*. Mexico City: Instituto Nacional de Antropología e Historia.

Limón, José
1998 *American Encounters: Greater Mexico, the United States, and the Erotics of Culture*. Boston: Beacon.

Loaeza, Soledad
1994 "The Changing Face of Mexican Nationalism." In *The NAFTA Debate: Grappling with Unconventional Trade Issues*. M. Delal Baer and Sidney Weintraub, eds. pp. 145-157. Boulder, CO: Lynne Rienner.

Lomnitz, Claudio
1992 *Exits from the Labyrinth: Culture and Ideology in the Mexican National Space*. Berkeley: University of California Press.
1995 "Ritual, Rumor and Corruption in the Constitution of Polity in Modern Mexico." *Journal of Latin American Anthropology* 1(1):20-47.
1996 "Fissures in Contemporary Mexican Nationalism." *Public Culture* 9:55-68.
1998 *Modernidad indiana: Nueve ensayos sobre nación y mediación en México*. Mexico City: Planeta.

Lomnitz, Claudio, ed.
2000 *Vicios públicos, virtudes privadas: La corrupción en México*. Mexico City: CIESAS/Porrúa.

Lomnitz, Larissa
1977 *Networks and Marginality: Life in a Mexican Shantytown*. Cinna Lomnitz, trans. New York: Academic Press.

Lomnitz, Larissa, Claudio Lomnitz, and Ilya Adler
1993 "The Function of the Form: Power Play and Ritual in the 1988 Mexican Presidential Campaign." In *Constructing Culture and Power in Latin America*. Daniel H. Levine, ed. pp. 357-401. Ann Arbor: University of Michigan Press.

Lustig, Nora
1994 "Solidarity as a Strategy of Poverty Alleviation." In *Transforming State-Society Relations in Mexico: The National Solidarity Strategy*, Wayne A. Cornelius, Ann L. Craig, and Jonathan Fox, eds. pp. 79-96. La Jolla: Center for U.S.-Mexico Studies, University of California, San Diego.

Mabry, Donald J.
1982 *The Mexican University and the State: Student Conflicts, 1910—1971*. University Station: Texas A & M University Press.

Mahoney, James, and Michael Ellsberg
1999 "Goldhagen's *Hitler's Willing Executioners*: A Clarification and Methodological Critique." *Journal of Historical Sociology* 12(4):422-436.

Mahoney, James, and Richard Snyder
1999 "Rethinking Agency and Structure in the Study of Regime Change." *Studies in Comparative International Development* 34(2):3-32.

Malkin, Victoria
1999 "La reproducción de relaciones de género en la comunidad de migrantes mexicanos en New Rochelle, Nueva York." In *Fronteras fragmentadas*. Gail Mummert, ed. pp.475-496. Zamora: El Colegio de Michoacán.

Mallon, Florencia E.
1993 "Dialogues Among the Fragments: Retrospect and Prospect." In *Confronting Historical Paradigms: Peasants, Labor, and the Capitalist World System in Africa and Latin America*. Frederick Cooper, Allen F. Isaacman, Florencia E. Mallon, William Roseberry, and Steve J. Stern, eds. pp.371-401. Madison: University of Wisconsin Press.
1995 *Peasant and Nation: The Meaning of Postcolonial Mexico and Peru*. Berkeley: University of California Press.

Manson, William C.
1986 "Abram Kardiner and the Neo-Freudian Alternative in Culture and Personality." In *Malinowski, Rivers, Benedict and Others: Essays on Culture and Personality*. George W. Stocking, Jr., ed. pp.72-94. Madison: University of Wisconsin Press.

Markoff, John
1997 "Really Existing Democracy: Learning from Latin America in the Late 1990s." *New Left Review* 223:48-68.

Martinez-Alier, Verena, and Armando Boito Júnior
1977 "The Hoe and the Vote: Rural Labourers and the National Election in Brazil in 1974." *Journal of Peasant Studies* 4(3):147-170.

Marx, Karl
[1852]1969 "The Eighteenth Brumaire of Louis Bonaparte." *Selected Works*. pp.398-529. Moscow: Progress Publishers.
[1871]1970 *The Civil War in France*. Peking: Foreign Languages Press.

Marx, Karl, and Fredrich Engels
[1847]1992 "The Communist Manifesto." Oxford: Oxford University Press.

Massolo, Alejandra
1992 *Por amor y coraje: Mujeres en movimientos urbanos de* la *ciudad de México*. Mexico City: El Colegio de México.

1994 "Política y mujeres: Una peculiar relación." In *Los medios y los modos: Participación política y acción colectiva de las mujeres*. Alejandra Massolo, ed. pp. 13-44. Mexico City: El Colegio de México.

1998 "Women in the Local Arena and Municipal Power." In *Women's Participation in Mexican Political Life*. Victoria E. Rodríguez, ed. pp. 193-203. Boulder, CO: Westview.

Mayer, Adrian C.

1966 "The Significance of Quasi-Groups in the Study of Complex Societies." In *The Social Anthropology of Complex Societies*. Michael Banton, ed. pp. 97-122. London: Tavistock.

McDonald, James H.

1997 "A Fading Aztec Sun: The Mexican Opposition and the Politics of Everyday Fear in 1994." *Critique of Anthropology* 17(3):263-292.

Mejía Prieto, Jorge

1987 *Así habla el mexicano: Diccionario básico de mexicanismos*. Mexico City: Panorama.

Melhuus, Marit

1997 "Exploring the Work of a Compassionate Ethnographer: The Case of Oscar Lewis." *Social Anthropology* 5(1):35-54.

Menchú, Rigoberta

1984 *I... Rigoberta Menchú: An Indian Woman in Guatemala*. Elizabeth Burgos, ed. Ann Wright, trans. New York: Verso.

Mendoza, Vicente T.

1962 "El machismo en México." *Cuadernos del Instituto Nacional de Investigaciones Folklóricas*(Buenos Aires) 3:75-86.

Mitchell, Timothy

1998 "Nationalism, Imperialism, Economism: A Comment on Habermas." *Public Culture* 10(2):417-424.

Moliner, María

1991 *Diccionario de uso del español*. 2 vols. Madrid: Gredos.

Molyneux, Maxine

1985 "Mobilisation without Emancipation? Women's Interests, the State and Revolution in Nicaragua." *Feminist Studies* 11(2):227-254.

2001 *Women's Movements in International Perspective: Latin America and Beyond*. Houndmills, Basingstoke, Hampshire, England: Palgrave.

Monsiváis, Carlos

[1976]1989 "La nación de unos cuantos y las esperanzas románticas(Notas sobre la historia del término 'Cultura Nacional' en México)." In *En torno a la*

    cultura nacional. Héctor Aguilar Camín, et al. pp. 159 – 221. Mexico City: Instituto Nacional Indigenista.
1981 "Notas sobre el estado, la cultura nacional y las culturas populares en México." *Cuadernos Políticos* 30:33 – 43.
1987 *Entrada libre: Crónicas de la sociedad que se organiza*. Mexico City: Era.
1992a "De la cultura mexicana en vísperas del Tratado de Libre Comercio." In *La educación y la cultura ante el Tratado de Libre Comercio*. Gilberto Guevara Niebla and Néstor García Canclini, eds. pp. 179 – 209. Mexico City: Nexos/Nueva Imagen.
1992b "La identidad nacional ante el espejo." In *Decadencia y auge de las identidades: Cultura nacional, identidad cultural y modernización*. José Manuel Valenzuela Arce, ed. pp. 67 – 72. Tijuana: El Colegio de la Frontera Norte.
1995 *Los rituales del caos*. Mexico City: Era.
1997 *Mexican Postcards*. John Kraniauskas, trans. London: Verso.
2000 *Aires de familia: Cultura y sociedad en América Latina*. Barcelona: Anagrama.
Moore, Barrington
1978 *Injustice: The Social Bases of Obedience and Revolt*. New York: M. E. Sharpe.
Morris, Stephen D., and John Passé-Smith
2001 "What a Difference a Crisis Makes: NAFTA, Mexico, and the United States." *Latin American Perspectives* 28(3):124 – 149.
Mummert, Gail, ed.
1999 *Fronteras fragmentadas*. Zamora: El Colegio de Michoacán.
New Left Review
1966 "Themes." *New Left Review* 38:1 – 2.
Nieto, Raúl
1998 "Experiencias y prácticas sociales: En la periferia de la ciudad." In *Cultura y comunicación en la ciudad de México*. Néstor García Canclini, ed. pp. 234 – 277. Mexico City: Universidad Autónoma Metropolitana/Grijalbo.
Nivón, Eduardo
1998 *Cultura urbana y movimientos sociales*. Mexico City: Universidad Autónoma Metropolitana – Iztapalapa/Consejo Nacional para la Cultura y las Artes.
Núñez Noriega, Guillermo
1994 *Sexo entre varones: Poder y resistencia en el campo sexual*. Mexico City: UNAM/Porrúa/El Colegio de Sonora.
O'Donnell, Guillermo, and Philippe Schmitter

1986 *Tentative Conclusions about Uncertain Demoracies*. Baltimore, MD: Johns Hopkins University Press.

Oliveira, Orlandina de, ed.

1989 *Trabajo, poder y sexualidad*. Mexico City: El Colegio de México.

Ong, Aihwa

1996 "Cultural Citizenship as Subject-Making: Immigrants Negotiate Racial and Cultural Boundaries in the United States." *Current Anthropology* 37(5): 737-762.

1999 *Flexible Citizenship: The Cultural Logic of Transnationality*. Durham, NC: Duke University Press.

Oppenheimer, Andres

1998 *Bordering on Chaos: Mexico's Roller-Coaster Journey Toward Prosperity*. Boston, MA: Little, Brown and Company.

Ortner, Sherry

1998 "Identities: The Hidden Life of Class." *Journal of Anthropological Research* 54(1):1-17.

Pan American Health Organization

1998 *Health in the Americas*. Vol. 2. Washington, D.C.: World Health Organization.

Paredes, Américo

1961 "On *Gringo*, *Greaser*, and Other Neighborly Names." In *Singers and Storytellers*. Mody C. Boatright, Wilson M. Hudson, and Allen Maxwell, eds. pp. 285-290. Dallas, TX: Southern Methodist University Press.

1967 "Estados Unidos, México y el machismo." *Journal of Inter-American Studies* 9(1):65-84. Translated and reprinted in *Folklore and Culture on the Texas-Mexican Border*. pp. 215-234. Austin: University of Texas Press.

1977 "On Ethnographic Work among Minority Groups: A Folklorist's Perspective." Reprinted in *Folklore and Culture on the Texas-Mexican Border*. pp. 73-110. Austin: University of Texas Press.

1978 "The Problem of Identity in a Changing Culture: Popular Expressions of Culture Conflict along the Lower Rio Grande Border." Reprinted in *Folklore and Culture on the Texas-Mexican Border*. pp. 19-47. Austin: University of Texas Press.

Paz, Octavio

[1947]1961 *The Labyrinth of Solitude: Life and Thought in Mexico*, Lysander Kemp, trans. New York: Grove.

de la Peña, Guillermo

1990 "La cultura política entre los sectores populares de Guadalajara." *Nueva*

Antropología Vol. 11, No. 38, pp. 83 - 107.

Poniatowska, Elena
1971 *La noche de Tlatelolco*. Mexico City: Era.
1975 *Massacre in Mexico*. New York: Viking.

Poole, Deborah
1998 "Landscape and the Imperial Subject: U. S. Images of the Andes, 1859—1930." In *Close Encounters of Empire: Writing the Cultural History of U. S. -Latin American Relations*. Gilbert M. Joseph, Catherine C. LeGrand, and Ricardo D. Salvatore, eds. pp. 107 - 138. Durham, NC: Duke University Press.

Prieur, Annick
1998 *Mema's House, Mexico City: On Transvestites, Queens, and Machos*. Chicago, IL: University of Chicago Press.

Purnell, Jennie
1997 "Cristero Rebellion." In *Encyclopedia of Mexico: History, Society, Culture*. Michael S. Werner, ed. pp. 374 - 378. Chicago, IL: Fitzroy Dearborn.

Radcliffe, Sarah, and Sallie Westwood
1996 *Remaking the Nation: Place, Identity and Politics in Latin America*. London: Routledge.

Ramírez, Rafael
1999 *What It Means to Be a Man: Reflections on Puerto Rican Masculinity*. Rosa E. Casper, trans. New Brunswick, N. J.: Rutgers University Press.

Ramos, Samuel
1962(1934) *Profile of Man and Culture in Mexico*, Peter G. Earle, trans. Austin: University of Texas Press.

Rigdon, Susan M.
1988 *The Culture Façade: Art, Science, and Politics in the Work of Oscar Lewis*. Urbana: University of Illinois Press.

Robberson, Tod
1995 "Recall Mexican Army, Chiapas Rebels Warn: Zedillo Amnesty Offer Apparently Rejected." *Washington Post* 17 February, p. A28.

Rodríguez, Victoria E.
1998 "The Emerging Role of Women in Mexican Political Life." In *Women's Participation in Mexican Political Life*. Victoria E. Rodríguez, ed. pp. 1 - 20. Boulder, CO: Westview.

Rodríguez Gómez, M. Guadalupe
1998 "Making a Globalized Nation in the Countryside: El Barzón, a Popular

Movement in Contemporary Mexico." *Urban Anthropology* 27(2):197-232.

Rosaldo, Renato
1993 *Culture and Truth: The Remaking of Social Analysis*. Boston, MA: Beacon.
1997 "Cultural Citzenship, Inequality, and Multiculturalism." In *Latino Cultural Citizenship: Claiming Identity, Space, and Rights*. William V. Flores and Rina Benmayor, eds. pp. 27-38. Boston, MA: Beacon.

Roseberry, William
1989 *Anthropologies and Histories: Essays in Culture, History, and Political Economy*. New Brunswick, NJ: Rutgers University Press.
1998 "Social Fields and Cultural Encounters." In *Close Encounters of Empire: Writing the Cultural History of U.S.-Latin American Relations*. Gilbert M. Joseph, Catherine C. LeGrand, and Ricardo D. Salvatore, eds. pp. 515-524. Durham, NC: Duke University Press.

Rosenberg, Tina
2000 "The Precarious Nature of Latin Democracies." In "Week in Review," *New York Times* 27 February, p. 16.

Rouse, Roger
1995 "Thinking through Transnationalism: Notes on the Cultural Politics of Class Relations in the Contemporary United States." *Public Culture* 7(2):353-402.

Rovira Sancho, Guiomar
2001 "La *ley Cocopa*, promotora del respeto a la mujer india." *La Jornada* 22 February. [http://www.jornada.unam.mx/2001/feb01/010222/019n1pol.html]

Royce, Anya Peterson
1975 *Prestigio y afiliación en una comunidad urbana, Juchitán, Oaxaca*. Carlos Guerrero, trans. Mexico City: INI/SEP.

Rubin, Jeffrey W.
1997 *Decentering the Regime: Ethnicity, Radicalism, and Democracy in Juchitán, Mexico*. Durham, NC: Duke University Press.

Rus, Jan, ed.
1999 "If Truth Be Told: A Forum on David Stoll's *Rigoberta Menchú and the Story of All Poor Guatemalans*." Special issue of *Latin American Perspectives* 26(6).

Rus, Jan, Rosalva Aída Hernández Castillo, and Shannan L. Mattiace
2001 "Introduction: The Indigenous People of Chiapas and the State in the Time of

Zapatismo: Remaking Culture, Renegotiating Power." *Latin American Perspectives* 28(2):7-19.

Safa, Patricia

1991 *¿Por qué se envía a los hijos a la escuela?* Mexico City: Grijalbo.

Sanabria, Harry

2000 "Resistance and the Arts of Domination: Miners and the Bolivian State." *Latin American Perspectives* 27(1):56-81.

Santamaría, Francisco J.

1942 *Diccionario general de americanismos.* 2 vols. Mexico City: Pedro Robredo.

1959 *Diccionario de mejicanismos.* Mexico City: Porrúa.

Sartre, Jean-Paul

1989(1944) *No Exit.* New York: Vintage International.

Scherer García, Julio, and Carlos Monsiváis

1999 *Parte de guerra, Tlatelolco 1968: Documentos del general Marcelino García Barragán: Los hechos y la historia.* Mexico City: Nuevo Siglo.

Scott, James C.

1985 *Weapons of the Weak: Everyday Forms of Peasant Resistance.* New Haven, CT: Yale University Press.

1990 *Domination and the Arts of Resistance: Hidden Transcripts.* New Haven, CT: Yale University Press.

Selby, Henry A., Arthur D. Murphy, and Stephen A. Lorenzen

1990 *The Mexican Urban Household: Organizing for Self-Defense.* Austin: University of Texas Press.

Senzek, Alva

1997 "The Entrepreneurs Who Became Radicals." *NACLA Report on the Americas* 30(4):28-29.

Skocpol, Theda

1994 *Social Revolutions in the Modern World.* Cambridge: Cambridge University Press.

Smith, Gavin

1999 *Confronting the Present: Towards a Politically Engaged Anthropology.* Oxford: Berg.

Smith, Peter H.

1979 *Labyrinths of Power: Political Recruitment in Twentieth-Century Mexico.* Princeton, NJ: Princeton University Press.

Spivak, Gayatri C.

1999 *A Critique of Postcolonial Reason.* Cambridge, MA: Harvard University Press.

Stack, Carol
1996 *Call to Home: African Americans Reclaim the Rural South*. New York: Basic Books.

Stephen, Lynn
1997a *Women and Social Movements in Latin America: Power from Below*. Austin: University of Texas Press.
1997b "The Zapatista Opening: The Movement for Indigenous Autonomy and State Discourses on Indigenous rights in Mexico, 1970—1996." *Journal of Latin American Anthropology* 2(2):2-39.
1999 "The First Anniversary of the Acteal Massacre." *Cultural Survival Quarterly* 23(1):27-29.
2002 *Zapata Lives: Histories and Cultural Politics in Southern Mexico*. Berkeley: University of California Press.

Stephen, Lynn, and George A. Collier
1997 "Reconfiguring Ethnicity, Identity, and Citizenship in the Wake of the Zapatista Rebellion." *Journal of Latin American Anthropology* 3(1):2-13.

Stern, Steve J.
1993 "Africa, Latin America, and the Splintering of Historical Knowledge: From Fragmentation to Reverberation." In *Confronting Historical Paradigms: Peasants, Labor, and the Capitalist World System in Africa and Latin America*. Frederick Cooper, Allen F. Isaacman, Florencia E. Mallon, William Roseberry, and Steve J. Stern. pp. 3-20. Madison: University of Wisconsin Press.
1995 *The Secret History of Gender: Women, Men, and Power in Late Colonial Mexico*. Chapel Hill: University of North Carolina Press.
1998a "The Decentered Center and the Expansionist Periphery: The Paradoxes of Foreign-Local Encounter." In *Close Encounters of Empire: Writing the Cultural History of U. S.-Latin American Relations*. Gilbert M. Joseph, Catherine C. LeGrand, and Ricardo D. Salvatore, eds. pp. 47-68. Durham, NC: Duke University Press.
1998b "What Comes After Patriarchy? Reflections from Mexico." *Radical History* 71:54-62.

Stevens, Evelyn P.
1974 *Protest and Response in Mexico*. Cambridge, MA: MIT Press.

Stolcke, Verena
1988 *Coffee, Planters, Workers and Wives: Class Conflict and Gender Relations on São Paulo Plantations, 1850—1980*. New York: St. Martin's.
1995 "Talking Culture: New Boundaries, New Rhetorics of Exclusion in Europe."

Current Anthropology 36(1):1-24.

Stoll, David

1999 *Rigoberta Menchú and the Story of All Poor Guatemalans*. Boulder, CO: Westview.

Taggart, James M.

1992 "Fathering and the Cultural Construction of Brothers in Two Hispanic Societies." *Ethos* 20(4):421-452.

Tarrés, María Luisa

1996 "Espacios privados para la participación pública: Algunos rasgos de las ONG dedicadas a la mujer." *Estudios Sociológicos* 14(40):7-32.

Tarrow, Sidney G.

1994 *Power in Movement: Social Movements, Collective Action, and Politics*. Cambridge: Cambridge University Press.

Tejera Gaona, Héctor

1998 "Encuentro de expectativas: Las campañas electorales dy y la cultura política en el Distrito Federal." *Nueva Antropología* 54:31-56.

Thomas, Piri

1967 *Down These Mean Streets*. New York: Alfred A. Knopf.

Thompson, E. P.

1993 *Customs in Common: Studies in Traditional Popular Culture*. New York: New Press.

Thorne, Barrie, and Marilyn Yalom, eds.

1992 *Rethinking the Family: Some Feminist Questions*. Boston, MA: Northeastern University Press.

Tilly, Charles

1998 *Durable Inequality*. Berkeley: University of California Press.

Tocqueville, Alexis de

[1835]1945 *Democracy in America*, vol. 1. New York: Vintage.

Touraine, Alain

1988 *Return of the Actor: Social Theory in Postindustrial Society*. Minneapolis: University of Minnesota Press.

Valentine, Charles A.

1968 *Culture and Poverty: Critique and Counter-Proposals*. Chicago, IL: University of Chicago Press.

Valenzuela Arce, José Manuel

1998 *El color de las sombras: Chicanos, identidad y racismo*. Tijuana: El Colegio de la Frontera Norte.

Varese, Stefano

1991 "Think Locally, Act Globally." *NACLA Report on the Americas* 25(3):14 – 17.

Vargas-Cetina, Gabriela, and Steffan Igor Ayora-Diaz
1998 "Local Expressions of Global Culture: Four Case Studies from Mexico." *Urban Anthropology* 27(2):123 – 133.

Vélez-Ibáñez, Carlos G.
1983 *Rituals of Marginality: Politics, Process, and Culture Change in Central Urban Mexico*, 1969—1974. Berkeley: University of California Press.

Vincent, Joan
1990 *Anthropology and Politics: Visions, Traditions, and Trends*. Tucson: University of Arizona Press.

Viveros Vigoya, Mara
2001 "Contemporary Latin American Perspectives on Masculinity." *Men and Masculinities* 3(3): 237 – 260.

Warren, Kay B.
2001 "Telling Truths: Taking David Stoll and the Rigoberta Menchú Exposé Seriously." In *The Property of Words: Rigoberta Menchú, David Stoll, and Identity Politics in Latin America*. Arturo Arias, ed. Minneapolis: University of Minnesota Press.

Weber, Max
[1919]1946 "Science as a Vocation." In *From Max Weber: Essays in Sociology*. H. H. Gerth and C. Wright Mills, eds. pp. 129 – 156. New York: Oxford University Press.

Weiner, Tim, and Ginger Thompson
2001 "U. S. Guns Smuggled Into Mexico Feed Drug War." *New York Times* 19 May, p. A – 3.

Williams, Heather L.
1996 *Planting Trouble: The Barzón Debtors; Movement in Mexico*. La Jolla: Center for U. S. -Mexican Studies, University of California, San Diego.

Williams, Patrick, and Laura Chrisman
1994 "Introduction." In *Colonial Discourse and Post-Colonial Theory: A Reader*. Patrick Williams and Laura Chrisman, eds. pp. 1 – 20. New York: Columbia University Press.

Willis, Paul
1979 *Learning to Labor: How Working-Class Kids Get Working-Class Jobs*. New York: Columbia University Press.

Wolf, Eric
1999 *Envisioning Power: Ideologies of Dominance and Crisis*. Berkeley:

University of California Press.
Womack, John, Jr.
1999 *Rebellion in Chiapas: An historical Reader*. New York: W. W. Norton.
Zermeño Padilla, Guillermo
1997 "Unión Nacional Sinarquista(UNS)." In *Encyclopedia of Mexico: History, Society, Culture*. Michael S. Werner, ed. pp. 1471 – 1472. Chicago, IL: Fitzroy Dearborn.
Zolov, Eric
1999 *Refried Elvis: The Rise of the Mexican Counterculture*. Berkeley: University of California Press.

凤凰文库书目

一、马克思主义研究系列
《走进马克思》 孙伯鍨 张一兵 主编
《回到马克思:经济学语境中的哲学话语》(第三版) 张一兵 著
《当代视野中的马克思》 任平 著
《回到列宁:关于"哲学笔记"的一种后文本学解读》 张一兵 著
《回到恩格斯:文本、理论和解读政治学》 胡大平 著
《国外毛泽东学研究》 尚庆飞 著
《重释历史唯物主义》 段忠桥 著
《资本主义理解史》(6卷) 张一兵 主编
《阶级、文化与民族传统:爱德华·P.汤普森的历史唯物主义思想研究》 张亮 著
《形而上学的批判与拯救》 谢永康 著
《21世纪的马克思主义哲学创新:马克思主义哲学中国化与中国化马克思主义哲学》 李景源 主编
《科学发展观与和谐社会建设》 李景源 吴元梁 主编
《科学发展观:现代性与哲学视域》 姜建成 著
《西方左翼论当代西方社会结构的演变》 周穗明 王玫 等著
《历史唯物主义的政治哲学向度》 张文喜 著
《信息时代的社会历史观》 孙伟平 著
《从斯密到马克思:经济哲学方法的历史性诠释》 唐正东 著
《构建和谐社会的政治哲学阐释》 欧阳英 著
《正义之后:马克思恩格斯正义观研究》 王广 著
《后马克思主义思想史》 [英]斯图亚特·西姆 著 吕增奎 陈红 译
《后马克思主义与文化研究:理论、政治与介入》 [英]保罗·鲍曼 著 黄晓武 译
《市民社会的乌托邦:马克思主义的社会历史哲学阐释》 王浩斌 著
《唯物史观与人的发展理论》 陈新夏 著
《西方马克思主义与苏联:1917年以来的批评理论和争论概览》 [荷]马歇尔·范·林登 著 周穗明 译 翁寒松 校
《物与无:物化逻辑与虚无主义》 刘森林 著
《拜物教的幽灵:当代西方马克思主义社会批判的隐性逻辑》 夏莹 著
《新中国社会形态研究》 吴波 著
《"崩溃的逻辑"的历史建构:阿多诺早中期哲学思想的文本学解读》 张亮 著
《"超越政治"还是"回归政治":马克思与阿伦特政治哲学比较》 白刚 张荣艳 著
《无调式的辩证想象:阿多诺〈否定的辩证法〉的文本学解读》(第二版) 张一兵 著
《马克思再生产理论及其哲学效应研究》 孙乐强 著
《希望的源泉:文化、民主、社会主义》 [英]雷蒙·威廉斯 著 祁阿红 吴晓妹 译
《后工业乌托邦》 [澳]鲍里斯·弗兰克尔 著 李元来 译
《未来考古学:乌托邦欲望和其他科幻小说》 [美]弗里德里克·詹姆逊 著 吴静 译

二、政治学前沿系列
《公共性的再生产:多中心治理的合作机制建构》 孔繁斌 著
《合法性的争夺:政治记忆的多重刻写》 王海洲 著

《民主的不满:美国在寻求一种公共哲学》　［美］迈克尔·桑德尔 著　曾纪茂 译
《权力:一种激进的观点》　［英］斯蒂芬·卢克斯 著　彭斌 译
《正义与非正义战争:通过历史实例的道德论证》　［美］迈克尔·沃尔泽 著　任辉献 译
《自由主义与现代社会》　［英］理查德·贝拉米 著　毛兴贵 等译
《左与右:政治区分的意义》　［意］诺贝托·博比奥 著　陈高华 译
《自由主义中立性及其批评者》　［美］布鲁斯·阿克曼 等著　应奇 编
《公民身份与社会阶级》　［英］T. H. 马歇尔 等著　郭忠华 刘训练 编
《当代社会契约论》　［美］约翰·罗尔斯 等著　包利民 编
《马克思与诺齐克之间》　［英］G. A. 柯亨 等著　吕增奎 编
《美德伦理与道德要求》　［英］欧若拉·奥尼尔 等著　徐向东 编
《宪政与民主》　［英］约瑟夫·拉兹 等著　佟德志 编
《自由多元主义的实践》　［美］威廉·盖尔斯敦 著　佟德志 苏宝俊 译
《国家与市场:全球经济的兴起》　［美］赫尔曼·M. 施瓦茨 著　徐佳 译
《税收政治学:一种比较的视角》　［美］盖伊·彼得斯 著　郭为桂 黄宁莺 译
《控制国家:从古雅典至今的宪政史》　［美］斯科特·戈登 著　应奇 陈丽微 孟军 李勇 译
《社会正义原则》　［英］戴维·米勒 著　应奇 译
《现代政治意识形态》　［澳］安德鲁·文森特 著　袁久红 译
《新社会主义》　［加拿大］艾伦·伍德 著　尚庆飞 译
《政治的回归》　［英］尚塔尔·墨菲 著　王恒 臧佩洪 译
《自由多元主义》　［美］威廉·盖尔斯敦 著　佟德志 庞金友 译
《政治哲学导论》　［英］亚当·斯威夫特 著　佘江涛 译
《重新思考自由主义》　［英］理查德·贝拉米 著　王萍 傅广生 周春鹏 译
《自由主义的两张面孔》　［英］约翰·格雷 著　顾爱彬 李瑞华 译
《自由主义与价值多元论》　［英］乔治·克劳德 著　应奇 译
《帝国:全球化的政治秩序》　［美］麦克尔·哈特［意］安东尼奥·奈格里 著　杨建国 范一亭 译
《反对自由主义》　［美］约翰·凯克斯 著　应奇 译
《政治思想导读》　［英］彼得·斯特克 大卫·韦戈尔　舒小昀 李霞 赵勇 译
《现代欧洲的战争与社会变迁:大转型再探》　［美］桑德拉·哈尔珀琳 著　唐皇凤 武小凯 译
《道德原则与政治义务》　［美］约翰·西蒙斯 著　郭为桂 李艳丽 译
《政治经济学理论》　［美］詹姆斯·卡波拉索 戴维·莱文 著　刘骥 等译
《民主国家的自主性》　［英］埃里克·A. 诺德林格 著　孙荣飞 等译
《强社会与弱国家:第三世界的国家社会关系及国家能力》　［英］乔·米格德尔 著　张长东 译
《驾驭经济:英国与法国国家干预的政治学》　［美］彼得·霍尔 著　刘骥 刘娟凤 叶静 译
《社会契约论》　［英］迈克尔·莱斯诺夫 著　刘训练 等译
《共和主义:一种关于自由与政府的理论》　［澳］菲利普·佩蒂特 著　刘训练 译
《至上的美德:平等的理论与实践》　［美］罗纳德·德沃金 著　冯克利 译
《原则问题》　［美］罗纳德·德沃金 著　张国清 译
《社会正义论》　［英］布莱恩·巴利 著　曹海军 译
《马克思与西方政治思想传统》　［美］汉娜·阿伦特 著　孙传钊 译
《作为公道的正义》　［英］布莱恩·巴利 著　曹海军 允春喜 译
《古今自由主义》　［美］列奥·施特劳斯 著　马志娟 译
《公平原则与政治义务》　［美］乔治·格劳斯科 著　毛兴贵 译
《谁统治:一个美国城市的民主和权力》　［美］罗伯特·A. 达尔 著　范春辉 等译

《论伦理精神》 张康之 著
《人权与帝国:世界主义的政治哲学》 [英]科斯塔斯·杜兹纳 著 辛亨复 译
《阐释和社会批判》 [美]迈克尔·沃尔泽 著 任辉献 段鸣玉 译
《全球时代的民族国家:吉登斯讲演录》 [英]安东尼·吉登斯 著 郭忠华 编
《当代政治哲学名著导读》 应奇 主编
《拉克劳与墨菲:激进民主想象》 [美]安娜·M.史密斯 著 付琼 译
《英国新左派思想家》 张亮 编
《第一代英国新左派》 [英]迈克尔·肯尼 著 李永新 陈剑 译
《转向帝国:英法帝国自由主义的兴起》 [美]珍妮弗·皮茨 著 金毅 许鸿艳 译
《论战争》 [美]迈克尔·沃尔泽 著 任辉献 段鸣玉 译
《现代性的谱系》 张凤阳 著
《近代中国民主观念之生成与流变:一项观念史的考察》 闾小波 著
《阿伦特与现代性的挑战》 [美]塞瑞娜·潘琳 著 张云龙 译
《政治人:政治的社会基础》 [美]西摩·马丁·李普塞特 著 郭为桂 林娜 译
《社会中的国家:国家与社会如何相互改变与相互构成》 [美]乔尔·S.米格代尔 著 李杨 郭
　一聪 译张长东 校
《伦理、文化与社会主义:英国新左派早期思想读本》 张亮 熊婴 编
《仪式、政治与权力》 [美]大卫·科泽 著 王海洲 译
《政治仪式:权力生产和再生产的政治文化分析》 王海洲 著
《论政治的本性》 [英]尚塔尔·墨菲 著 周凡 译

三、纯粹哲学系列
《哲学作为创造性的智慧:叶秀山西方哲学论集(1998—2002)》 叶秀山 著
《真理与自由:康德哲学的存在论阐释》 黄裕生 著
《走向精神科学之路:狄尔泰哲学思想研究》 谢地坤 著
《从胡塞尔到德里达》 尚杰 著
《海德格尔与存在论历史的解构:〈现象学的基本问题〉引论》 宋继杰 著
《康德的信仰:康德的自由、自然和上帝理念批判》 赵广明 著
《宗教与哲学的相遇:奥古斯丁与托马斯·阿奎那的基督教哲学研究》 黄裕生 著
《理念与神:柏拉图的理念思想及其神学意义》 赵广明 著
《时间性:自身与他者——从胡塞尔、海德格尔到列维纳斯》 王恒 著
《意志及其解脱之路:叔本华哲学思想研究》 黄文前 著
《真理之光:费希特与海德格尔论 SEIN》 李文堂 著
《归隐之路:20世纪法国哲学的踪迹》 尚杰 著
《胡塞尔直观概念的起源:以意向性为线索的早期文本研究》 陈志远 著
《幽灵之舞:德里达与现象学》 方向红 著
《形而上学与社会希望:罗蒂哲学研究》 陈亚军 著
《福柯的主体解构之旅:从知识考古学到"人之死"》 刘永谋 著
《中西智慧的贯通:叶秀山中国哲学文化论集》 叶秀山 著
《学与思的轮回:叶秀山 2003—2007 年最新论文集》 叶秀山 著
《返回爱与自由的生活世界:纯粹民间文学关键词的哲学阐释》 户晓辉 著
《心的秩序:一种现象学心学研究的可能性》 倪梁康 著
《生命与信仰:克尔凯郭尔假名写作时期基督教哲学思想研究》 王齐 著

《时间与永恒:论海德格尔哲学中的时间问题》 黄裕生 著
《道路之思:海德格尔的"存在论差异"思想》 张柯 著
《启蒙与自由:叶秀山论康德》 叶秀山 著
《自由、心灵与时间:奥古斯丁心灵转向问题的文本学研究》 张荣 著
《回归原创之思:"象思维"视野下的中国智慧》 王树人 著
《从语言到心灵:一种生活整体主义的研究》 黄益民 著
《身体、空间与科学:梅洛－庞蒂的空间现象学研究》 刘胜利 著
《超越经验主义与理性主义:实用主义叙事的当代转换及效应》 陈亚军 著

四、宗教研究系列

《汉译佛教经典哲学研究》(上下卷) 杜继文 著
《中国佛教通史》(15卷) 赖永海 主编
《中国禅宗通史》 杜继文 魏道儒 著
《佛教史》 杜继文 主编
《道教史》 卿希泰 唐大潮 著
《基督教史》 王美秀 段琦 等著
《伊斯兰教》 金宜久 主编
《中国律宗通史》 王建光 著
《中国唯识宗通史》 杨维中 著
《中国净土宗通史》 陈扬炯 著
《中国天台宗通史》 潘桂明 吴忠伟 著
《中国三论宗通史》 董群 著
《中国华严宗通史》 魏道儒 著
《中国佛教思想史稿》(3卷) 潘桂明 著
《禅与老庄》 徐小跃 著
《中国佛性论》 赖永海 著
《禅宗早期思想的形成与发展》 洪修平 著
《基督教思想史》 [美]胡斯都·L.冈察雷斯 著 陈泽民 孙汉书 司徒桐 莫如喜 陆俊杰 译
《圣经历史哲学》(上下卷) 赵敦华 著
《如来藏经典与中国佛教》 杨维中 著
《儒佛道思想家与中国思想文化》 洪修平 主编
《基督教神学发展史》(一)、(二)、(三) 林荣洪 著

五、人文与社会系列

《环境与历史:美国和南非驯化自然的比较》 [美]威廉·贝纳特 彼得·科茨 著 包茂红 译
《阿伦特为什么重要》 [美]伊丽莎白·扬—布鲁尔 著 刘北成 刘小鸥 译
《现代性的哲学话语》 [德]于尔根·哈贝马斯 著 曹卫东 等译
《追寻美德:伦理理论研究》 [美]A.麦金太尔 著 宋继杰 译
《现代社会中的法律》 [美]R.M.昂格尔 著 吴玉章 周汉华 译
《知识分子与大众:文学知识界的傲慢与偏见,1880—1939》 [英]约翰·凯里 著 吴庆宏 译
《自我的根源:现代认同的形成》 [加拿大]查尔斯·泰勒 著 韩震 等译
《社会行动的结构》 [美]塔尔科特·帕森斯 著 张明德 夏遇南 彭刚 译
《文化的解释》 [美]克利福德·格尔茨 著 韩莉 译

《以色列与启示:秩序与历史(卷1)》 [美]埃里克·沃格林 著 霍伟岸 叶颖 译
《城邦的世界:秩序与历史(卷2)》 [美]埃里克·沃格林 著 陈周旺 译
《战争与和平的权利:从格劳秀斯到康德的政治思想与国际秩序》 [美]理查德·塔克 著 罗
  炯 等译
《人类与自然世界:1500—1800年间英国观念的变化》 [英]基思·托马斯 著 宋丽丽 译
《男性气概》 [美]哈维·C.曼斯菲尔德 著 刘玮 译
《黑格尔》 [加拿大]查尔斯·泰勒 著 张国清 朱进东 译
《社会理论和社会结构》 [美]罗伯特·K.默顿 著 唐少杰 齐心 等译
《个体的社会》 [德]诺贝特·埃利亚斯 著 翟三江 陆兴华 译
《象征交换与死亡》 [法]让·波德里亚 著 车槿山 译
《实践感》 [法]皮埃尔·布迪厄 著 蒋梓骅 译
《关于马基雅维里的思考》 [美]利奥·施特劳斯 著 申彤 译
《正义诸领域:为多元主义与平等一辩》 [美]迈克尔·沃尔泽 著 褚松燕 译
《传统的发明》 [英]E.霍布斯鲍姆 T.兰格 著 顾杭 庞冠群 译
《元史学:十九世纪欧洲的历史想象》 [美]海登·怀特 著 陈新 译
《卢梭问题》 [德]恩斯特·卡西勒 著 王春华 译
《自足语义学:为语义最简论和言语行为多元论辩护》 [挪威]赫尔曼·开普兰
  [美]厄尼·利珀尔 著 周允程 译
《历史主义的兴起》 [德]弗里德里希·梅尼克 著 陆月宏 译
《权威的概念》 [法]亚历山大·科耶夫 著 姜志辉 译
《无国界移民》 [瑞士]安托万·佩库 [荷兰]保罗·德·古赫特奈尔 编 武云 译
《语言的未来》 [法]皮埃尔·朱代·德·拉孔布 海因茨·维斯曼 著 梁爽 译
《全球化的关键概念》 [挪]托马斯·许兰德·埃里克森 著 周云水 等译
《房地产阶级社会》 [韩]孙洛龟 著 芦恒 译
《政治创新与概念变革》 [美]特伦斯·鲍尔詹姆斯·法尔拉塞尔·L.汉森 编 朱进东 译
《依赖性的理性动物:人类为什么需要德性》 [美]阿拉斯戴尔·麦金太尔 著 刘玮 译
《理解俄国:俄国文化中的圣愚》 [美]埃娃·汤普逊 著 杨德友 译
《留恋人世:长生不老的奇妙科学》 [美]乔纳森·韦纳 著 杨朗 卢文超 译

六、海外中国研究系列
《帝国的隐喻:中国民间宗教》 [英]王斯福 著 赵旭东 译
《王弼〈老子注〉研究》 [德]瓦格纳 著 杨立华 译
《章学诚思想与生平研究》 [美]倪德卫 著 杨立华 译
《中国与达尔文》 [美]詹姆斯·里夫 著 钟永强 译
《千年末世之乱:1813年八卦教起义》 [美]韩书瑞 著 陈仲丹 译
《中华帝国后期的欲望与小说叙述》 黄卫总 著 张蕴爽 译
《私人领域的变形:唐宋诗词中的园林与玩好》 [美]王晓山 著 文韬 译
《六朝精神史研究》 [日]吉川忠夫 著 王启发 译
《中国社会史》 [法]谢和耐 著 黄建华 黄迅余 译
《大分流:欧洲、中国及现代世界经济的发展》 [美]彭慕兰 著 史建云 译
《近代中国的知识分子与文明》 [日]佐藤慎一 著 刘岳兵 译
《转变的中国:历史变迁与欧洲经验的局限》 [美]王国斌 著 李伯重 连玲玲 译
《中国近代思维的挫折》 [日]岛田虔次 著 甘万萍 译

《为权力祈祷》　［加拿大］卜正民 著　张华 译
《洪业:清朝开国史》　［美］魏斐德 著　陈苏镇 薄小莹 译
《儒教与道教》　［德］马克斯·韦伯 著　洪天富 译
《革命与历史:中国马克思主义历史学的起源,1919—1937》　［美］德里克 著　翁贺凯 译
《中华帝国的法律》　［美］D. 布朗 等著　朱勇 译
《文化、权力与国家》　［美］杜赞奇 著　王福明 译
《中国的亚洲内陆边疆》　［美］拉铁摩尔 著　唐晓峰 译
《古代中国的思想世界》　［美］史华兹 著　程钢 译刘东 校
《中国近代经济史研究:明末海关财政与通商口岸市场圈》　［日］滨下武志 著　高淑娟 孙彬 译
《中国美学问题》　［美］苏源熙 著　卞东波 译　张强强 朱霞欢 校
《翻译的传说:构建中国新女性形象》　胡缨 著　龙瑜成 彭珊珊 译
《〈诗经〉原意研究》　［日］家井真 著　陆越 译
《缠足:"金莲崇拜"盛极而衰的演变》　［美］高彦颐 著　苗延威 译
《从民族国家中拯救历史:民族主义话语与中国现代史研究》　［美］杜赞奇 著　王宪明 高继美 李海燕 李点 译
《传统中国日常生活中的协商:中古契约研究》　［美］韩森 著　鲁西奇 译
《欧几里得在中国:汉译〈几何原本〉的源流与影响》　［荷］安国风 著　纪志刚 郑诚 郑方磊 译
《毁灭的种子:战争与革命中的国民党中国(1937－1949)》　［美］易劳逸 著　王建朗 王贤知 贾维 译
《理解农民中国:社会科学哲学的案例研究》　［美］李丹 著　张天虹 张胜波 译
《18世纪的中国社会》　［美］韩书瑞 罗有枝 著　陈仲丹 译
《开放的帝国:1600年的中国历史》　［美］韩森 著　梁侃 邹劲风 译
《中国人的幸福观》　［德］鲍吾刚 著　严蓓雯 韩雪临 伍德祖 译
《明代乡村纠纷与秩序》　［日］中岛乐章 著　郭万平 高飞 译
《朱熹的思维世界》　［美］田浩 著
《礼物、关系学与国家:中国人际关系与主体建构》　杨美慧 著　赵旭东 孙珉 译张跃宏 校
《美国的中国形象:1931—1949》　［美］克里斯托弗·杰斯普森 著　姜智芹 译
《清代内河水运史研究》　［日］松浦章 著　董科 译
《中国的经济革命:20世纪的乡村工业》　［日］顾琳 著　王玉茹 张玮 李进霞 译
《明清时代东亚海域的文化交流》　［日］松浦章 著　郑洁西 译
《皇帝和祖宗:华南的国家与宗族》　科大卫 著　卜永坚 译
《中国善书研究》　［日］酒井忠夫 著　刘岳兵 何英莺 孙雪梅 译
《大萧条时期的中国:市场、国家与世界经济》　［日］城山智子 著　孟凡礼 尚国敏 译
《虎、米、丝、泥:帝制晚期华南的环境与经济》　［美］马立博 著　王玉茹 译
《矢志不渝:明清时期的贞女现象》　［美］卢苇菁 著　秦立彦 译
《山东叛乱:1774年的王伦起义》　［美］韩书瑞 著　刘平 唐雁超 译
《一江黑水:中国未来的环境挑战》　［美］易明 著　姜智芹 译
《施剑翘复仇案:民国时期公众同情的兴起与影响》　［美］林郁沁 著　陈湘静 译
《工程国家:民国时期(1927－1937)的淮河治理及国家建设》　［美］戴维·艾伦·佩兹 著　姜智芹 译
《西学东渐与中国事情》　［日］增田涉 著　周启乾 译
《铁泪图:19世纪中国对于饥馑的文化反应》　［美］艾志端 著　曹曦 译
《危险的边疆:游牧帝国与中国》　［美］巴菲尔德 著　袁剑 译

《华北的暴力与恐慌：义和团运动前夕基督教传播和社会冲突》　[德]狄德满 著　崔华杰 译
《历史宝筏：过去、西方与中国的妇女问题》　[美]季家珍 著　杨可 译
《姐妹们与陌生人：上海棉纱厂女工，1919—1949》　[美]艾米莉·洪尼格 著　韩慈 译
《银线：19世纪的世界与中国》　林满红 著　詹庆华 林满红 译
《寻求中国民主》　[澳]冯兆基 著　刘悦斌 徐砚 译
《中国乡村的基督教：1860—1900 江西省的冲突与适应》　[美]史维东 著　吴薇 译
《认知变异：反思人类心智的统一性与多样性》　[英]G. E. R. 劳埃德 著　池志培 译
《假想的"满大人"：同情、现代性与中国疼痛》　[美]韩瑞 著　袁剑 译
《男性特质论：中国的社会与性别》　[澳]雷金庆 著　[澳]刘婷 译
《中国的捐纳制度与社会》　伍跃 著
《文书行政的汉帝国》　[日]富谷至 著　刘恒武 孔李波 译
《城市里的陌生人：中国流动人口的空间、权力与社会网络的重构》　[美]张骊 著　袁长庚 译
《重读中国女性生命故事》　游鉴明 胡缨 季家珍 主编
《跨太平洋位移：20世纪美国文学中的民族志、翻译和文本间旅行》　黄运特 著　陈倩 译
《近代日本的中国认识》　[日]野村浩一 著　张学锋 译
《性别、政治与民主：近代中国的妇女参政》　[澳]李木兰 著　方小平 译
《狮龙共舞：一个英国人眼中的威海卫与中国文化》　[英]庄士敦 著　刘本森 译
《中国社会中的宗教与仪式》　[美]武雅士 著　彭泽安 邵铁峰 译　郭潇威 校
《大象的退却：一部中国环境史》　[英]伊懋可 著　梅雪芹 毛利霞 王玉山 译
《自贡商人：早期近代中国的企业家》　[美]曾小萍 著　董建中 译
《人物、角色与心灵：〈牡丹亭〉与〈桃花扇〉中的身份认同》　[美]吕立亭 著　白华山 译
《明代江南土地制度研究》　[日]森正夫 著　伍跃 张学锋 等译　范金民 夏维中 审校
《儒学与女性》　[美]罗莎莉 著　丁佳伟 曹秀娟 译
《权力关系：宋代中国的家族、地位与国家》　[美]柏文莉 著　刘云军 译
《行善的艺术：晚明中国的慈善事业》　[美]韩德林 著　吴士勇 王桐 史桢豪 译
《近代中国的渔业战争和环境变化》　[美]穆盛博 著　胡文亮 译
《工开万物：17世纪中国的知识与技术》　[德]薛凤 著　吴秀杰 白岚玲 译
《权力源自地位：北京大学、知识分子与中国政治文化，1898—1929》　[美]魏定熙 著　张蒙 译
《忠贞不贰？——辽代的越境之举》　[英]史怀梅 著　曹流 译
《两访中国茶乡》　[英]罗伯特·福琼 著　敖雪岗 译
《古代中国的动物与灵异》　[英]胡司德 著　蓝旭 译
《内藤湖南：政治与汉学（1866—1934）》　[美]傅佛果 著　陶德民 何英莺 译

七、历史研究系列

《中国近代通史》（10卷）　张海鹏 主编
《极端的年代》　[英]艾瑞克·霍布斯鲍姆 著　马凡 等译
《漫长的20世纪》　[意]杰奥瓦尼·阿瑞基 著　姚乃强 译
《在传统与变革之间：英国文化模式溯源》　钱乘旦 陈晓律 著
《世界现代化历程》（10卷）　钱乘旦 主编
《近代以来日本的中国观》（6卷）　杨栋梁 主编
《中华民族凝聚力的形成与发展》　卢勋 杨保隆 等著
《明治维新》　[英]威廉·G. 比斯利 著　张光 汤金旭 译
《在垂死皇帝的王国：世纪末的日本》　[美]诺玛·菲尔德 著　曾霞 译

《美国的艺伎盟友》 〔美〕涩泽尚子 著　油小丽 牟学苑 译
《戊戌政变的台前幕后》　马勇 著
《战后东北亚主要国家间领土纠纷与国际关系研究》　李凡 著
《战后西亚国家领土纠纷与国际关系》　黄民兴 谢立忱 著
《民国首都南京的营造政治与现代想象(1927－1937)》　董佳 著
《战后日本史》　王新生 著
《衣被天下：明清江南丝绸史研究》　范金民 著

八、当代思想前沿系列

《世纪末的维也纳》　〔美〕卡尔·休斯克 著　李锋 译
《莎士比亚的政治》　〔美〕阿兰·布鲁姆 哈瑞·雅法 著　潘望 译
《邪恶》〔英〕玛丽·米奇利 著　陆月宏 译
《知识分子都到哪里去了：对抗21世纪的庸人主义》　〔英〕弗兰克·富里迪 著　戴从容 译
《资本主义文化矛盾》　〔美〕丹尼尔·贝尔 著　严蓓雯 译
《流动的恐惧》　〔英〕齐格蒙特·鲍曼 著　谷蕾 杨超 等译
《流动的生活》　〔英〕齐格蒙特·鲍曼 著　徐朝友 译
《流动的时代：生活于充满不确定性的年代》〔英〕齐格蒙特·鲍曼 著　谷蕾 武媛媛 译
《未来的形而上学》　〔美〕爱莲心 著　余日昌 译
《感受与形式》　〔美〕苏珊·朗格 著　高艳萍 译
《资本主义及其经济学：一种批判的历史》　〔美〕道格拉斯·多德 著　熊婴 译 刘思云 校
《异端人物》　〔英〕特里·伊格尔顿 著　刘超 陈叶 译
《哲学俱乐部：美国观念的故事》　〔美〕路易斯·梅南德 著　肖凡 鲁帆 译
《文化理论关键词》　〔英〕丹尼·卡瓦拉罗 著　张卫东 张生 赵顺宏 译
《齐格蒙特·鲍曼：后现代性的预言家》　〔英〕丹尼斯·史密斯 著　佘江涛 译
《公共领域中的伦理学》　〔英〕约瑟夫·拉兹 著　葛四友 主译
《文化模式批判》　崔平 著
《谁是罗兰·巴特》　汪民安 著
《身体、空间与后现代性》　汪民安 著
《时间、空间与伦理学基础》　〔美〕爱莲心 著　高永旺 李孟国 译

九、教育理论研究系列

《教育研究方法导论》　〔美〕梅雷迪斯·D.高尔等 著　许庆豫 等译
《教育基础》　〔美〕阿伦·奥恩斯坦 著　杨树兵 等译
《教育伦理学》　贾馥茗 著
《认知心理学》　〔美〕罗伯特·L.索尔索 著　何华 等译
《现代心理学史》　〔美〕杜安·P.舒尔茨 著　叶浩生 等译
《学校法学》　〔美〕米歇尔·W.拉莫特 著　许庆豫 等译

十、艺术理论研究系列

《弗莱艺术批评文选》　〔英〕罗杰·弗莱 著　沈语冰 译
《另类准则：直面20世纪艺术》　〔美〕列奥·施坦伯格 著　沈语冰 刘凡 谷光曙 译
《当代艺术的主题：1980年以后的视觉艺术》　〔美〕简·罗伯森 克雷格·迈克丹尼尔 著　匡骁 译
《艺术与物性：论文与评论集》　〔美〕迈克尔·弗雷德 著　张晓剑 沈语冰 译

《现代生活的画像:马奈及其追随者艺术中的巴黎》 [英]T. J. 克拉克 著　沈语冰 诸葛沂 译
《自我与图像》 [英]艾美利亚·琼斯 著　刘凡 谷光曙 译
《博物馆怀疑论:公共美术馆中的艺术展览史》 [美]大卫·卡里尔 著　丁宁 译
《艺术社会学》 [英]维多利亚·D. 亚历山大 著　章浩 沈杨 译
《云的理论:为了建立一种新的绘画史》 [法]于贝尔·达米施 著　董强 译
《杜尚之后的康德》 [比]蒂埃利·德·迪弗 著　沈语冰 张晓剑 陶铮 译
《蒂耶波洛的图画智力》 [美]斯维特拉娜·阿尔珀斯 迈克尔·巴克森德尔 著　王玉冬 译
《伦勃朗的企业:工作室与艺术市场》 [美]斯维特拉娜·阿尔珀斯 著　冯白帆 译
《新前卫与文化工业》 [美]本雅明·布赫洛　何卫华 史岩林 桂宏军 钱纪芳 译
《现代艺术:19 与 20 世纪》 [美]迈耶·夏皮罗 著　沈语冰 何海 译
《重构抽象表现主义:20 世纪 40 年代的主体性与绘画》 [美]迈克尔·莱雅 著　毛秋月 译
《神经元艺术史》 [英]约翰·奥尼恩斯 著　梅娜芳 译
《实在的回归:世纪末的前卫艺术》 [美]哈尔·福斯特 著　杨娟娟 译
《德国文艺复兴时期的椴木雕刻家》 [德]巴克森德尔 著　殷树喜 译
《艺术的理论与哲学:风格、艺术家和社会》 [美]迈耶·夏皮罗 著　沈语冰 王玉冬 译

十一、中国经济问题研究系列
《中国经济的现代化:制度变革与结构转型》 肖耿 著
《世界经济复苏与中国的作用》 [英]傅晓岚 编　蔡悦 等译
《中国未来十年的改革之路》 《比较》研究室 编
《大失衡:贸易、冲突和世界经济的危险前路》 [美]迈克尔·佩蒂斯 著　王璟 译
《中国经济新转型》 [日]青木昌彦 吴敬琏 编　姚志敏 等译
《经济全球化与中国产业发展》 刘志彪 著

十二、艺术与社会系列
《艺术界》 [美]霍华德·S. 贝克尔 著　卢文超 译
《寻找如画美:英国的风景美学与旅游,1760—1800》 [英]马尔科姆·安德鲁斯 著　张箭飞
　韦照周 译

十三、公共管理系列
《更快 更好 更省?》 [美]达尔·W. 福赛斯 著　范春辉 译
《公共行政的行动主义》 张康之 著
《美国能源政策:变革中的政治、挑战与前景》 [美]劳任斯·R. 格里戴维·E. 麦克纳布 著　付
　满 译

十四、智库系列
《经营智库:成熟组织的实务指南》 [美]雷蒙德·J. 斯特鲁伊克 著　李刚 等译 陆扬 校